Colloquial
Polish

Colloquial Polish: The Complete Course for Beginners has been carefully developed by an experienced teacher to provide a step-by-step
course to Polish as it is written and spoken today.

Combining a clear, practical and accessible style with a methodical
and thorough treatment of the language, it equips learners with the
essential skills needed to communicate confidently and effectively
in Polish in a broad range of situations. No prior knowledge of the
language is required.

Colloquial Polish is exceptional; each unit presents a wealth of
grammatical points that are reinforced with a wide range of exercises
for regular practice. A full answer key, a grammar summary, bilingual
glossaries and English translations of dialogues can be found at the
back as well as useful vocabulary lists throughout.

Key features include:

- A clear, user-friendly format designed to help learners progressively
  build up their speaking, listening, reading and writing skills
- Jargon-free, succinct and clearly structured explanations of grammar
- An extensive range of focused and dynamic supportive exercises
- Realistic and entertaining dialogues covering a broad variety of
  narrative situations
- Helpful cultural points explaining the customs and features of life
  in Poland
- An overview of the sounds of Polish

Balanced, comprehensive and rewarding, *Colloquial Polish* is an indis-
pensable resource both for independent learners and students taking
courses in Polish.

Audio material to accompany the course is available to download
free in MP3 format from www.routledge.com/cw/colloquials. Recorded
by native speakers, the audio material features the dialogues and texts
from the book and will help develop your listening and pronunciation
skills.

THE COLLOQUIAL SERIES
Series Adviser: Gary King

The following languages are available in the Colloquial series:

Afrikaans
Albanian
Amharic
Arabic (Levantine)
Arabic of Egypt
Arabic of the Gulf
Basque
Bengali
Breton
Bulgarian
Burmese
Cambodian
Cantonese
Catalan
Chinese (Mandarin)
Croatian
Czech
Danish
Dutch
English
Estonian
Finnish
French

German
Greek
Gujarati
Hebrew
Hindi
Hungarian
Icelandic
Indonesian
Irish
Italian
Japanese
Kazakh
Korean
Latvian
Lithuanian
Malay
Mongolian
Norwegian
Panjabi
Persian
Polish
Portuguese
Portuguese of Brazil

Romanian
Russian
Scottish Gaelic
Serbian
Slovak
Slovene
Somali
Spanish
Spanish of Latin America
Swahili
Swedish
Tamil
Thai
Tibetan
Turkish
Ukrainian
Urdu
Vietnamese
Welsh
Yiddish
Yoruba
Zulu (forthcoming)

COLLOQUIAL 2s series: *The Next Step in Language Learning*

Chinese
Dutch
French

German
Italian
Portuguese of Brazil

Russian
Spanish
Spanish of Latin America

Colloquials are now supported by FREE AUDIO available online. All audio tracks referenced within the text are free to stream or download from www.routledge.com/cw/colloquials. If you experience any difficulties accessing the audio on the companion website, or still wish to purchase a CD, please contact our customer services team through www.routledge.com/info/contact.

Colloquial
Polish

The Complete Course for Beginners

Bolesław W. Mazur

Routledge
Taylor & Francis Group

LONDON AND NEW YORK

First edition published 1983
by Routledge & Kegan Paul
Second edition published 2001

This edition first published 2011
by Routledge
2 Park Square, Milton Park, Abingdon, Oxon OX14 4RN

Simultaneously published in the USA and Canada
by Routledge
711 Third Avenue, New York, NY 10017, USA

Routledge is an imprint of the Taylor & Francis Group, an informa business

Typeset in Avant Garde and Helvetica
by Graphicraft Limited, Hong Kong
Printed and bound in Great Britain
by TJ International Ltd, Padstow, Cornwall

British Library Cataloguing in Publication Data
A catalogue record for this book is available from the British Library

Library of Congress Cataloging in Publication Data
Mazur, Bolesław W.
  Colloquial Polish : the complete course for beginners / B.W. Mazur. — 3rd ed.
  p. cm. — (Colloquial series)
  Includes bibliographical references and index.
  1. Polish language—Textbooks for foreign speakers—English. 2. Polish
language—Grammar. 3. Polish language—Spoken Polish. 4. Polish
language—Sound recordings for English speakers. I. Title.
  PG6129.E5M384 2010
  491.8′582421—dc22
  2010010681

ISBN 13: 978-1-138-96010-7 (pbk)

This book is dedicated to Laura

Contents

Contents

Foreword

Poland is a country whose experience contrasts very markedly with that of either Britain or the USA. It was once a great European power, which had the misfortune to be completely wiped off the map for long periods and which has only recently re-emerged as a sovereign republic. For several centuries, it was dominated by ruthless neighbours, which long sought to eradicate its culture, its history and its very identity. For several decades in the twentieth century, it belonged to that tragic zone of Europe which was successively overrun by Hitler and Stalin. It was largely land-locked, predominantly Catholic, and economically retarded. Its territorial borders were constantly in flux. Its language, Polish, has generated a rich literature which goes back to the Renaissance and beyond. But, unlike English, Polish has never exerted a major influence beyond the immediate circle of countries in Eastern and Central Europe which once belonged to the bold Polish Commonwealth.

Moreover, thanks to its political misfortunes, Poland has often been deprived of an independent voice. As a result, it was often the butt of hostile stereotypes. Germans could make fun of the *Polnische Wirtschaft*, the supposedly shambolic Polish economy. Russians could paint the Poles as inveterate troublemakers. Americans were given to telling 'Polish jokes'. The image only changed when the Solidarity movement gained worldwide recognition in the 1980s, when a Polish Pope, John Paul II, emerged on the international stage as a dynamic figure with great moral authority, and when Poland took its rightful place both in NATO in 1999 and the European Union in 2004.

As familiarity with Poland grows, more and more people are realizing that they are not dealing with a country in the Ruritanian category. Poland may take pride in its colourful music and folklore, and may possess a complex, multi-ethnic and little known past. But it is not tiny and it is not insignificant. It is not one of those small and distant nations 'about which we know nothing'. Warsaw is closer to London than London is to Rome or Lisbon. The Polish frontier is less than an hour's drive from Berlin. Poland's territory is nearly half as big again as the United Kingdom, and is similar in size to that of Spain or Germany. Poland's population, at nearly 40 million, is in the same league as that of California or New York State, and is larger than those of Canada and Australia combined. If one adds the 15 million Poles who for various reasons live abroad, it approaches that of France, Italy or Britain.

Due to its unfamiliarity, the Polish language has gained the unwarranted reputation of being fiendishly difficult, if not impossible to learn. As someone who has mastered it from scratch, and who uses it every day at home, I can categorically deny this slur. In reality, it is no more difficult for an English-speaker to learn Polish than for a Polish-speaker to learn English. Of course, all language learning presents a challenge that demands enthusiasm and perseverance. And, of course, Polish does present problems, especially in the initial stages. Beginners may struggle a bit with unusual combinations of consonants, as in **mróz** (frost) or **śnieg** (snow) or **dwór** (court). But they can take heart from the fact that Polish vowels are, unlike their English counterparts, extremely simple. They may be shaken by the fearful visual impact of Polish spelling, until they learn that it is completely regular. They may feel at first that they will never be able to utter names like **Szczebrzeszyn** or **Łuszczycki**. But they will soon recover when they see that such names are no harder than English tongue-twisters like 'Fish, chips an' peas', 'sea shells on the sea shore', or 'Whooshchit-ski'. Sooner or later, middle-level learners will have to face grammatical features such as the declension of nouns and adjectives, the conjugation of verbs, and the absence of articles. But they can rest assured that Polish is no better and no worse than other European languages, like German or Latin, which use similar inflected systems. Advanced learners will eventually be tempted to scale the heights of verbal aspects or to wrestle with verbs of motion. But they can do so with confidence if told that the world of English tenses or English idioms is full of far more nightmarish complexities.

Above all, learners whose first aim is to grasp the basics of colloquial Polish have two prime advantages. Firstly, they do not need to master every single grammatical complication in order to converse effectively. They need to understand only a modicum of grammatical mechanisms, and they can leave many of the finer points for a later day. Secondly, they can draw from the very start on the large body of words which Polish shares with other European languages. Even on day one, it does not take a genius to grasp the gist of such important sentiments as **Mój profesor jest elegancki, Polskie damy są bardzo inteligentne**, or **Brawo! Polski kolokwialny nie jest tak fatalny**.

Norman Davies

Norman Davies, CMG, FBA, is the author of *God's Playground: a History of Poland*, 2 vols, revised edition, OUP, 2005; *Heart of Europe: Poland's Past in Poland's Present*, revised edition, OUP, 2001; and *Europe: a History*, OUP, 1996.

About this book

Colloquial Polish is intended for learners working on their own or with a teacher and can serve as a refresher course for those who have forgotten some of the Polish they once knew. The interested traveller can pick and choose from among those sections of the book that are of the most practical use or immediate interest.

Colloquial Polish provides a comprehensive introduction to the basic structures of the language and the vocabulary of everyday situations. The emphasis is on spoken Polish. Grammatical terms and explanations have been kept as simple as possible so that, as you work through the book, you build up a sound understanding of how the language works and can use it confidently.

Polish looks like a complicated and difficult language. But once you have grasped the basic principles of pronunciation and structure, you will soon find you are able to communicate with and understand people, read Polish texts with the help of a dictionary, and enjoy closer contact with one of Europe's rich cultures.

How you use the book depends on what works best for you and what you need or hope to achieve. Any new language requires time, patience and a willingness to learn not only new words but new concepts and new ways of looking at things. Everyone learns in a different way and at a different speed. A good tip for most learners is that it's usually better to work often and for short periods of time, and not to be afraid of making mistakes.

How the course is organized

- The book starts by introducing you to the letters and sounds of Polish, and provides you with a guide to pronunciation.
- There are eighteen **units** and three additional sections to help you revise and consolidate. Each unit contains two **dialogues**, with a

few containing three. Their main purpose is to introduce the key points of the unit, in context, and in a way that native speakers would use them. They are followed by explanations of all new **language points** and illustrated by examples of usage.

- In Units 1–8 the dialogues are followed by their English translation. From Unit 9 onwards a glossary of new vocabulary is provided instead. Most of the dialogues are in the form of short conversations involving family, friends, casual acquaintances and work colleagues. There are also reading passages and examples of letter-writing.
- The basic structures are introduced gradually, in building-block fashion, to allow you to make steady progress; the explanations endeavour to be clear and concise and there are **exercises** to remind you of and check your understanding of key points.
- To supplement and complement the exercises in individual units there are three additional sections in the book headed **revise and consolidate**: the first is after Unit 6, the second after Unit 12 and the final one after Unit 18. They are there to help you to pause, take stock of what you have learned and then, where necessary, to look again at any areas of uncertainty, or quietly congratulate yourself on how much you have achieved.
- At the end of the book you will find (1) a **key** to all the exercises and revision sections (2) a **reference grammar** and (3) a **Polish–English** and an **English–Polish glossary**. In addition there is a grammar **index** and a topics and functions index to help you navigate around the contents of the units.

The recordings

Audio material in MP3 format is available to complement the book. This includes pronunciation examples, the dialogues and reading passages from the book as well as a variety of exercises. Recorded by native speakers, the audio will greatly ease your progress through the book, particularly in helping to develop listening and pronunciation skills. Try to get to know it well. The more you listen, the more you will remember and the more confident you will become.

Acknowledgements

My warmest thanks to all those who have helped me in writing
this book. In particular, to Kasia Ancuta for her invaluable suggestions and creative input, and to Maria Jodłowiec for help and
advice. Special thanks to Norman Davies for his much-appreciated
Foreword.

Abbreviations

acc.	accusative case
adj.	adjective
adv.	adverb
colloq.	colloquial
comp.	comparative
cond.	conditional
conj.	conjunction
dat.	dative case
f.	female
fem.	feminine gender
gen.	genitive case
impf.	imperfective verb
inf.	infinitive
instr.	instrumental case
lit.	literally
loc.	locative case
m.	male
masc.	masculine gender
n.	noun
neut.	neuter gender
nom.	nominative case
pers.	personal
pf.	perfective verb
pl.	plural
prep.	preposition
pres.	present
sb.	somebody
sing.	singular
sth.	something
v.	verb
voc.	vocative case

The letters and sounds of Polish

Pronunciation

Polish pronunciation is easier than might at first sight appear. Learners may shake their heads when confronted with place-names like **Szczecin**, **Bydgoszcz** or **Śląsk**, but foreign learners of English face greater difficulties with Gloucester, Towcester or Slough.

Polish spelling, unlike English or French, is closely consistent with pronunciation. Each letter on the whole corresponds to one sound. Some sounds are represented by two-letter combinations; others are indicated by an additional accent or mark.

The alphabet and the practice words in the other parts of this section can be heard on the accompanying audio, if you have it; listen carefully and repeat.

The alphabet (Audio 1:2–3)

The Polish alphabet consists of 32 letters:

a	i	r	*Sounds represented by* two *letters*
ą	j	s	ch
b	k	ś	cz
c	l	t	dz
ć	ł	u	dź
d	m	w	dż
e	n	y	rz
ę	ń	z	sz
f	o	ź	
g	ó	ż	
h	p		

The letters **q, v, x** are not used in Polish except in foreign words or as symbols. In dictionaries the double letters appear under the initial letter: e.g. **ch** = **c** + **h**. All other letters follow in alphabetical order, as above.

 Vowels (Audio 1:4)

The pronunciation of Polish vowels is very similar to that in Italian or Spanish. There is no variation in their sounds as in English. The second 'o' in Boston or Oxford is pronounced in Polish in exactly the same way as the first; **metal** (same meaning in Polish and English) is pronounced **met** + **al** *not* 'metl'.

a	as in m<u>a</u>t	**matka** mother	**mapa** map
e	as in n<u>e</u>xt	**tekst** text	**prezent** present
i	as in l<u>ee</u>k	**list** letter	**film** film
o	as in l<u>o</u>t	**kot** cat	**lotnisko** airport
u ⎫	as in m<u>oo</u>	**butelka** bottle	**bufet** buffet
ó ⎭		**góra** hill	**król** king
y	as in s<u>i</u>n	**syn** son	**rynek** market

 ■ Practice (Audio 1:5)

Listen and repeat. Take care with words containing vowel combinations and those which have the same or very similar spelling in English:

Polska	student	Europa
Anglia	komputer	autobus
Londyn	telefon	teatr
Ameryka	satelita	Ukraina

 Nasal vowels (Audio 1:6)

Polish has two nasal vowels: ą and ę. These sounds have no exact equivalent in English:

ą is like **on** in s<u>on</u>g, or **on** in Le M<u>on</u>de
ę is like **en**, with a trace of 'w', in B<u>en</u>gal [B<u>ew</u>ngal]

Contrary to the general rule of one letter, one sound, these two vowels are rarely pronounced with their full nasal value. Here is a very simplified guide:

- before **b** and **p**

    ą sounds like <u>om</u> **trąbka** [trompka] trumpet
                         gąbka [gompka] sponge

    ę sounds like <u>em</u> **zęby** [zemby] teeth
                         postęp [postemp] progress

- in most other cases

    ą sounds like <u>on</u> **kąt** [kont] corner
                         mądry [mondry] clever

    ę sounds like <u>en</u> **ręka** [renka] hand
                         kolęda [kolenda] carol

- in word-final position **ą** retains its nasal value: **są** 'they are' is pronounced like 'song' without the 'g', but **ę** is usually pronounced **e**, as in **imię** [imie] 'Christian name'.

Consonants (Audio 1:7–9)

(1) Consonants pronounced very much as their English equivalents:

b	(<u>b</u>ed)	**bank** bank	**bilet** ticket
d	(<u>d</u>og)	**dom** house	**dokument** document
f	(<u>f</u>og)	**fakt** fact	**fotel** armchair
g	(<u>g</u>et)	**grupa** group	**gazeta** newspaper
k	(<u>k</u>eg)	**kawa** coffee	**kot** cat
l	(<u>l</u>ot)	**lampa** lamp	**lato** summer
m	(<u>m</u>at)	**mapa** map	**minuta** minute
n	(<u>n</u>et)	**nos** nose	**noga** foot
p	(<u>p</u>ot)	**pole** field	**pogoda** weather
s	(<u>s</u>top)	**sklep** shop	**sobota** Saturday
t	(<u>t</u>en)	**tenis** tennis	**Tamiza** Thames
z	(<u>z</u>one)	**zero** zero	**zegarek** watch

(2) Consonants pronounced differently or represented by different letters:

c	t̲s̲ as in bi̲t̲s̲	cena price	noc night
h/ch	c̲h̲ as in Scots lo̲c̲h̲	dach roof	hotel hotel
j	y̲ as in y̲es	jeden one	kraj country
ł	w̲ as in w̲et	głos voice	kanał channel
r	rolled Scots r̲	rok year	ryba fish
w	v̲ as in v̲odka	woda water	wino wine

Hard and soft consonants (Audio 1:10)

Almost every Polish consonant has a hard and soft pronunciation. If you have the audio you will have heard the difference on a number of occasions. For example:

bank, park [hard b̲, p̲]   **bilet, piwo** [soft b̲ee̲, p̲ee̲]

This softening occurs whenever a consonant is followed by **i** [ee]. But note: when **i** itself is followed by another vowel it adds to the consonant a trace of the sound **y** in 'yes', and is no longer pronounced as a separate syllable: **pies** 'dog' is pronounced [pyes] *not* [pee-es]; similarly **niebo** [nyebo] 'sky', **miasto** [myasto] 'town', **Anglia** [Anglya] 'England'.

The softness of some consonants is indicated by an acute accent: **ć ń ś ź dź** (before vowels written as **ci ni si zi dzi**):

ć (ci)	as in c̲ello	pić to drink	ciotka aunt
ń (ni)	as in can̲yon	koń horse	koniec end
ś (si)	as in s̲ure	środa Wednesday	siostra sister
ź (zi)	as in G̲igi	źle bad(ly)	ziemia earth
dź (dzi)	as in j̲eep	dźwig crane	dzisiaj today

Contrast these soft sounds with the hard pronunciation of the following group of consonants. Remember that the two letters represent one sound:

cz	hard ch as in c̲h̲urch	czas time	poczta post office
sz	hard sh as in s̲h̲ekel	Szkot Scotsman	paszport passport
rz } ż }	hard g in g̲endarme	rzeka river żona wife	morze sea żaba frog
dż	as d + ż	dżem jam	dżungla jungle
dz	as ds in od̲d̲s̲	dzwon bell	bardzo very

■ Practice **(Audio 1:11)**

Read the following words slowly and clearly. Take care to distinguish between the hard and soft sounds:

cena	sobota	znak	droga	deszcz
być	śnieg	zielony	dzień	gość
czek	szok	żart	dżentelmen	drzwi

Now practise the following. Use this opportunity to remind yourself of the pronunciation of nasal vowels, and also of sounds which exist in English but are represented by different letters:

pociąg	język	policja	Warszawa	chłopiec
piątek	często	stacja	szkoła	herbata
dąb	wstęp	tramwaj	słowo	hokej

Voiced and unvoiced consonants (Audio 1:12)

The distinctly voiced pronunciation of certain consonants often becomes dulled, depending on their position in a word. So, for example, at the end of a word:

b in	**klub** club	sounds like → p	[klup]
d	**ogród** garden	t	[ogrót]
g	**róg** corner	k	[rók]
w	**lew** lion	f	[lef]
z	**teraz** now	s	[teras]
ż (rz)	**lekarz** doctor	sz	[lekasz]
ź	**weź** take!	ś	[weś]
dz	**wódz** leader	c	[wóc]
dź	**Łódź** (a Polish city)	ć	[Łóć]
dż	**brydż** bridge (cards)	cz	[brycz]

This same change of pronunciation occurs also within words and between words.

Rule: when a voiced consonant precedes or follows an unvoiced consonant, its pronunciation is dulled. In other words, **w** (the most common example) sounds like [f] whenever it precedes or follows **p t k**, etc.

■ Practice **(Audio 1:13)**

Practise saying the following words:

wtorek	[ftorek]	Tuesday	**trzy**	[tszy]	three
wczoraj	[fczoraj]	yesterday	**łóżko**	[łószko]	bed
wschód	[fschót]	east	**wódka**	[wótka]	vodka
kwiat	[kfiat]	flower	**w sobotę**	[f sobotę]	on Saturday
świat	[śfiat]	world	**z Paryża**	[s Paryża]	from Paris

The details above are far less important to you than those elsewhere
in this section, particularly if your only concern is to make yourself
understood. But they will help you to understand the pronunciation
you will hear used by Poles.

Stress (Audio 1:14)

One part of every Polish word is stressed more than others. In the
vast majority of cases this is the second-last syllable, so the girl's
name is pronounced 'Mar-ya':

War-sza-wa   sa-mo-lot   pasz-port   Mar-ia

The few exceptions will be identified for you. For example, in some
words of Latin or Greek origin the stress usually falls on the third-last
syllable:

mu-zy-ka   A-me-ry-ka   u-ni-wer-sy-tet

Some notes to remember

- If you pronounce Polish words slowly and clearly using the guide-
  lines in this section you will be understood. When in doubt break
  the word up into syllables. This will help you to deal with longer
  words and those with awkward-looking groups of consonants:

  Rzecz – pos – po – li – ta Pol – ska   The Polish Republic

- Take particular care with vowels; it may help if you follow the Italian
  pronunciation of *Italia* or *Mamma mia*. Watch out also for the

difference between Polish and English pronunciation of certain consonants – in Polish **c** [ts] is never pronounced as **k**.

- Although Polish spelling is more predictable than English, three sounds are rendered, unpredictably, in one of two ways:

ó	**Bóg** God	**ż**	**może** perhaps	**h**	**herbata** tea
u	**Bug** (a Polish river)	**rz**	**morze** sea	**ch**	**chleb** bread

- Certain words are conventionally spelled with small letters. These include the days of the week, the months of the year, adjectives of nationality and those derived from place-names. For example: **sobota** 'Saturday', **maj** 'May', **(język) polski** 'Polish (language)'.

Reading

(Audio 1:15–17)

The following is a very short text about Poland. Read it slowly. Whenever necessary refer to the earlier explanations about the letters and sounds of Polish. Then listen to the audio:

Rzeczpospolita Polska

Polska leży w samym środku Europy. Na wschodzie graniczy z Białorusią i Ukrainą, na północnym wschodzie z Rosją i Litwą, na południu z Czechami i Słowacją, na zachodzie z Niemcami. Na północy jest Morze Bałtyckie.

Stolicą Polski jest Warszawa. Inne większe miasta to Kraków, Łódź, Wrocław, Poznań, Gdańsk, Szczecin, Bydgoszcz, Lublin, Katowice.

Poland lies in the very centre of Europe. In the east it borders with Belarus and Ukraine, in the north east with Russia and Lithuania, in the south with the Czech Republic and Slovakia, in the west with Germany. In the north is the Baltic Sea.

The capital of Poland is Warsaw. Other larger towns are Kraków, Łódź, Wrocław, Poznań, Gdańsk, Szczecin, Bydgoszcz, Lublin, Katowice.

Unit One

Dzień dobry. Nazywam się ...

Hello. My name's ...

In this unit you will learn about:

- Greetings, introductions and simple courtesies
- The verb 'to be'
- How to address people
- Simple questions and answers
- Polish nouns

Dialogue 1

 Bardzo mi miło   Very nice to meet you **(Audio 1:19)**

Neil Howard, an English businessman, arrives in Wrocław to
visit a Polish computer company. He is met at the airport by the
company's representatives, Stefan Wolski and Ewa Wilk.

STEFAN   Przepraszam, czy pan Howard?
NEIL   Słucham?
STEFAN   Pan Neil Howard?
NEIL   Tak, jestem Neil Howard.
STEFAN   Dzień dobry. Nazywam się Stefan Wolski, a to jest pani
         Ewa Wilk.
NEIL   Bardzo mi miło.

STEFAN   *Excuse me, (are you) Mr Howard?*
NEIL   *Pardon?*
STEFAN   *Mr Neil Howard?*
NEIL   *Yes, I'm Neil Howard.*
STEFAN   *Hello. My name's Stefan Wolski, and this is (Miss) Ewa Wilk.*
NEIL   *Very nice to meet you.*

 Dialogue 2

 Cześć!   Hi! **(Audio 1:21)**

Two friends meet in the street. They're both in a hurry.

AGNIESZKA   Cześć, Jacek!
JACEK   Cześć, Agnieszka!
AGNIESZKA   Co słychać?
JACEK   Nic nowego, a co u ciebie?
AGNIESZKA   Wszystko w porządku, dziękuję.
JACEK   No to do zobaczenia.
AGNIESZKA   No to cześć. Do jutra.

AGNIESZKA	*Hi, Jacek!*
JACEK	*Hi, Agnieszka!*
AGNIESZKA	*How are things?*
JACEK	*Nothing new, and how are things with you?*
AGNIESZKA	*Everything's fine, thanks.*
JACEK	*Be seeing you then.*
AGNIESZKA	*Bye. See you tomorrow.*

Language points

Saying 'hello' and 'goodbye'

Dzień dobry	Good morning/afternoon
Dobry wieczór	Good evening
Dobranoc	Good night
Do widzenia	Goodbye

Dzień dobry and **dobry wieczór** can also be used where English uses 'Hello'.

Between friends the exchanges are much more casual, as in the second dialogue:

Cześć!	Hi!/'Bye!
Co słychać?/co nowego?	How are things?/what's new?
Nic nowego/po staremu	Nothing new/same as before
A co u ciebie?	And how are things with you?
Wszystko w porządku	Everything's fine
Do zobaczenia/do jutra	See you later/see you tomorrow

Yes/no, please, thank you and excuse me

Tak/nie	Yes/no
Proszę	Please
Dziękuję (bardzo)	Thank you (very much)
Przepraszam	Excuse me/I'm sorry
Słucham?	Pardon?

When offering someone something, say **proszę** or **proszę bardzo** 'here you are' (same usage as German *Bitte, Bitte schön*); in answer to **dziękuję** or **dziękuję bardzo** (*Danke, Danke schön*), **proszę (bardzo)** means 'You're (very) welcome/Don't mention it'.

Take care! **dziękuję** in response to an offer can also mean 'No thank you' (like French *merci*). Watch out for other signs, such as the tone of voice and gesture.

Exercise 1

Two conversations got jumbled. Use the boxes at the end to list the scraps of conversation in the right order. In each case the first one has been done for you.

a Co słychać?
b Tak, jestem Anna Kowalska.
c Słucham?
d No to do zobaczenia.
e Bardzo mi miło.
f Przepraszam, czy pani Anna Kowalska?
g Nic nowego.
h Cześć Kuba!
i Pani Anna Kowalska?
j Po staremu. A co u ciebie?
k Dzień dobry. Nazywam się Renata Wrocka, a to jest pan
   Zbigniew Nagórny.
l Cześć Kasia!
m No to cześć.

Conversation 1:

1	2	3	4	5	6
f					

Conversation 2:

1	2	3	4	5	6	7
h						

Language points

The verb być 'to be'

Note that Polish verb endings indicate the person much more clearly than is the case in English. The pronouns **ja**, **ty**, and so on, are largely redundant, but see below.

(ja)	**jestem**	I	am
(ty)	**jesteś**	you	are
on/ona/ono	**jest**	he/she/it	is
(my)	**jesteśmy**	we	are
(wy)	**jesteście**	you	are
oni/one*	**są**	they	are

* When 'they' are men or a mixed group of people use **oni**; in all other cases (women, objects, things) use **one**.

Avoid using pronouns in Polish, except for emphasis or where they are unavoidable, as in:

Cześć, jestem Jacek. A ty?	Hi, I'm Jacek. And you (are)?
Gdzie on/ona jest?	Where is he/she?
Kto to? – To ja/my.	Who's that? – It's me/us.

Addressing people

Polish, like French, German or Spanish, has familiar and formal, polite forms for 'you'. The **ty** (singular) and **wy** (plural) forms are used when addressing family, close friends and children. In all other cases, or if in doubt, address a man as **pan**, a woman as **pani**, men as **panowie**, women as **panie** and a couple or mixed group as **państwo**. Compare the following ways of asking: 'Where are *you*?'

Familiar	*Formal*	
Gdzie (ty) jesteś?	**Gdzie pan/pani**	**jest?**
(wy) jesteście?	**panowie/panie**	**są?**
	państwo	**są?**

Note that the polite forms require the *third person* singular/plural of the verb.

- **Pan – pani – państwo** + *proper name* are equivalent to Mr – Mrs/ Miss/Ms – Mr and Mrs:

    To jest pan/pani Howard.   This is Mr/Mrs Howard.
    To są państwo Howard.   This is Mr and Mrs Howard.

- It is customary to use these polite forms with professional titles:

    Pan/pani doktor Nowak   Doctor Nowak (man/woman)
    Pan/pani profesor Smith   Professor Smith

- Unlike English, Polish also uses a form of address halfway between the familiar and the formal: **pan**, **pani** + *first name*. This is common among colleagues at work:

    Pan Adam/Pani Maria   (*lit.*) Mr Adam/Mrs, Miss Mary

First contacts

Przepraszam, czy pan/pani . . . ?	Excuse me, are you Mr/Mrs, Miss . . . ?
Jak pan/pani się nazywa? (*formal*)	What is your name?
Jak się nazywasz? (*familiar*)	
Jak masz (pan/pani ma) na imię?	What's your first name?
Czy mogę się przedstawić?	Can I introduce myself?
Nazywam się Stefan Wolski.	My name's Stefan Wolski.
Jestem Jane. Jane Brown.	I'm Jane. Jane Brown.
Bardzo mi miło pana/panią poznać.	Very nice to meet you. (man/woman)

Except in very formal usage, this is shortened, as in the first dialogue, to: **Bardzo mi miło** or even **Miło mi.**

Breaking the ice

Once people have got to know each other well they will wish to get on first-name terms (change to the **ty** form). You will hear (or may propose) one of the following:

Czy możemy przejść na ty?   Can we be on first-name terms?
Proszę mi mówić Maria.   Please call me Maria.

Simple questions and answers

Co **to jest?**	*What* is this?
To **jest hotel.**	*This* is a hotel.
Kto **to jest?**	*Who* is this?
To **jest Stefan.**	*This* is Stefan.
Czy **to jest bank?**	Is this a bank?
Tak, **to jest bank.**	*Yes*, this is a bank.
Czy **to jest student?**	Is this a student?
Nie, **to** *nie* **jest student.**	*No*, this is *not* a student.

- **Czy**, as used here, does not correspond to a particular word in English. It merely introduces a question requiring a *yes/no* answer. Questions can also be indicated by tone of voice:

   Pan Howard?   Mr Howard?

- Note that **nie** means both 'no' and 'not'. In this second usage – to negate a statement – it is placed immediately before the verb.
- When stating or identifying *who/what this is* and in corresponding questions, such as *is this ... ?* or *who/what is this?*, the word **to** is used as a pointer, equivalent to *this, that, it* in English.
- In simple questions and answers with **to**, the verb 'to be' is often omitted:*

Co to? – **To** *jest* **gazeta.**	What's this? – It's a newspaper.
Kto to *jest*? **– To Edward.**	Who's that? – That's Edward.
Czy to daleko stąd?	Is it far from here?
– Nie, to bardzo blisko.	– No, it's very close.

   Colloquial examples with **to**:

No to do zobaczenia/do jutra.	See you later/tomorrow then.
Co to za budynek?	What building's this?

---

* These very short 'sentences' with no verb are used constantly, but – these apart – Polish does not as a rule omit the present tense of 'to be'.

Absence of articles

Polish has no definite or indefinite article. **Bank** means 'a bank', 'the bank' or just 'bank'. In context you will always be able to establish which of these to use. Thus:

> **To nie jest bank. Bank jest tam.**
> This isn't a bank. The bank is there.

Saying 'and' - 'but'

In some of the earlier examples you will have noticed that the Polish conjunctions **i/a** have both been translated as 'and'.

The first just adds on – *and (also)*; but to make a contrast between one thing and another, Polish uses **a** – meaning *and/but/while (on the other hand)*:

> **Pan Nowak i pani Nowak.**   Mr Nowak and Mrs Nowak.
> **To jest hotel, a to jest bank.**   This is a hotel and this is a bank.
> **To Agnieszka, a kto to?**   That's Agnieszka, but who's that?

The normal word for 'but' is **ale**:

> **Przepraszam, ale gdzie to jest?**   Excuse me, but where is that?

 Dialogue 3

 (Audio 1:23)

Here are two short (separate) exchanges between a tourist and a passer-by. Work out what they say:

TURYSTA	Przepraszam, co to za budynek?
PRZECHODZIEŃ	To jest teatr Ateneum.
TURYSTA	A gdzie jest opera?
PRZECHODZIEŃ	Opera jest tam. Niedaleko stąd *(not far from here)*.
TURYSTA	Dziękuję.
PRZECHODZIEŃ	Proszę bardzo.

TURYSTA	Przepraszam, ale gdzie jest hotel Bristol? Czy to daleko stąd?
PRZECHODZIEŃ	Nie, to bardzo blisko (*near*). Tu jest hotel Holiday Inn, a hotel Bristol jest tam.
TURYSTA	A gdzie jest restauracja „Copernicus"?
PRZECHODZIEŃ	Restauracja jest tu na rogu (*on the corner*).
TURYSTA	Dziękuję bardzo.
PRZECHODZIEŃ	Nie ma za co.

Vocabulary

tu *or* **tutaj – tam**	here – there
nie ma za co	not at all; you're welcome

Exercise 2

Complete the following using the correct form of the verb **być**:

1 To _____ Warszawa.
2 To _____ państwo Green.
3 Cześć, _____ Kasia. A ty?
4 Gdzie (wy) _____?
5 My _____ tu, a ty _____ tam.
6 Gdzie _____ muzeum?
7 Hotel i bank _____ niedaleko stąd.
8 To _____ Polak, a to _____ Anglik.

Exercise 3

Supply the question word – **co? kto? czy? gdzie?**

1 _____ to jest? – To pan Howard.
2 _____ to jest? – To kawa.
3 _____ to jest? – To bardzo blisko.
4 _____ to jest Stefan? – Nie, to Jacek.
5 _____ jest teatr? – Niedaleko stąd.
6 _____ to jest poczta? – Tak.
7 _____ to jest? – To jest Beata.
8 _____ to jest muzeum? – Nie, to jest hotel.
9 _____ to jest? – To jest gazeta.

Language point

Polish nouns: an introduction

Polish nouns divide into three genders: masculine (*m*), feminine (*f*), and neuter (*n*). Males are masculine and females are feminine, but things can have any gender. This is not as difficult as it seems. In most cases you can tell the gender of a Polish noun from its basic (dictionary) form ending. Here are some examples. Use this opportunity also to learn some new words:

Masculine nouns → end in a consonant:

ojciec	father	**hotel**	hotel
syn	son	**dom**	house
brat	brother	**adres**	address
mąż	husband	**pies**	dog

Feminine nouns → end in **-a**:

matka	mother	**poczta**	post office
córka	daughter	**gazeta**	newspaper
siostra	sister	**policja**	police
żona	wife	**kawa**	coffee

Neuter nouns → end in **-o -e** and (less commonly) in **-ę -um**:

miasto	town	**mieszkanie**	flat
dziecko	child	**morze**	sea
nazwisko	surname	**imię**	first name
lotnisko	airport	**muzeum**	museum

Exceptions

1 Some nouns ending in a consonant are feminine: e.g. **noc** 'night'; **rzecz** 'thing'; **miłość** 'love'; **śmierć** 'death'. A small number of nouns ending in **-i**, like **pani** 'Mrs/Miss/Ms' are also feminine.
2 A few nouns which end in **-a**, but refer to men, are masculine: e.g. **kolega** 'friend'; **mężczyzna** 'man'; **turysta** 'tourist'.

In Polish almost every noun referring to a person has both a masculine and a feminine form. Compare:

kolega	friend (male)	**koleżanka**	friend (female)
turysta	tourist	**turystka**	tourist
student	student	**studentka**	student
Polak	Pole	**Polka**	Pole
Anglik	Englishman	**Angielka**	Englishwoman

Exceptions are some professional titles where the masculine form prevails, preceded by **pan** or **pani**. So, for example: **pan/pani dyrektor, doktor, profesor, inżynier.**

Exercise 4

What is the meaning (take a guess) and gender of the following nouns? Watch out for the exception.

paszport – wideo – centrum – taksówka – hokej – dentysta – Amerykanka – adres – komputer

Exercise 5 (Audio 1:24)

This is a revision exercise. Go over the unit again and make sure you can remember how to say:

1 Good morning.
2 Goodbye.
3 Thank you.
4 Good night.
5 Hi, how are things?

6 Everything's fine.
7 here – there
8 near – far
9 My name is . . .
10 What's this?

Exercise 6 (Audio 1:24)

Continuing the revision, what do you say

1 if you want to decline what someone is offering you?
2 if you didn't quite hear what someone said?
3 if you accidentally bump into someone in the street?
4 if you want someone to call you by your first name?
5 to ask if something is far from here?

Unit Two

Czy jest tu gdzieś blisko hotel?

Is there a hotel around here?

In this unit you will learn about:

- Asking for and giving directions: where?, how far?
- How to say 'it'
- Adjectives, singular
- Asking 'which one?', 'what's (it) like?'
- How to say 'my, your(s), his, hers . . .'
- Saying 'this one', 'that one'
- Why words in Polish change their endings

Dialogue 1

Informacja Turystyczna Tourist Information
(Audio 1:25)

Teresa has taken her friend Jane on a day trip to a town famous for its architecture and history. It's low season, there are few other visitors, so they decide to stay the night. Teresa spots a tourist information office and goes in.

TERESA	Przepraszam, czy jest tu gdzieś blisko hotel?
PRACOWNIK	Hotel Merkury i hotel Polonez są niedaleko.
TERESA	A który pan poleca?
PRACOWNIK	Hotel Merkury jest nowy, bardzo wygodny, ale niestety drogi.

TERESA   A jaki jest hotel Polonez?
PRACOWNIK   Jest stary, ale też wygodny i bardzo miły.
TERESA   Czy on też jest drogi?
PRACOWNIK   Nie, nie bardzo drogi.
TERESA   Gdzie on jest dokładnie? Proszę mi pokazać na planie.
PRACOWNIK   Tak, oczywiście . . . pani jest tu . . . to jest ulica Długa.
              Proszę iść prosto. Tu jest nowe centrum handlowe,
              tu jest park, a tu naprzeciwko jest hotel Polonez.
TERESA   Dziękuję.
PRACOWNIK   Proszę bardzo.

TERESA   *Excuse me, is there a hotel around [lit. somewhere
              near] here?*
EMPLOYEE   *The Hotel Merkury and the Hotel Polonez are not far.*
TERESA   *And which one do you recommend?*
EMPLOYEE   *The (Hotel) Merkury is new, very comfortable, but
              unfortunately expensive.*
TERESA: *And what's the (Hotel) Polonez like?*
EMPLOYEE: *It's old but also comfortable and very pleasant.*
TERESA   *Is it also expensive?*
EMPLOYEE   *No, not very expensive.*
TERESA   *Where is it exactly? Please show me on the map.*
EMPLOYEE   *Yes, of course . . . you are here . . . this is Długa Street.
              Please go straight ahead. Here's a new shopping centre,
              here's a park and here opposite is the Hotel Polonez.*
TERESA: *Thank you.*
EMPLOYEE: *You're welcome.*

Language points

Asking 'where?' and 'how far?'

You learned **gdzie** 'where' and some simple directions in Unit 1.
Now compare:

Gdzie jest Adam/hotel Merkury?
Where's Adam/the Hotel Merkury?

Czy jest tu gdzieś blisko hotel?
Is there a hotel around here?

How to say 'is there/there is' will be dealt with more fully in Unit 4.

Czy to daleko stąd?
Is it far from here?

Proszę mi pokazać na planie.
Please show me on the (town) map.

To (bardzo) blisko/daleko/niedaleko.
It's (very) near/far/not far.

To tu/tam/po lewej, prawej stronie/naprzeciwko/za rogiem.
It's here/there/on the left, right side/opposite/round the corner.

Proszę iść prosto.
Please go straight ahead.

Proszę skręcić w lewo/w prawo.
Please turn left/right.

Here are some other places you might be looking for:

Przepraszam, gdzie (tu) jest . . . ?

bank	bank
poczta	post office
dworzec	station
lotnisko	airport
restauracja	restaurant
kawiarnia	café
teatr	theatre
apteka	chemist/drugstore
kościół	church
rynek	market (square)
postój taksówek	taxi rank
przystanek autobusowy	bus stop
przystanek tramwajowy	tram stop
parking strzeżony	supervised car park
automat telefoniczny	pay phone
Informacja Turystyczna	Tourist Information
centrum handlowe	shopping centre
bankomat	cashpoint, ATM
kafejka internetowa	Internet café
ulica . . .	. . . Street

When 'he' and 'she' are 'it'

Note that the masculine and feminine pronouns **on/ona** will be understood as *he/she* when they refer to persons, but as *it* when they refer to things. In either instance they must agree with the gender of the noun to which they refer. For example:

> **Hotel** (*masc.*) **Polonez – czy on** (*masc.*) **też jest drogi?**
> The Hotel Polonez – is it also expensive?

> **Ulica** (*fem.*) **Długa – gdzie ona** (*fem.*) **jest?**
> Długa Street – where is it?

The neuter pronoun **ono** always means 'it'.

Exercise 1

Asking a question on the pattern „**Przepraszam, gdzie tu jest blisko ... ?**" (and, for practice, say it each time aloud and in full), what do you say, if you're looking

1 for a cashpoint/ATM?
2 for something for your headache?
3 for a taxi?
4 for an Internet café?
5 for somewhere to have a meal?

Exercise 2

You (A) are looking for the main post office – **Poczta Główna** – on Prosta Street but have lost your bearings and ask a passer-by (B) for directions. Compose a dialogue using the prompts given:

A First you want to know (politely) what street you're on, and is it Prosta Street?
B No, this is Grodzka Street.
A And where is Prosta Street? – you ask – and is it far from here?
B As it turns out, no, it's very close. You are told to go straight and turn right. On the left there's a park. The main post office is opposite.
A You're very grateful.

 Language point

Adjectives

Polish adjectives, like nouns, have different endings to show gender, but adjectives are far more predictable. They almost all behave like (1) **dobry** 'good' or (2) **drogi** 'dear, expensive' and **tani** 'cheap':

Masc.	**dobry**	**drog*i***	**tan*i***	**hotel** hotel
Fem.	**dobra**	**drog*a***	**tan*ia***	**książka** book
Neut.	**dobre**	**drog*ie***	**tan*ie***	**mieszkanie** flat

Note that the endings of **drog-i -a -ie** always follow the letters **k, g**. Notice too that **tani** follows the same pattern but like all adjectives ending in a soft consonant (typically **-ni -ci -pi**) retains the **i** in the feminine form.

Now you can begin to describe people and things:

mały -a -e	little, small	**długi -a -ie**	long
duży	big, large	**wysoki**	high, tall
stary	old	**niski**	low, short (height)
młody	young	**polski**	Polish
łatwy	easy	**angielski**	English
trudny	difficult	**francuski**	French
miły *or* **sympatyczny**	pleasant, nice	**amerykański**	American

The list above contains a number of opposites, but you don't always need to know them. Very often a simple way, if memory lets you down, is to use the word you do know with **nie** in front of it. For example: **nieduży** 'not large, small', **niedrogi** 'inexpensive', **niemiły** 'unpleasant'.

Adding colour to your conversation:

biały	white	**czarny**	black	**czerwony**	red
zielony	green	**żółty**	yellow	**niebieski**	blue

Normally, adjectives *precede the noun* when they refer to its size, colour, shape or other quality, but adjectives *follow the noun* when they identify its function or specific nature. Compare the following:

dobry hotel	good hotel
duży dom	big house
nowa restauracja	new restaurant
małe dziecko	small child
język polski	Polish language
automat telefoniczny	pay phone
Dworzec Główny	Main Station
Uniwersytet Warszawski	Warsaw University

Did you notice?

The adjectives of nationality (**polski**, **angielski**), like other adjectives, do not have capital letters in Polish. But capital letters are used, as you would expect:

* with names of countries and their peoples: **Polska – Polak/ Polka**
* when English would also use them, as in names of places and institutions: **Telewizja Polska – Uniwersytet Warszawski – Stare Miasto**. But, except at the beginning of a sentence or on a sign: **hotel Merkury, restauracja Copernicus**. Similarly: **ulica Długa** but as an address and on a sign – **ul. Długa**.

Exercise 3

Missing partners. The following eight (a) nouns and (b) adjectives have become separated from each other. Can you reunite them? Remember about the position of adjectives and, in one instance, the need for capital letters:

(a) dziecko	studentka	(b) długa	czerwone
woda	morze	kredytowa	satelitarna
dom	telewizja	duży	małe
karta	rzeka	inteligentna	mineralna

Exercise 4

Complete the following using the correct form of the most appropriate adjective. Note: there is one adjective too many!

trudny   drogi   zielony   miły
niski   słaby   mały

1 Pan Kowalski jest wysoki, ale pani Kowalska jest _____.
2 Ta restauracja jest duża, ale bar jest _____.
3 Język polski jest łatwy, a matematyka jest _____.
4 Jabłko (*apple*) jest czerwone, a gruszka (*pear*) jest _____.
5 Mieszkanie jest tanie, a dom jest _____.
6 Herbata jest mocna (*strong*), a kawa jest _____.

Language point

Asking 'which one?' – 'what's (it) like?'

The opening dialogue contains two new question words. Both are (interrogative) adjectives and agree with the gender of the noun to which they refer:

który, która, które? which (one)?
jaki, jaka, jakie? what kind of, what . . . like?

Który (*masc.*) **hotel pan poleca?**
Which hotel do you recommend?

Które (*neut.*) **miejsce jest wolne?**
Which seat (*lit.* place) is free?

Jaki (*masc.*) **jest hotel Polonez?**
What is the Hotel Polonez like?

Jaka (*fem.*) **jest pogoda?**
What's the weather like?

Jaki to (jest) . . . ? is used to ask the same question as the rather more colloquial **co to za . . . ?** (Unit 1)

Jaka to (jest) ulica?   What street is this?
Jakie to (jest) miasto?   What town is this?

Notice that **jaki -a -ie** is at the beginning, while the noun to which it refers is at the end.

Dialogue 2

Wizyta   A visit **(Audio 1:27)**

Peter Clark has been invited by his Polish colleague Roman
Borowski to meet his family.

PETER	Dobry wieczór.
ROMAN	Cześć, Peter. Proszę.
PETER	Dziękuję.
ROMAN	Anna, to mój angielski kolega Peter.
ANNA	Dobry wieczór . . . Anna Borowska.
PETER	Bardzo mi miło panią poznać.
ANNA	Proszę mi mówić Anna.
ROMAN	Peter, to jest nasz syn Wojtek, a to nasza córka Dorota.
PETER	Jaka miła rodzina! . . . I jakie piękne mieszkanie!

PETER:	*Good evening.*
ROMAN	*Hi, Peter. Please come in.*
PETER	*Thank you.*
ROMAN	*Anna, this is my English colleague Peter.*
ANNA	*Good evening . . . Anna Borowska.*
PETER	*Nice to meet you* [formal].
ANNA	*Please call me Anna.*
ROMAN	*Peter, this is our son Wojtek and this is our daughter Dorota.*
PETER	*What a charming (nice) family! . . . And what a beautiful flat!*

Dialogue 3

 Jaka jest twoja rodzina?   What's your family like?
(Audio 1:29)

Now that they all know each other Peter is asked about his family.

ANNA   Jaka jest twoja rodzina?
PETER   Proszę . . . (*he takes out a photograph*). To jest moja żona
        Janet. Obok jest mój brat i moja siostra. Ten mały chłopiec
        to jej syn, a ta młoda pani to moja córka Anne.
ANNA   A ten pan?
PETER   To mój kuzyn Charles, a to jego żona Clare.
ANNA   A gdzie jest teraz Janet? Czy jesteście tu razem?
PETER   Nie, niestety.
ANNA   Jaka szkoda!

ANNA   *What's your family like?*
PETER   *Here you are . . . This is my wife Janet. Next (to her) is my
        brother and my sister. This small boy is her son and this
        young lady is my daughter Anne.*
ANNA   *And this gentleman?*
PETER   *That's my cousin Charles and that's his wife Clare.*
ANNA   *And where is Janet now? Are you here together?*
PETER   *No, unfortunately.*
ANNA   *What a pity!*

 Did you notice?

In the dialogue above, did you notice that:

- Roman Borowski's wife introduces herself as Anna Borow**ska**?
  This is typical of Polish surnames ending in **-ski**, **-cki** and **-dzki**;
  they have both a masculine and feminine form, and are adjectival:
- **jaki -a -ie** is also used in exclamations to mean 'what a . . . !':

        Jaka miła rodzina!   What a charming family!
        Jaka szkoda!   What a pity!

- **pan/pani** (the formal forms for 'you' and, followed by a proper name, the equivalents of Mr/Mrs, Miss, Ms) appear as polite forms for 'gentleman, lady':

> **Ta młoda pani to moja córka Anne.**
> That young lady is my daughter Anne.

> **A ten pan?**
> And this gentleman?

Language point

Possessives: 'my, your(s), his, hers ...'

Mój 'my, mine' – **twój** 'your(s)' (*familiar sing.*) and **nasz** 'our(s)' – **wasz** 'your(s)' (*familiar pl.*) change according to the gender of the noun to which they refer:

Masc.	mój	twój	brat	nasz	wasz	syn
Fem.	moja	twoja	siostra	nasza	wasza	córka
Neut.	moje	twoje	mieszkanie	nasze	wasze	miasto

Jego 'his' – **jej** 'her(s)' and **ich** 'their(s)' do not change with the gender of the noun. So they can be used in all the above examples:

> **jego jej ich brat, córka, siostra, mieszkanie ...**

When there is no risk of ambiguity the possessives 'my', 'your' and so on, may be omitted. This is particularly true of family relationships. For example:

> **To jest moja żona Anna, a to (nasz) syn Wojtek i (nasza) córka Dorota.**
> This is my wife Anna and this is our son Wojtek and our daughter Dorota.

- The formal equivalents of 'your(s)' are: **pana** (of a man), **pani** (of a woman) and **państwa** in the plural. These forms do not change:

Pana imię/nazwisko?	Your (first) name/surname?
Czy to pani paszport?	Is this your passport?
Jakie jest państwa mieszkanie?	What is your flat like?

- A possessive answers the question 'whose?' – **czyj, czyja, czyje?**
  This is another adjective. So:

  Czyj (*masc.*) **to jest paszport?**   Whose passport is this?
  Czyje (*neut.*) **to dziecko?**   Whose child is this?

Exercise 5

Using the correct gender of **jaki? który? czyj?** provide questions for
the following answers:

1 _____ jest hotel Grand? – Jest stary, ale wygodny.
2 _____ to kawa? – Moja.
3 _____ to lekcja? – To jest lekcja druga.
4 _____ jest Ewa? – Ewa jest bardzo miła.
5 _____ miejsce jest wolne? – Tamto (*that one over there*).

Exercise 6

Can you make sense of these jumbled sentences?

1 blisko jest restauracja tu gdzie dobra?
2 twoje mieszkanie jakie nowe jest?
3 hotel przepraszam dobry niedrogi który ale jest?
4 jest kolega bardzo angielski nasz sympatyczny.

Language point

Pointing out people and things

You already know **to** used as a general (impersonal) pointer in sentences like 'this/that is . . . (someone/something)':

To jest dobry hotel.
This is a good hotel.

To mój angielski kolega Peter.
This is my English colleague Peter.

If you want to say '*this/that hotel* is good' you need the appropriate demonstrative adjective:

ten (*masc.*) – **ta** (*fem.*) – **to** (*neut.*)

Ten hotel jest dobry.	This/that hotel is good.
Ta lekcja nie jest trudna.	This/that lesson isn't difficult.
To miejsce jest wolne.	This/that seat is free.

To make a contrast between 'this/that one here', as above, and '*that one over there*' use **tamten-tamta-tamto**:

Ten hotel jest nowy, a tamten jest stary.
This hotel (here) is new and that one (over there) is old.

Exercise 7

Can you remember how to say these?

1 Please show me on the (town) map.
2 Which hotel do you (*formal*) recommend?
3 Where is the main station?
4 What's the weather like?
5 What a pity!
6 Is this seat free?
7 This is my wife/husband...., our son... and our daughter....
8 The American Consulate (**Konsulat**) is not far from here.

Language point

Why words in Polish change their endings

Words in Polish change (principally their endings) according to their role in a sentence. Each ending represents a different case, and each case has a number of different roles ... So far you have met a variety of nouns, adjectives and pronouns in their basic singular (dictionary) form – known as the nominative case. This is the form we use for the subject of the sentence: ***Ten nowy hotel*** jest **bardzo drogi**; it is also used in simple constructions with **to (jest)** ... and in introductions: **jestem** + name.

However, you have already used a number of common greetings and set expressions where words have appeared with other case endings. Don't worry about this. The different cases and their uses will be introduced gradually, and there will be time to revise and consolidate. Concentrate on learning the words and phrases. You will understand their structure better with each unit.

Unit Three
Jak spędzam wolny czas
How I spend my free time

In this unit you will learn about:

- Talking about leisure interests
- Verbs with present tense endings **-am**, **-asz**
- Reflexive verbs ('to call oneself', 'to know one another')
- The verb 'to have'
- The accusative case – 'I'm reading a book'
- How to order food and drinks
- Playing games and sports

Dialogue 1

Ankieta   A survey **(Audio 1:30)**

A magazine carried out a survey on how people spend their free time. Here's what three of them said.

MONIKA   Kiedy mam czas, czytam albo oglądam telewizję. Kocham telewizję kablową. Obecnie oglądam bardzo popularny serial amerykański „Pierwsza miłość". Jest fascynujący i bardzo zabawny. Zawsze niecierpliwie czekam na następny odcinek.

ROBERT   Odwiedzam mojego przyjaciela Edwarda. Spotykamy się
          często. Ma bardzo ładne mieszkanie i mieszka niedaleko.
          Gramy w karty, w szachy. Czasem oglądamy filmy na
          DVD, albo po prostu rozmawiamy.
BEATA   Mam samochód. Kiedy jest ładna pogoda, wyjeżdżam na
          weekend za miasto i odpoczywam. Uwielbiam świeże
          powietrze. Opalam się, pływam . . . i gram w tenisa. To
          moja ulubiona rozrywka.

MONIKA   *When I've got (free) time I read or watch television.*
          I love cable television. At the moment I'm watching the
          very popular American serial 'First Love'. It's fascinating and
          very amusing. I'm always waiting eagerly for the next part.
ROBERT   *I visit my (close) friend Edward. We often meet. He has*
          got a very nice flat and lives not far away. We play cards,
          chess. Sometimes we watch films on DVD or just talk.
BEATA   *I have a car. When the weather's nice I go out of town*
          for the weekend and rest. I adore (just love) the fresh air.
          I sunbathe, swim . . . and I play tennis. That's my favourite
          pastime.

Language points

Present tense of verbs: -am, -asz

Polish verbs belong to different groups or conjugations. Note the
endings here; they will be the same for most verbs whose infinitive
form ends in **-ać**. Note also that the present tense in Polish translates
both what 'I do' and what 'I am doing':

czytać 'to read'

(ja)	**czytam**	I read, am reading
(ty)	**czytasz**	you read, are reading
on/ona	**czyta**	he/she reads, is reading
(my)	**czytamy**	we read, are reading
(wy)	**czytacie**	you read, are reading
oni/one	**czytają**	they read, are reading

Remember!

• Avoid using personal pronouns, except for emphasis or to avoid ambiguity.

• **Oni** 'they' refers to men or mixed company; **one** to women, objects, things.

• To negate a statement, place **nie** immediately before the verb.

Other regular **-ać** verbs:

czekać	to wait	**przepraszać**	to apologize
kochać	to love	**rozmawiać**	to talk, converse
mieszkać	to live, reside	Some reflexive verbs:	
odpoczywać	to rest	**nazywać się**	to be called
odwiedzać	to visit (people)	**spotykać się**	to meet one another
oglądać	to watch, look at	**znać się**	to know one another
pamiętać	to remember	**pytać się**	to ask, inquire
pływać	to swim	**opalać się**	to sunbathe

Reflexive verbs

Reflexive verbs in Polish are verbs used with the reflexive pronoun **się** which is the same for all persons and translates the English 'myself, yourself, himself, herself' etc., and also 'each other/one another'. Note that **się** never begins a sentence or question and rarely appears at the end of it:

Jak ona się nazywa?
What's her name? (*lit.* How does she call herself?)

Take care! Many verbs (like **opalać się** 'to sunbathe') are reflexive in Polish, but not in English. Many others are used both reflexively and non-reflexively. For example:

Znam Edwarda.   I know Edward.
Znamy się bardzo dobrze.   We know each other very well.

Exercise 1

Say in Polish:

1 When are you (*casual pl.*) meeting?
2 We're watching a film.
3 Do you (*formal, man and woman*) know each other?
4 Where do they live?
5 I'm sorry. I don't remember.

Language points

Mieć 'to have'

Despite its infinitive form, the endings of **mieć**, which expresses English 'have' and 'have got', are the same as for regular -ać verbs:

(ja)	mam	nowy paszport.	I've got a new passport.
(ty)	masz	ładne mieszkanie.	You have a nice flat.
on	ma	młodszego brata.	He has a younger brother.
ona	ma	dobrą książkę.	She has a good book.
(my)	mamy	ładną pogodę.	We've got nice weather.
(wy)	macie	duży dom.	You have a big house.
oni	mają	nowego sąsiada.	They have a new neighbour.
one	mają	wolny czas.	They have free time.

As you will have noticed, the examples above, and the dialogue, contain not only new words but also new case endings.

The accusative case (1)

The accusative is the case of the **direct object**: in other words, if you 'read a book', 'have a flat', 'watch television', then *book, flat, television* and any accompanying adjectives are in the accusative case. Some nouns and adjectives change their endings in the accusative. Others do not.

- Masculine nouns/adjectives denoting things in the accusative do not change from their nominative form. Nor do neuter nouns/adjectives:

  mój – twój – nasz – wasz dom
  moje – twoje – nasze – wasze miasto
  ten – nowy – mały – drogi hotel
  to – nowe – małe – drogie mieszkanie

- Masculine animate nouns (people, animals) in the accusative add **-a**; their adjectives change to **-ego**:

Mam dobrego przyjaciela.	I have got a good friend.
Pamiętasz mojego brata?	Do you remember my brother?
Mamy nowego dyrektora.	We've got a new director.

- Feminine nouns in the accusative change **-a** to **-ę**; adjectives **-a** to **-ą**:

Czytam dobrą książkę.	I'm reading a good book.
Mamy ładną pogodę.	We've got good weather.
Kocham telewizję kablową.	I love cable television.

The feminine demonstrative adjective **ta** 'this, that' and **pani** are exceptions to the rule:

  Czy pamiętasz *tę panią*?

Note

1 Masculine nouns like **kolega**, **turysta**, **dentysta** behave (in the singular) like feminine nouns, but any accompanying adjective must be masculine:

Mam dobrego dentystę.	I've got a good dentist.

2 Masculine nouns ending in **-ies**, **-iec** or **-ek** are a little quirky. Whenever a case ending, in this instance the accusative, is added to them, the **-e/-ie** vanishes. So: **Marek** → **Marka**, **pies** 'dog' → **psa**, **chłopiec** 'boy' → **chłopca**, **ojciec** 'father' → **ojca**.

3 The accusative of **mąż** 'husband' is **męża**.

Exercise 2

Compose sentences using the correct form of the words in square
brackets:

1 Agnieszka [czytać] [polska gazeta].
2 Czy (ty) [znać] [ten pan i ta pani]?
3 Na weekend (my) [wyjeżdżać] za miasto i [odpoczywać].
4 Czy (wy) [pamiętać] [mój brat i moja siostra]?
5 Oni [mieć] bardzo [miły sąsiad].

Exercise 3

Answer in Polish these questions on Dialogue 1:

1 Why is Monika always waiting expectantly for the next part of the
   serial? Quote the reason she gives.
2 Say what Edward and Robert do when they're not playing cards,
   chess or watching DVDs.
3 What does Beata say she does to relax when she goes away for
   the weekend?
4 For what two different things do Monika and Beata express particular
   enthusiasm? Begin with: Monika _____/Beata _____.

Dialogue 2

Kawiarnia   Café **(Audio 1:32)**

Bogdan is waiting in a café for his friends Iwona and Robert.

IWONA	Cześć, Bogdan! Jak się masz?
BOGDAN	Świetnie. Cieszę się, że jesteście.
ROBERT	Przepraszamy za spóźnienie.
BOGDAN	Nic nie szkodzi. Proszę, siadajcie.* Na co macie ochotę?
IWONA	Ja . . . na herbatę i ciastko.
BOGDAN	Jakie ciastko? Mają . . . (*czyta kartę*) tort czekoladowy, szarlotkę, kremówkę . . .
IWONA	Proszę szarlotkę.
BOGDAN	A ty Robert? Masz ochotę na piwo?

ROBERT   Nie, dziękuję. Proszę kawę.
BOGDAN   Małą, dużą?
ROBERT   Dużą czarną i wodę mineralną.
BOGDAN   Jaką? Gazowaną, niegazowaną?
ROBERT   Niegazowaną.
KELNERKA Dzień dobry. Co dla państwa?
BOGDAN   Proszę szarlotkę, herbatę, wodę mineralną niegazowaną
          i dwa razy kawę: raz dużą czarną i raz espresso.
KELNERKA To wszystko?
BOGDAN   Tak, dziękuję.

Dzień dobry. Co dla państwa?

IWONA   *Hi Bogdan! How are you?*
BOGDAN   *Great. I'm glad (that) you're here.*
ROBERT   *We're sorry we're late.*
BOGDAN   *It doesn't matter. (Please) sit down (take a seat).* *
          What would you like?

* Take care: the forms **proszę siadajcie** (*plural*)/**proszę siadaj** (*singular*) to say
'please sit down, take a seat' are only used for children, family or friends (as here
and also in Unit 9). To tell people other than these to do things you will need to
refer to Unit 14.

IWONA	*I (would like) some tea and a cake.*
BOGDAN	*What kind of cake? They've got . . . (he reads the menu) chocolate cake, apple tart, cream cake . . .*
IWONA	*The apple tart please.*
BOGDAN	*And (how about) you, Robert? Would you like a beer?*
ROBERT	*No thanks. A coffee please.*
BOGDAN	*Small one, large one?*
ROBERT	*Large, black and a mineral water.*
BOGDAN	*What kind? Sparkling, still?*
ROBERT	*Still.*
WAITRESS	*Hello. What can I get you? [lit. What for you?]*
BOGDAN	*An apple tart please, tea, still mineral water and two coffees: one large black and one espresso.*
WAITRESS	*Is that everything?*
BOGDAN	*Yes, thank you.*

Did you notice?

- Even when they stand alone, adjectives must still agree in gender and case with the noun to which they refer:

    Proszę kawę: says Robert. Bogdan asks: **Małą, dużą?**

- Another way to greet your friends is: **Cześć! Jak się masz?** 'Hi! How are you (keeping)?' Possible responses include:

    dziękuję, dobrze 'fine, thanks', **świetnie/doskonale** 'great', **tak sobie** 'so so', **fatalnie** 'terrible'.

Language points

Asking for food and drink

Some useful words and phrases:

Przepraszam, czy ten stolik jest wolny?
Excuse me, is this table free?

Na co masz/macie ochotę? *(casual sing./pl.)*
Na co pan/pani ma ochotę? *(formal man/woman)*
What would you like?

Proszę herbatę i dwa/trzy razy kawę.
Tea and two/three coffees please (*lit.* two/three times coffee).

Proszę rachunek.
The bill, please.

A polite way of attracting someone's attention, in this case that of the waiter or waitress, is:

Proszę pana/pani! or **Przepraszam!**

Things you might order in a café-bar using **proszę** + *acc.* (as below):

kawę/herbatę	tea/coffee
wodę mineralną	mineral water
gazowaną	still
niegazowaną	sparkling
sok pomarańczowy	orange juice
sok grejpfrutowy	grapefruit juice
sok pomidorowy	tomato juice
Pepsi-/Coca-colę®	Pepsi-/Coca-cola
piwo	beer
wino czerwone	red wine
wino białe	white wine
ciastko	cake
sernik	cheesecake
kremówkę	cream cake
tort czekoladowy	chocolate cake
szarlotkę	apple tart
lody *(pl.)*	ice-cream

Remember!

An adjective follows the noun when it identifies its function (**centrum handlowe** 'shopping centre') or describes what specific type, what kind of thing, it is; see Unit 2. There are numerous new examples in this unit. For example: **telewizja kablowa, serial amerykański, woda mineralna.** Look again to see how many more there are in the dialogues and the list above.

Exercise 4

The exchanges in the following dialogue have been jumbled. Can you put them into the right order? Use the boxes at the end, where you will find some clues:

a Ala Marek, siadaj. Na co masz ochotę?
b Kelnerka Tak. Proszę bardzo.
c Ala Coś jeszcze?
d Marek Tak, kawę.
e Ala Mają ... lody, pączki (*doughnuts*), sernik ...
f Kelnerka Dzień dobry. Co dla państwa?
g Marek Dużą z mlekiem (*with milk*).
h Ala Dzień dobry, czy ten stolik jest wolny?
i Marek Sernik! Ja po prostu (*simply*) kocham sernik.
j Ala Proszę sernik, lody, raz dużą kawę z mlekiem i raz małą czarną.
k Marek A co tu mają?
l Ala Jaką?

1	2	3	4	5	6	7	8	9	10	11	12
h						c					j

Language points

The accusative case (2)

Words change their case endings depending on their role (e.g. subject – object) in a sentence, but the use of a particular case can also be determined by other factors. In this unit there have been a number of common (prepositional) verbs, such as 'to wait *for*', which require the accusative case. Such verbs and the preposition/case which follows them should always be learned as a whole. For example:

czekać na ... to wait for
mieć czas na ... to have time for
mieć ochotę na ... to feel like (fancy) having/doing something
przepraszać za ... to apologize for

Czekam na autobus/Roberta/kolegę/Beatę.
I'm waiting for a bus/Robert/my friend/Beata.

Robert, masz ochotę na piwo?
Robert, do you fancy a beer?

Czy pan (pani) ma czas na kawę?
Have you time for a coffee?

Przepraszamy za spóźnienie/za kłopot.
We're sorry for being late/for the bother.

Playing games and sports

To say what game or sport you play use **grać w** + *accusative*. Note, however, that in this construction the masculine nouns, exceptionally, take the ending **-a** (the same as for masculine nouns denoting people). In the first dialogue, for example, Beata says:

Opalam się, pływam i gram w tenisa.
I sunbathe, swim and play tennis.

Here are names of some other games/sports, and how to say you play them:

grać w →

golfa	golf	**piłkę nożną**	football
hokeja	hockey	**koszykówkę**	basketball
krykieta	cricket	**siatkówkę**	volleyball
badmintona	badminton	**karty** (*pl.*)	cards
brydża	bridge	**szachy** (*pl.*)	chess

But note **grać w** + **futbol amerykański/baseball/rugby/squash**, where the ending is unchanged in the accusative.

Exercise 5

Match the phrases in the column on the left with those on the right:

1 Wojtek i Agnieszka   A Masz czas na kawę?
2 Przepraszam za kłopot.   B a brat kocha futbol amerykański.
3 Kiedy jest ładna pogoda   C czekają na autobus.
4 Cześć Adam!   D Nic nie szkodzi.
5 Ja gram w piłkę nożną,   E wyjeżdżamy za miasto.

Exercise 6

What do you say

1 if you want to know, in a café/restaurant, (a) if this table is free (b) where the toilets (*toalety*) are?
2 to ask for a menu?
3 to ask someone you don't know very well what they would like to have (*eat/drink*)?
4 if you are late (*e.g. for an appointment*)?
5 to ask a friend if his sister plays basketball?

Unit Four
Życzymy miłego pobytu
We wish you a pleasant stay

In this unit you will learn about:

- More ways of making a request
- The genitive case and its uses
- Expressing quantities
- Verbs with present tense endings **-ę, -isz/-ysz**
- Saying 'there is/there isn't'

Dialogue 1

Hotel. Recepcja   Hotel reception **(Audio 1:34)**

Neil Howard, whom we met in Unit 1, is taken by Stefan Wolski to his hotel.

RECEPCJONISTKA	Dzień dobry. Czym mogę służyć?
STEFAN	Jestem z firmy Poltech. Mamy tu zarezerwowany pokój dla pana Howarda z Londynu.
RECEPCJONISTKA	Chwileczkę (*sprawdza listę*). Tak. Pan Neil Howard. Pokój jednoosobowy. Proszę o pański paszport.
NEIL	Proszę bardzo.
RECEPCJONISTKA	Proszę to jest pański klucz. Pokój numer dziesięć (10). Pierwsze piętro. . . . Życzymy miłego pobytu.
NEIL	Dziękuję. (*do Stefana*) Wszystko w porządku. Jaki jest nasz program na dzisiaj?
STEFAN	Dzisiaj pan ma dzień wolny. Proszę odpocząć. Mają tu dobra restaurację, kawiarnię i cocktail bar. A jeśli pan ma ochotę na spacer, to niedaleko jest stąd do Starego Miasta.
NEIL	Świetnie! A pan? Ma pan teraz czas na kawę?
STEFAN	Niestety, nie. Śpieszę się do biura. Mam dużo pracy. Kończymy projekt naszego nowego centrum komputerowego.
NEIL	Więc kiedy się spotykamy? Jutro?
STEFAN	Spotykamy się dzisiaj wieczorem. Zapraszam pana na kolację.
RECEPTIONIST	*Good morning. Can I help you?*
STEFAN	*I'm from the firm Poltech. We have a room booked (reserved) here for Mr Howard from London.*
RECEPTIONIST	*One moment (checks her list). Yes. Mr Neil Howard. A single room. May I have your passport, please?*
NEIL	*Here you are.*

RECEPTIONIST	*Here is your key. Room number 10, first floor . . . We wish you a pleasant stay.*
NEIL	*Thank you. (to Stefan) Everything's fine. What is our programme for today?*
STEFAN	*Today you have (a) free (day). Please rest. They have a good restaurant, café and cocktail bar here. And, if you fancy a walk, then it's not far from here to the Old Town.*
NEIL	*Excellent! And (what about) you? Have you time now for a coffee?*
STEFAN	*Unfortunately not. I'm hurrying to the office. I have a lot of work. We're finishing the design of our new computer centre.*
NEIL	*So when are we meeting? Tomorrow?*
STEFAN	*We're meeting this evening. I'm taking you out [lit. inviting you] to dinner.*

Vocabulary

czym mogę służyć?	can I help you?
chwileczkę	just a moment
wszystko w porządku	everything's fine
życzymy miłego pobytu	we wish you a pleasant stay
świetnie!	excellent, great!
niestety	unfortunately
dzisiaj	today
jutro	tomorrow
rano	in the morning
wieczorem	in the evening
kiedy?	when?
jaki?	what (like)?
więc	so; then
pański -a -ie	your (of a man) – *formal, official use*

Language point

More about proszę 'please'

Proszę 'please' has appeared in a variety of exchanges when people have asked for something or offered something, and in response to dziękuję 'thank you'. The words *in italics* show some ways English might translate proszę:

Proszę kawę/herbatę.	Coffee/tea, *please*.
Proszę to jest pański (pani) klucz.	Here *is* your key.
Dziękuję. – Proszę bardzo.	Thank you. – *You're very welcome.*

The dialogue provides you with two other ways of making a polite request:

Proszę o pański (pani) paszport.	May I have your passport, please?
Proszę odpocząć.	Please (have a) rest.

- **Proszę o . . .** + *acc.* translates the English 'may I have, can I have, could I have . . . (*the thing requested*)?'
- **Proszę** + *infinitive* is the all-purpose polite way to ask someone to do something.

 Exercise 1

Here is a telephone conversation between Stefan and Magda but, apart from the first line, it's been printed in the wrong order, and there is no indication who is speaking. Can you sort it out?

1 Halo!
2 Może (*perhaps*) więc jutro?
3 Wszystko w porządku. Spotykamy się dzisiaj?
4 Świetnie! No to do jutra.
5 Dobry wieczór Magda. To ja Stefan.
6 Dobrze. Jestem wolna wieczorem.
7 Cześć Stefan! Co słychać?
8 Niestety, dzisiaj mam dużo pracy.

Language points

The genitive case

The genitive case is an important case in Polish and its uses are many. Here are the genitive endings of nouns and adjectives together with their nominative (subject) and accusative (direct object) forms – first, masculine and neuter genders:

	Masculine					Neuter	
Nom.	mój	brat	kot	ten	teatr	stare	miasto
Acc.	mojego	brata	kota	ten	teatr	stare	miasto
Gen.	mojego	brata	kota	tego	teatru	starego	miasta

- Masculine animate nouns (people – **brat** 'brother'/animals – **kot** 'cat') in the genitive have the same -a ending as in the accusative; neuter nouns also take this ending.
- Masculine inanimate nouns (things – **teatr** 'theatre') take the ending **-u.**
- The genitive ending for all masculine and neuter adjectives is **-ego.**

Notes and exceptions

1 Neuter nouns in **-um**, like **muzeum**, do not decline (change their ending for each case) in the singular; those ending in **-ę** (very few) are somewhat quirky. For example: **imię** – *gen.* **imienia**.

2 Many masculine nouns that denote things take the ending **-a**. As a general guideline, these include: weights and measures (**kilometr -a, kilogram -a**), tools and equipment (**komputer -a, telewizor -a** 'TV set'), most Polish towns (**Gdańsk -a, Kraków – Krakowa, Poznań – Poznania**).

   There is no simple rule. To help you, the genitive singular (as well as the nominative) of these nouns will usually be included in the vocabulary lists.

3 Remember (see Unit 3) that masculine nouns ending in **-ies, -iec** or **-ek** are quirky; whenever an ending is added to them the **-e/-ie** vanishes.

Feminine

Nom.	moja siostra	ta matka	nowa lekcja
Acc.	moją siostrę	tę matkę	nową lekcję
Gen.	mojej siostry	tej matki	nowej lekcji

In the genitive of feminine nouns the ending **-i** occurs after **k, g**, as in **matka – matki**, or after a soft consonant, as in **lekcja – lekcji, kawiarnia – kawiarni, miłość – miłości, pani–pani**.

All other feminine nouns take the ending **-y** in the genitive. The genitive ending for feminine adjectives is **-ej**. (Remember that in the accusative **tę** is an exception.)

Uses of the genitive

The chief meaning of the genitive is possession: **dom mojej siostry** 'my sister's house', **brat Stefana** 'Stefan's brother'. (Notice that in Polish the object possessed comes first.) But you will also need the genitive in several other constructions. Here are four:

1 Where in English a noun is preceded by 'of':

data/miejsce urodzenia   date/place of birth
słownik języka polskiego   dictionary of the Polish language

2 Very importantly, after a negated verb the genitive replaces the direct object (accusative case):

Mam brata/siostrę.
I have a brother/sister.

Lubisz teatr/kino?
Do you like the theatre/cinema?

***Nie* mam brata/siostry.**
I have *no* brother/sister.

Nie, *nie* lubię teatru/kina.
No, I *don't* like the theatre/cinema.

But note: when the case of the noun is required by a preposition, that case remains the same even after a negative. So:

Czekamy/nie czekamy na (*prep. + acc.*) **autobus.**
We're waiting/not waiting for a bus.

Czy ma pan czas (*acc.*) **na** (*prep. + acc.*) **kawę?**
Have you time for a coffee?

Niestety, *nie* **mam czas***u* (*gen.*) **na** (*prep. + acc.*) **kawę.**
Unfortunately I don't have time for a coffee.

3 Prepositions in Polish take various cases. Many require the genitive. Of these, the most common ones are:

bez	without	**blisko**	near
dla	for	**obok**	next to
do	to	**naprzeciwko**	opposite
od	from	**koło**	by (in vicinity of)
z	from (out of a place)	**u**	at (the house of)

Pokój bez łazienki.
A room without a bathroom.

Mieszkam blisko/koło parku.
I live near/by the park.

Pokój dla pana Howarda z Londynu.
A room for Mr Howard from London.

Parking jest obok hotelu.
The car park is next to the hotel.

Spotykamy się od czasu do czasu.
We meet from time to time.

Dzisiaj spotykamy się u Barbary.
Today we're meeting at Barbara's.

Note that **od/do** translates 'from/to *a point or person*': **od czasu do czasu** 'from time to time', **Stefan śpieszy się do biura** 'Stefan is hurrying to the office'.

4 Some verbs require the genitive. Take care to learn them. As you will see from the following examples, this is not the case you could or would have predicted as a learner:

szukać look for	Adam szuka mieszkania/hotelu.
	Adam is looking for a flat/a hotel.
słuchać listen to	Lubię słuchać radia/muzyki.
	I like listening to the radio/music.
życzyć wish	Życzymy szczęścia/miłego pobytu.
	We wish you luck/a pleasant stay.
uczyć się learn	Uczę się (języka) polskiego/historii.
	I'm learning Polish/history.

You will find other uses of the genitive in this unit and in later units.

 Did you notice?

- The genitive ending of **historii** is double **-ii**. This will apply to most feminine nouns which end in **-ia** and are of foreign origin: **biologia – biologii, Anglia – Anglii, Maria – Marii.** Compare also: **Francja – Francji, restauracja – restauracji.**

 Exercise 2

Complete the following using the genitive form of the words in square brackets:

1 Jak daleko jest z [Warszawa] do [Kraków]?
2 Mieszkają niedaleko [Stare Miasto].
3 To jest dla [pan Borowski].
4 Jutro spotykamy się u [Piotr i Agnieszka].
5 Szukamy [dobry hotel] i [dobra restauracja].

Exercise 3

Saying what 'you have/do not have', and so on, complete the following using the correct accusative and genitive form of the words in square brackets:

1 Mam/nie mam . . .   [czas – duże mieszkanie – ochota
                               na spacer]
2 Znasz/nie znasz . . . ?   [Marek – Nowy Jork – Francja]?
3 Pamiętam/nie pamiętam . . . [twoja siostra – ten pan – jej adres]

4 Oglądamy/nie oglądamy . . .   [telewizja – ten nowy serial]
5 Mamy/nie mamy . . .   [jogurt naturalny – wino czerwone
                                   – rezerwacja]

Language point

Talking about quantities: more genitives

Talking about quantities always requires the genitive:

Mam mało/bardzo mało/za mało czasu.
I've got little/very little/too little (of) time.

Masz dużo/bardzo dużo/za dużo pracy?
Have you a lot of/very much/too much work?

Similarly, when you want to specify a quantity of something by weight or volume:

Proszę	**kilo cukru**	a kilogram of sugar
	pół kilo sera	half a kilogram of cheese
	litr mleka	a litre of milk
	butelkę wina	a bottle of wine
	paczkę herbaty	a packet of tea

Exercise 4

You've been shopping. Your original list of items is on the left, now, using the word on the right, say what quantity you have bought of each:

1 ser* *'cheese'*   kawałek *'piece'* _____
2 dżem *'jam'*   słoik *'jar'* _____
3 chleb* *'bread'*   bochenek *'loaf'* _____
4 woda mineralna   butelkę *'bottle'* _____
5 czekolada *'chocolate'*   tabliczkę *'bar'* _____
6 mleko *'milk'*   karton _____
7 fasola *'beans'*   puszka *'tin'* _____
8 masło *'butter'*   kostka *'packet'* _____

* **Ser** and **chleb** are two more masculine nouns whose genitive forms are exceptions to the rule.

Language point

Present tense of verbs: -ę, -isz/-ysz

This unit introduces you to a new group of verbs . Here is the pattern for verbs of more than one syllable whose infinitives end in -ić or -yć:

płacić pay   robić do   kończyć finish, end

płac-ę   rob-ię   kończ-ę
płac-isz   rob-isz   kończ-ysz
płac-i   rob-i   kończ-y
płac-imy   rob-imy   kończ-ymy
płac-icie   rob-icie   kończ-ycie
płac-ą   rob-ią   kończ-ą

Notice that only **robić** retains the theme vowel (in this case -i-) throughout. This is a characteristic of verbs ending in -bić -fić -mić -nić -pić -wić. Now here are some more verbs:

lubić	like	cieszyć się	be glad
mówić	speak, say	śpieszyć się	(be in a) hurry
prosić*	ask, request	uczyć się	learn
palić	smoke	uczyć	teach
dzwonić do	ring, call (to) someone	życzyć	wish

* **prosić** has a change of consonant in its 1st sing. and 3rd pl. forms: **(ja) proszę** ... **(oni, one) proszą**. A change of consonant occurs in some other -ić verbs, and this will be indicated in the word lists.

Take care! Remember **dzwonić + do**:

Do kogo dzwonisz?
Who are you calling (ringing)?

Dzwonię do domu/do biura/do kolegi.
I'm ringing home/the office/my friend.

Exercise 5

Use the correct form of the verb in square brackets:

1 Czy pan [palić]?
2 Marek i Ala [spieszyć się] do teatru.
3 (Ja) [życzyć] miłego weekendu.
4 (My) bardzo [lubić] Stare Miasto.
5 Kiedy (wy) [dzwonić] do domu?
6 Ewa bardzo [cieszyć się]. Dzisiaj ma dzień wolny.

Dialogue 2

Hotel. Kiosk. Hotel kiosk **(Audio 1:35)**

NEIL	Czy jest Times?
PAN W KIOSKU	Niestety, nie ma. Jest Newsweek i Wall Street Journal.
NEIL	To proszę Newsweek.
PAN W KIOSKU	Coś jeszcze?
NEIL	Proszę tę kolorową widokówkę i znaczek do Anglii . . . Aha! Czy ma pan plan Warszawy?
PAN W KIOSKU	Tak. Proszę.
NEIL	Dziękuję. To wszystko. Ile płacę?

NEIL	*Is there (do you have) the* Times?
MAN IN KIOSK	*Unfortunately, there isn't (I don't). There's* Newsweek *and the* Wall Street Journal.
NEIL	*Then* Newsweek *please.*
MAN IN KIOSK	*Anything else?*
NEIL	*That colour postcard and a stamp to England . . . Aha! Do you have a map of Warsaw?*
MAN IN KIOSK	*Yes. Here you are.*
NEIL	*Thank you. That's all. How much is that?* *[lit. How much do I pay?]*

Language point

Saying jest 'there is' – nie ma 'there isn't'

You first met this use of **jest** in Unit 2. There are other examples in this unit. **Jest** is the word to use when asking about – or referring to – the presence (existence) or availability of something.

The opposite, **nie ma** 'there isn't', illustrates a quite different use here of **mieć** from its meaning 'to have'. In this meaning **nie ma** is followed by the genitive case:

Gdzie tu jest blisko hotel?	Where is there a hotel near here?
Tu nie ma hotelu.	There isn't a hotel here.
Tu jest dobra restauracja.	There's a good restaurant here.
Tu nie ma dobrej restauracji.	There isn't a good restaurant here.
Czy jest plan Warszawy?	Is there a map of Warsaw?
Tak, jest (plan Warszawy).	Yes, there is.
Nie, nie ma (planu Warszawy).	No, there isn't.

Jest/nie ma are also used to talk about the presence/absence of people:

Czy jest Adam?	Is Adam there? (Is he in?)
Nie, nie ma Adama.	No, Adam isn't here.

For those who like to know: the plural of **jest** 'there is' is **są** 'there are' but the opposite – 'there are none', 'they aren't here' – is (unchanged) **nie ma**. So:

Czy są państwo Smith?	Are Mr and Mrs Smith (the Smiths) there?
Nie, nie ma państwa Smith.	No, the Smiths aren't here.

 # Exercise 6

Give negative answers to these questions/requests using **niestety, (tu) nie ma** + *gen.*

1 Czy jest ... pan dyrektor – Barbara – taksówka – sok grejpfrutowy?

2 Gdzie tu jest ... centrum handlowe – przystanek autobusowy – poczta – parking strzeżony?
3 Poproszę ... Gazetę Wyborczą – Przekrój – Politykę – Tygodnik Powszechny.

Exercise 7

Say in Polish (all the vocabulary and grammar is in this unit):

1 Peter has a lot of work and is hurrying to the office.
2 What are you (*friends*) doing? – We're learning English.
3 I like to listen to music.
4 Do you (*man, formal*) often ring the office?
5 When do you (*woman, formal*) finish work?
6 What is he saying?
7 Today, unfortunately, I haven't any free time.
8 We meet from time to time.

Unit Five
Mówienie w obcym języku
Speaking a foreign language

In this unit you will learn about:

- Learning, speaking and understanding languages
- Adverbs – their formation and use
- How to say you know a person, place or thing, or know a fact
- Saying what you can do/know how to do/must do
- Saying how certain/uncertain you are
- **Skąd** 'where from'
- Saying 'already' and 'not yet'
- Verbs ending in **-(i)eć**

Dialogue 1

Uczę się polskiego   I'm learning Polish **(Audio 1:36)**

Peter Clark and Wojtek Borowki are talking about learning languages. Peter is teaching himself Polish, and has clearly made some progress, but feels he needs a teacher.

PETER   Skąd tak dobrze znasz angielski?

WOJTEK   W szkole musimy uczyć się języków obcych – angielskiego, niemieckiego, francuskiego, włoskiego albo rosyjskiego. Ja uczę się angielskiego, ale nie mówię jeszcze zbyt dobrze.

PETER	Ależ skąd! Twój angielski jest świetny!
WOJTEK	Moja dziewczyna – Agnieszka – mówi po angielsku dużo lepiej. Zna też doskonale niemiecki i dużo rozumie po francusku.
PETER	Ja znam tylko angielski. Teraz, jak wiesz, uczę się polskiego. Mam podręcznik i już zaczynam rozumieć gramatykę, ale znam mało słów. Na przykład, mogę zapytać „Przepraszam, gdzie jest poczta?", ale czasem nie rozumiem odpowiedzi. Muszę poszukać dobrego nauczyciela.
WOJTEK	Nie ma sprawy. Mamy tu Szkołę Języka i Kultury Polskiej. Mają kurs języka dla początkujących i kurs polskiego języka biznesu. Możesz też chyba brać lekcje prywatne. Nie wiem na pewno, ale mogę się dowiedzieć.
PETER	Wspaniale! Dziękuję.

PETER	*How come you know English so well?*
WOJTEK	*At school we have to learn foreign languages – English, German, French, Italian or Russian. I'm learning English but I don't speak it too well yet.*
PETER	*Nothing of the kind! Your English is excellent!*
WOJTEK	*My girlfriend – Agnieszka – speaks English much better. She also knows German extremely well and understands a lot in French.*
PETER	*I only know English. Now, as you know, I'm learning Polish. I've got a textbook and am already beginning to understand the grammar but I know few words. For example, I can ask 'Excuse me, where is the post office?' but sometimes I don't understand the answer. I must find a good teacher.*
WOJTEK	*(There's) no problem. We have a School of Polish Language and Culture here. They have a language course for beginners and a course in business Polish [lit. of the Polish language of business]. I suppose you can also have [lit. take] private lessons. I don't know for certain, but I can find out.*
PETER	*Great! Thank you.*

Language points

Learning languages (Audio 1:37)

The words for languages in Polish are masculine adjectives – with a small first letter. Here are some ways of saying what languages you know or are learning, and how well you know them. First compare:

> **Znam** (+ *acc.*) **polski, angielski, francuski, hiszpański.**
> I know Polish, English, French, Spanish.

> **Uczę się** (+ *gen.*) **polskiego, niemieckiego, włoskiego.**
> I'm learning Polish, German, Italian.

The verb **znać** 'to know' is followed, as you would expect, by the accusative case, but **uczyć się** 'to learn' (unpredictably) requires the genitive (see Unit 4).

- To say you 'speak, read, understand a *language*':

  > **Mówię/czytam/rozumiem po polsku, po rosyjsku, po hiszpańsku.**
  > I speak/read/understand Polish, Russian, Spanish.

  Note the use of **po polsku, po angielsku**, etc., meaning literally 'in/after the Polish, English manner'. You will find this usage in Polish cookery books and restaurant menus. For example: **Karp po polsku** – Carp à la polonaise.

- To say how well you know a language, you can use one of the following:

  > **Mówię tylko trochę po polsku.**
  > I speak only a little Polish.

  > **Mówię biegle/(bardzo) dobrze/słabo.**
  > I speak (it) fluently/(very) well/poorly (*lit.* weakly).

  > **Nie mówię zbyt dobrze, ale dość dużo rozumiem.**
  > I don't speak (it) too well, but understand quite a lot.

  Rozumieć 'understand' – an irregular verb – takes the endings **(rozumi)-em, -esz, -e**; *pl.* **-emy, -ecie, -eją.**

Adverbs - formation and use

Many Polish adverbs are derived from adjectives (as in English: quick
– quickly) by replacing the ending of the adjective with **-o** or **-e**, but
note the spelling changes with **-e**:

Adjective		*Adverb*	
duży	large, big	**dużo**	a lot, much
mały	small	**mało**	(a) little
miły	pleasant	**miło**	pleasant(ly)
trudny	difficult	**trudno**	difficult, hard
łatwy	easy	**łatwo**	easy, easily
szybki	quick	**szybko**	quickly
dobry	good	**dobrze**	good, well
zły	bad	**źle**	badly
dokładny	exact	**dokładnie**	exactly
doskonały	excellent	**doskonale**	excellent(ly)
or **świetny**		*or* **świetnie**	

Adverbs can precede or follow the verb. You have met several
examples of their use in this unit. Now compare the use of adjectives
and *adverbs* in the following:

Twój angielski jest świetny.
Your English is excellent.

Wojtek mówi *świetnie* po angielsku.
Wojtek speaks excellent English.

Doskonały pomysł.
An excellent idea.

Agnieszka zna *doskonale* niemiecki.
Agnieszka knows German extremely well.

Czy to trudny język?
Is it a difficult language?

Czy *trudno* mówić po polsku?
Is it difficult to speak Polish?

As with adjectives (Unit 2) you can form the opposite, if you've
forgotten or don't know it, by simply adding **nie-** to the adverb you
do know. So: **niedobrze** 'not good' – **nieźle** 'not bad(ly)' – **niedużo**
'not much, not a lot'.

Exercise 1

Complete the following using the correct form of the verb in square
brackets; translate the prompts in italics:

1 (My) [mówić] po francusku. [Uczyć się] polskiego. [Rozumieć] już
   [a little] po polsku.
2 (Ja) [mówić] [fluently] po niemiecku. [Rozumieć] [a lot] po polsku.
   [Znać] też [very well] francuski i angielski.
3 Beata i jej brat [mówić] [extremely well] po włosku. [Znać] [quite
   well] rosyjski i [rozumieć] po hiszpańsku.
4 Peter [znać] tylko angielski. Teraz [uczyć się] polskiego. Już
   [rozumieć] gramatykę, ale jeszcze nie [mówić] po polsku [too
   well].

Exercise 2

Choose the most appropriate adverb below to complete the sentences:

   szybko   miło   świetnie   blisko   dokładnie

1 Magda gra _____ w tenisa.
2 Pamiętam _____, gdzie to jest.
3 Mieszkają _____.
4 Adam zawsze mówi bardzo _____.
5 Jest tu bardzo _____.

Language point

Adverbs - making comparisons

As a general rule the simplest way to form the comparative of an
adverb is to replace the **-o** ending with **-iej** (this can also lead to
spelling changes), or add **-j** to those ending in **-e**:

   głośno – **głośniej** more loudly   **łatwo** – **łatwiej** more easily

However, four of the most commonly used adverbs are irregular:

dobrze – *lepiej* better   **dużo – *więcej*** more
źle – *gorzej* worse   **mało – *mniej*** less

Moja dziewczyna mówi po angielsku dużo lepiej.
My girlfriend speaks English much better.

Czy może pan(i) mówić trochę wolniej/głośniej?
Can (could) you speak a little slower/louder?

Exercise 3

Replace the <u>adverbs</u> in the following with their comparative forms:

1 Mówię <u>dobrze</u>. Rozumiem <u>dużo</u>.
2 Mamy <u>mało</u> pracy.
3 Dzisiaj jest <u>zimno</u> (*cold*).
4 <u>Łatwo</u> jest czytać po polsku – mówić jest <u>trudno</u>.

Language point

Two verbs 'to know': znać – wiedzieć

- In Unit 3 you met **znać się** 'to know *one another*'. Here, in its non-reflexive form, **znać** is the verb to use if you want to say you know, are acquainted with, someone or something:

  Znam Wrocław/Polskę.   I know Wrocław/Poland.
  Czy znasz Monikę/Stefana?   Do you know Monika/Stefan?

- For knowing facts, use **wiedzieć** – its conjugation is somewhat irregular:

(ja)	**wiem**	(my)	**wiemy**
(ty)	**wiesz**	(wy)	**wiecie**
on, ona	**wie**	oni, one	**wiedzą**

  Czy pan(i) wie, gdzie jest . . . ?   Do you know where . . . is?
  Niestety, nie wiem.   Unfortunately I don't know.

  Remember that when you use **pan/pani/państwo** 'you', the verb is in the third person singular.

Exercise 4

Complete the following, using the correct form of **znać** or **wiedzieć**, as appropriate:

1 Czy (ty) _____, gdzie on mieszka?
  Nie, (ja) nie _____, ale może Piotr i Wojtek _____.
2 Czy państwo _____ Toruń/Berlin?
  Niestety, (my) nie _____ Torunia/Berlina.
3 (Ja) nie _____ Petera, ale _____, że uczy się polskiego.

Language points

Saying what you can do

To say what you can or may do use **móc** (another irregular verb) followed by the infinitive:

(ja)	**mogę**	(my)	**możemy**
(ty)	**możesz**	(wy)	**możecie**
on, ona	**może**	oni, one	**mogą**

For example:

| **Kiedy możemy porozmawiać?** | When can we have a talk? |
| **Czy mogę poczekać?** | May I wait? |

Similarly:

| **Kto/co to może być?** | Who/what can this be? |

Take care! In English the word 'can' often means '*know how to*'. In Polish there is no such confusion; 'know how to' requires a different verb – **umieć** + infinitive:

(ja)	**umiem**	(my)	**umiemy**
(ty)	**umiesz**	(wy)	**umiecie**
on, ona	**umie**	oni, one	**umieją**

| **Umiem pisać/czytać.** | I can read/write. |
| **Czy umiesz prowadzić samochód?** | Can you drive? |

Saying what you must do

To say what you have to do/must do, use **musieć** + infinitive:

(ja)	**muszę**	(my)	**musimy**
(ty)	**musisz**	(wy)	**musicie**
on, ona	**musi**	oni, one	**muszą**

For example:

Muszę poszukać dobrego nauczyciela.	I must find a good teacher.
Musisz mieć bilet.	You must have a ticket.
Musimy to zrobić dzisiaj.	We've got to do this today.

As in the English use of 'must', **musieć** is used to express not only obligation, but also supposition:

Musisz być zmęczony.	You must be tired.

Exercise 5 (Audio 1:38)

Say what you/other people have to do, may/can do or know how to do:

1 I must buy (**kupić**) a map of Warsaw/Kraków.
2 We have to learn foreign languages.
3 Can he swim/speak Polish?.
4 Can we have a talk?
5 Can you (*friend*) wait a moment?
6 May I introduce myself? (*see Unit 1*)

Language points

Is it allowed? Is it prohibited?

When seeking permission to do something or asking whether something is permitted/allowed you can also use **można** or **wolno** + infinitive:

Czy tu można parkować?	Can one park here?
Czy tu wolno palić?	Is smoking permitted here?

The answer is either 'yes' – **można/wolno**, or 'no' – **nie można/nie wolno**. Of these last two, **nie wolno** is the more prohibiting:

Tu nie wolno parkować.   Parking is not permitted here.

Even more prohibiting are terse notices consisting of **nie** + infinitive; when prefaced by **proszę** 'please' they turn into polite requests:

Nie palić.   No smoking.
Proszę tu nie parkować.   No parking here please.

How certain are you?

To express certainty, probability or possibility, you can use one of the following:

na pewno	definitely, for certain/sure
(być) może	maybe, perhaps
chyba	probably, most likely

Nie wiem na pewno, ale mogę się dowiedzieć.
I don't know for certain but I can find out.

Może ona ma rację.
Maybe she is right.

Spotykamy się dzisiaj? – Przepraszam, dzisiaj nie mogę.
   Może jutro?
Are we meeting today? – I'm sorry, today I can't. Maybe
   tomorrow?

Take care not to confuse this use of **może** 'maybe, perhaps' with the third person singular of the verb **móc**, which has the same form. In context this should not be a problem.

Chyba is a particularly useful and versatile word when talking about probability or likelihood; it also provides a simple way of saying 'I suppose/I suspect/I should think (so)':

Możesz też chyba brać lekcje prywatne.
I suppose you can also have private lessons.

My się chyba znamy.
I think we know each other.

To prawda? – Chyba nie.
Is that true? – I shouldn't think so.

Uses of skąd

Skąd asks 'where from?' For example:

Skąd pan(i) wraca?	Where are you returning from?
Skąd to jest?	Where does this come from?

It is also used in questions about how something has come about:

Skąd tak dobrze znasz angielski?
How come you know English so well?

Skąd o tym wiesz?
How (from where/whom) do you know about this?

As an exclamation it can be used to express both surprise and disagreement:

Ależ skąd!   Not at all/nothing of the sort!

Equivalents include: **Nic podobnego!/Ale gdzież tam!**

Już **and** jeszcze

These are very common words in Polish. As used here, their basic English equivalents are:

już	already	**jeszcze**	still
już nie	(not) any more	**jeszcze nie**	not yet

Już zaczynam rozumieć gramatykę, ale znam mało słów.
I'm already beginning to understand the grammar but I know
  few words.

Uczę się polskiego, ale nie mówię jeszcze zbyt dobrze.
I'm learning Polish but I don't speak it too well yet.

**Czy jest już dyrektor? – Przepraszam, dyrektora jeszcze
  nie ma.**
Is the director here already? – I'm sorry, the director isn't here yet.

Exercise 6

Express the difference between the following:

1 Czy mogę/można tu parkować?
2 Nie umiem/nie mogę grać w tenisa.
3 Marii nie znam jeszcze/znam już Monikę.

Dialogue 2

Jak to się nazywa po polsku? What's this
called in Polish? **(Audio 1:39)**

Janet Watson, a painter, has come to Poland for an arts festival.
She and Andrzej, an old friend, go for a walk.

JANET	Andrzej, co to jest?
ANDRZEJ	Bank.
JANET	Tak, ale jak to się nazywa po polsku? „Bank" to przecież po angielsku.
ANDRZEJ	Po polsku też.
JANET	Niesamowite! A ten duży dom naprzeciwko?
ANDRZEJ	To jest hotel.
JANET	„Hotel"? Polski to bardzo łatwy język. Wszystko jest tak samo jak po angielsku.
ANDRZEJ	Niestety nie zawsze. Widzisz ten znak?
JANET	Widzę.
ANDRZEJ	Wiesz jak to się nazywa po polsku?
JANET	Oczywiście. To musi być „bus stop".
ANDRZEJ	Nie, Janet. To jest przystanek autobusowy.
JANET	Trochę to za bardzo skomplikowane.

JANET	*Andrzej, what's that?*
ANDRZEJ	*A bank.*
JANET	*Yes, but what is it called in Polish? 'Bank' after all is English.*
ANDRZEJ	*In Polish too.*
JANET	*Amazing! And (what about) this large building [lit. house] opposite?*

ANDRZEJ *That's a hotel.*
JANET   *Hotel? Polish is an easy language. Everything is the same as in English.*
ANDRZEJ *Unfortunately not always. Do you see that sign?*
JANET   *I see it.*
ANDRZEJ *Do you know what it's called in Polish?*
JANET   *Of course. It must be a bus stop.*
ANDRZEJ *No, Janet. That's a 'przystanek autobusowy'.*
JANET   *It's (all) a little too confusing.*

Language points

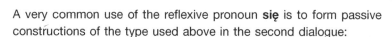

How do you say it - or write it - in Polish?
(Audio 1:40)

A very common use of the reflexive pronoun **się** is to form passive constructions of the type used above in the second dialogue:

Jak to się nazywa po polsku?
What is this called in Polish?

Jak to się mówi/pisze?
How do you (does one) say/write this?

Jak się mówi po polsku „bus stop"?
How do you say 'bus stop' in Polish?

Tu mówi się po angielsku.
English spoken here.

Expressing surprise

Niesamowite!	Incredible; amazing!
Coś podobnego!	Well, I never!
Co pan(i) mówi!	You don't say!
Żartujesz!	You're joking!
Naprawdę?	Really?
Niemożliwe!	Impossible!

Verbs ending in -(i)eć

These verbs belong to the same family as those you met in Unit 4.
But note:
Verbs ending in **-(i)eć** – in other words where **-eć** is preceded
by a soft consonant (this includes **l**) – behave like **płacić** 'to pay'.
For example:

widzieć to see   **myśleć** to think

widzę	widzimy	myślę	myślimy
widzisz	widzicie	myślisz	myślicie
widzi	widzą	myśli	myślą

Where **-eć** is preceded by a hard consonant, verbs follow the pattern
for **kończyć** 'to end'. For example:

słyszeć to hear

słyszę	słyszymy
słyszysz	słyszycie
słyszy	słyszą

Take care! A number of common verbs ending in **-ieć** are irregular;
these include **wiedzieć, umieć** and **rozumieć** (in this unit) and **mieć**
'to have' (Unit 3).

 Reading

 Język polski (Audio 1:41)

Język polski to język słowiański znany już od X [dziesiątego] wieku.
Chociaż polski to język indoeuropejski, jego gramatyka nie jest bardzo
podobna do angielskiego, francuskiego, włoskiego lub niemieckiego.
Jednak często można spotkać angielskie, francuskie, włoskie albo
niemieckie słowo, takie jak „hotel", „weekend", „pomidor" albo
„handel". Czasami słowo to wygląda trochę inaczej, ale często można
zgadnąć, co ono znaczy.

Vocabulary

słowiański	Slav(on)ic	**spotkać**	to meet
znany	known	**takie** (*pl.*) **jak**	such as
wiek	century	**hand/el -lu**	trade
chociaż	although	**czasami**	at times
indoeuropejski	Indo-European	**wyglądać**	to look, appear
podobny do	similar to	**inaczej**	different(ly)
lub/albo	or	**zgadnąć**	to guess
jednak	however	**znaczyć**	to mean

Exercise 7

A summer school offers Polish language courses at three progressive
levels. You know some of the vocabulary. Can you work out the rest?

Intensywny Kurs Języka Polskiego

1 dla początkujących
2 dla średnio-zaawansowanych
3 dla zaawansowanych

Exercise 8

What do you say

1 if you would like someone (*a stranger*) to speak more slowly?
2 if you want to know how to say something in Polish?
3 when you're not sure your friend's being serious?
4 if something is no problem?
5 if you want to find out how your friend got to know about
  something?

Dialogue 3

Pilna sprawa   An urgent matter **(Audio 1:42)**

Mr Turek comes to see Mr Wolny, the president (chairman) of the
company he's doing business with. He has not made an

appointment and unfortunately Mr Wolny is in another meeting. He needs to see him on an urgent matter but is in a little bit of a hurry and can't wait for long.

---

1 Read the dialogue and find out what he is advised to do.
2 Fill in the blanks in the Polish/English vocabulary list which follows. All the entries are in the order in which they appear in the dialogue.

PAN TUREK	Dzień dobry. Czy jest pan prezes?
SEKRETARKA	Niestety szefa nie ma.
PAN TUREK	Naprawdę? Ale tam jest jego samochód.
SEKRETARKA	Samochód jest, ale szefa nie ma. Ma zebranie.
PAN TUREK	To niedobrze. To jest pilna sprawa. Musimy porozmawiać.
SEKRETARKA	A czy może pan poczekać?
PAN TUREK	Niestety, niedługo.Trochę się spieszę.
SEKRETARKA	To (*here:* 'then') proszę napisać do szefa e-mail, albo SMSa?
PAN TUREK	Dziękuję. To do zobaczenia.
SEKRETARKA	Do widzenia.

Vocabulary

_____	president (head of a company), chairman
_____	chief, *colloq.* boss
_____	car
zebranie	_____
porozmawiać	_____
_____	not for long
spieszyć się	_____
_____	to write

Unit Six
Idziemy do kina
We're going to the cinema

In this unit you will learn about:

- Verbs of motion – going places
- Saying what you like, dislike, want or prefer
- Making and responding to invitations
- Saying how often
- Clauses with **że** 'that'
- The days of the week, the time of day
- Verbs with present tense endings **-ę, -esz**

Dialogue 1

Idziesz z nami?   Are you coming with us?
(Audio 1:43)

Jacek rings his friends Wojtek and Agnieszka to see if they're interested in going to the cinema.

JACEK	Cześć Wojtek!
WOJTEK	Cześć! Co słychać?
JACEK	Idziemy do kina. Idziesz z nami?
WOJTEK	Na jaki film?
JACEK	„Krzyk", albo *Scream*, jeśli chcesz znać angielski tytuł.
WOJTEK	Czy to ten horror Wesa Cravena?
JACEK	Tak.

WOJTEK	No, nie wiem. Ja nie lubię horrorów. Wolę komedie.
JACEK	Ale Agnieszka lubi.
WOJTEK	O tak, nawet bardzo. Wiem, że ona chce zobaczyć ten film.
JACEK	Ale ty nie chcesz.
WOJTEK	Nie, nie za bardzo. Nie wolisz iść do pubu na piwo?
JACEK	O nie, ja idę do kina! Na piwo zawsze jest czas później.
WOJTEK	To niezły pomysł. Dobra, masz tu Agnieszkę . . .
AGNIESZKA	. . . Cześć Jacek! Co słychać?
JACEK	Wszystko po staremu. Oczywiście idziesz na Wesa Cravena?
AGNIESZKA	No pewnie!
JACEK	Film jest o ósmej wieczorem. Możemy się spotkać dziesięć (10) minut wcześniej.
AGNIESZKA	Świetnie. No to do zobaczenia.
JACEK	Pa, pa.

JACEK	*Hi, Wojtek!*
WOJTEK	*Hi! How are things?*
JACEK	*We're going to the cinema. Are you coming with us?*
WOJTEK	*To see what [lit. to what film]?*
JACEK	*'Krzyk', or Scream, if you want to know the English title.*
WOJTEK	*Is it that Wes Craven horror film?*
JACEK	*Yes.*
WOJTEK	*Well, I don't know. I don't like horror films. I prefer comedies.*
JACEK	*But Agnieszka likes them.*
WOJTEK	*Oh yes, very much so. I know that she wants to see this film.*
JACEK	*But you don't want to.*
WOJTEK	*No, not very much. Wouldn't you prefer to go to the pub for a beer?*
JACEK	*Oh no, I'm going to the cinema! There's always time for a beer later.*
WOJTEK	*That's not a bad idea. OK, here's [lit. you have here] Agnieszka . . .*
AGNIESZKA	*. . . Hi, Jacek! How are things?*
JACEK	*Fine. Obviously you're going to the Wes Craven film?*
AGNIESZKA	*You bet!*

JACEK	*The film's at eight in the evening. We can meet 10 minutes earlier.*
AGNIESZKA	*Great. See you later then.*
JACEK	*Ta-ta (bye-bye).*

Language points

Verbs of motion (1)

Polish distinguishes between *going on foot* and *going by transport*, using different verbs (both irregular) for the two kinds of motion:

iść go *on foot*   **jechać** go *by transport*

idę	**idziemy**	**jadę**	**jedziemy**
idziesz	**idziecie**	**jedziesz**	**jedziecie**
idzie	**idą**	**jedzie**	**jadą**

Dokąd* idziesz/idziecie?
Where (to) are you going? (*casual*)

Idę do domu. Idziemy do kina.
I'm going home. We're going to the cinema.

Dokąd pan jedzie/państwo jadą?
Where (to) are you going? (*formal*)

Jadę do Polski. Jedziemy do Paryża.
I'm going to Poland. We're going to Paris.

Note that the present tense of these verbs can be used, as in English, when talking about where you are planning to go in the future:

Dzisiaj idę do kina, jutro do Muzeum Narodowego albo do teatru.
Today I'm going to the cinema, tomorrow to the National
   Museum or the theatre.

Note also that when talking of social activities – going to the cinema, out to dinner – Poles use **iść** unless it is the actual journey there by transport that they are referring to.

* In colloquial usage the question word **dokąd?** 'where to?' (you met its partner **skąd?** 'where from?' in the previous unit) is increasingly being replaced by **gdzie?** 'where?'.

Going places: where to? – what for?

- To say where you are going to (the place) it will be safe, in the majority of cases, to use **do** + genitive, as in the examples (such as **do domu**) above.
- There are exceptions, however, when Polish uses **na** + accusative. Here are some common examples:

iść	**na pocztę**	to the post office
jechać	**na lotnisko**	to the airport
	na dworzec	to the station
	na rynek	to the market square
	na przystanek	to the bus stop
	autobusowy	
	na plażę	to the beach
	na wyspę	to an island

The use of **na** is often connected with the idea of going to/onto an open space (the market square, the beach), but this is not always predictable.

- To say *what you are going to, for, on* – in other words to what function, event or on what recreational activity you are going – also requires **na** + accusative:

Wojtek chce iść do pubu *na piwo.*
Wojtek wants to go to the pub *for a beer*.

Jedziemy *na wycieczkę* do Krakowa.
We're going *on an outing* to Kraków.

Here are some other things, activities you might be going 'to', 'for', or 'on':

na obiad/	for lunch/	**na koncert**	to a concert
kolację	dinner	**na wystawę**	to an exhibition
na kawę	for coffee	**na balet**	to the ballet
na spacer	for a walk	**na operę**	to an opera
na wakacje (pl.)	on holiday, vacation		

Saying 'where from'

To say 'where from' or where you are coming back, returning from use **z** + genitive:

> **Jestem z Polski, z Warszawy, z Londynu.**
> I'm from Poland, from Warsaw, from London.

> **Wracam z koncertu, z poczty, z miasta.**
> I'm returning from a concert, from the post office, from town.

Exercise 1

Put the words into their correct form (**do** + *gen.*/**na** + *acc.*) then match up the places you're going to in column one with the events in column two:

[iść/jechać] do (muzeum)   na (spacer)
           do (park)   na (koncert)
           do (klub)   na (kolacja)
           do (filharmonia) na (wystawa)
           do (restauracja) na (dyskoteka)

Exercise 2

Complete the following using the correct form of **iść/jechać**, as appropriate:

1 Kiedy (wy) _____ na wakacje?
2 Ja _____ do Londynu, a mój kolega _____ do Moskwy.
3 Gdzie (my) _____ na kolację?
4 Janet i Maria _____ do teatru na *Hamleta*.
5 Czy pan _____ na konferencję do Paryża?

 Language points

Saying what you like, dislike or prefer

(Bardzo) lubię muzykę.	I like music (very much).
Kocham teatr.	I love the theatre.
Uwielbiam lody.	I adore (just love) ice-cream.
Nie lubię alkoholu.	I don't like alcohol.
Nie znoszę/cierpię hałasu.	I can't stand noise.
Nienawidzę zimy.	I hate the winter.

To say what you 'prefer' use **wol|eć (-ę, -isz)**:

Lubię kawę, ale wolę herbatę.
I like coffee, but prefer tea.

Nie lubię horrorów. Wolę komedie.
I don't like horror films. I prefer comedy.

To say what you like *doing*/prefer *to do* use **lub|ić (-ię, -isz)/woleć**
+ infinitive:

Lubię (wolę) grać w tenisa.   I like (prefer) to play tennis.

Take care!

- When you negate a statement, remember that the accusative case
  is replaced by the genitive: **alkohol → nie lubię alkoholu.**
- **nienawidzić (-ę, -isz)** 'hate', where **nie** is part of the verb, also
  needs the noun in the genitive.

Chcieć **'to want'**

This is another common, but irregular verb:

sing. **chcę chcesz chce**	*pl.* **chcemy chcecie chcą**
Agnieszka chce zobaczyć ten film.	Agnieszka wants to see this film.
Nie chcę kawy. Wolę herbatę.	I don't want coffee. I prefer tea.

Exercise 3

Express your likes, dislikes and preferences using the prompts given:

1 telewizja (don't like) – radio (prefer)
2 teatr (like very much) – Szekspir (adore)
3 opera (like but) – balet (prefer)
4 lato (*summer*) (love) – zima (hate)

Dialogue 2

Mam propozycję I have a suggestion **(Audio 1:44)**

Neil Howard and Stefan Wolski have been engaged in a lengthy discussion of their business plans. Now it's time to take a break.

NEIL Może już czas na przerwę?
STEFAN Doskonały pomysł. Papierosa?
NEIL Nie, dziękuję – nie palę. Ale może ma pan ochotę na kawę?
STEFAN Niestety dziś jest czwartek i nasz barek jest zamknięty. Mamy jedynie kawę z automatu.
NEIL Nic nie szkodzi.
STEFAN Ale ona jest okropna! Jak długą mamy przerwę?
NEIL Myślę, że pół godziny.
STEFAN To zapraszam pana na kawę do włoskiego baru naprzeciwko. Robią wspaniałe cappuccino. Chodzimy tam dość często.
NEIL Z przyjemnością. Bardzo lubię cappuccino. Idziemy?
STEFAN Proszę, pan przodem.
Bar „Giovanni"
NEIL To cappuccino jest naprawdę wspaniałe.
STEFAN Cieszę się, że panu smakuje.
NEIL Mam propozycję. Jest tu bardzo przyjemnie. Idealne miejsce na naszą konferencję. Zgadza się pan?
STEFAN Jak najbardziej.

NEIL   *Perhaps it's time for a break?*

STEFAN   *Excellent idea. Cigarette?*

NEIL   *No, thank you – I don't smoke. But perhaps you fancy a coffee?*

STEFAN   *Unfortunately today is Thursday and our buffet (coffee bar) is closed. We've only got coffee from the vending machine.*

NEIL   *That's all right.*

STEFAN   *But it's terrible! How long a break are we having?*

NEIL   *I think (that) half an hour.*

STEFAN   *Then let me take you for a coffee to the Italian cafeteria opposite. They make an excellent cappuccino. We go there quite often.*

NEIL   *With pleasure. I like cappuccino very much. Are we going?*

STEFAN   *Please, after you.*

Bar 'Giovanni'
NEIL   *This cappuccino is really excellent.*
STEFAN   *I'm glad you like it [lit. that it's to your taste].*
NEIL   *I have a suggestion. It's very pleasant here. An ideal place*
            for our meeting [lit. conference]. Do you agree?
STEFAN   *Most certainly.*

Language points

Inviting - proposing

Idziemy do kina. Idziesz też?
We're going to the cinema. Are you going too?

Czy masz (*casual*) **ochotę/czy pan(i) ma** (*formal*)
   ochotę na kawę?
Do you fancy a coffee?

Jesteś wolny (wolna) dziś wieczorem?
Jest pan wolny (pani wolna) dziś wieczorem?
Are you free this evening?

An invitation beginning with **zapraszam** (*lit.* 'I invite') implies you
are the host, and are paying. In English **Zapraszam pana (panią)
na kolację/na kawę** corresponds to saying 'Let me take you out
to dinner', 'Let me buy you dinner/a coffee', or 'Come and have
dinner/a coffee'.
    If you want to suggest/propose something, say:

Mam propozycję.
I have a suggestion.

Czy mogę coś zaproponować?
Can I make a suggestion? (*very formal*) (*lit.* Can I propose
   something?)

To ask 'do you agree?' use:

Zgadzasz się? (*casual*)   **Zgadza się pan(i)?** (*formal*)

To accept or decline

To accept or decline, depending on the context, and the person you are speaking to, here are some of the things you can say:

'Yes'	**(Bardzo) chętnie**	(Very) gladly/I'd love to
	Z przyjemnością	With pleasure
	Oczywiście	Certainly, of course
	Dlaczego nie?	Why not?
	Dobrze!/Dobra! (*colloq.*)	OK! All right!
	No pewnie!	Sure thing! You bet!
'No'	**Nie, dziękuję**	No, thank you
	Niestety, nie mogę	Unfortunately I can't
	Przepraszam, ale nie mam czasu	I'm sorry, but I haven't time
	Nie mam (na to) ochoty	I don't feel like it
	Może innym razem	Perhaps another time
	No, nie wiem	Well, I don't know/ I'm not so sure

Verbs of motion (2)

Earlier in this unit you met the verbs **iść** 'to go *on foot*' and **jechać** 'to go *by transport*'; these are used when talking about movement in a specific direction at a specific time (a journey under way or intended). But when talking about habitual movement (going somewhere regularly) or movement in various directions (walking about, travelling around), Polish uses the verbs **chodzić** (on foot) and **jeździć** (by transport):

chodzić on foot		**jeździć** by transport	
chodzę	**chodzimy**	**jeżdżę**	**jeździmy**
chodzisz	**chodzicie**	**jeździsz**	**jeździcie**
chodzi	**chodzą**	**jeździ**	**jeżdżą**

Chodzimy tam dość często.
We go there quite often.

Jak często chodzisz do teatru?
How often do you go to the theatre?

Jak często jeździsz do Polski?
How often do you go to Poland?

Saying how often

Here are some common ways of saying how often something is done:

(dość/bardzo) często	(quite/very) often
zawsze	always
czasem *or* **czasami**	sometimes
od czasu do czasu	from time to time
rzadko	rarely
nigdy*	never
raz/dwa razy/trzy razy	once/twice/three times
na tydzień, miesiąc, rok	a week, a month, a year

* Statements with **nigdy** involve a double negative:

Nigdy nie **mam czasu.**	I never (*do not*) have the time.
Nigdy nie chodzę do teatru.	I never go to the theatre.

Clauses with że 'that'

Wiem, że ona chce zobaczyć ten film.
I know (that) she wants to see this film.

Cieszę się, że jesteście.
I'm glad (that) you're here.

Słyszę, że pan uczy się polskiego.
I hear (that) you're learning Polish.

Myślisz, że to dobry pomysł?
Do you think (that) it's a good idea?

Czy to prawda, że . . . ?
Is it true that . . . ?

In English 'that' is often omitted; in Polish **że** is obligatory (so take care), and always preceded by a comma.

Exercise 4

Choose the correct verb:

1 Marek mieszka we Francji, ale często (jeździ/jedzie) do Polski.
2 Czy często (idziecie/chodzicie) na dyskotekę?
3 Dzisiaj wieczorem (chodzimy/jeździmy/idziemy) do restauracji.
4 Na weekend (idę/jadę/chodzę) do Gdańska.

Exercise 5

Match the phrases:

1 Chcesz iść do pubu?   A Oczywiście.
2 Zapraszam panią na obiad.   B Nie, nie lubię alkoholu i nie
                                  cierpię hałasu.
3 Czy często chodzisz do teatru? C Jutro wieczorem.
4 Myślisz, że to dobry pomysł? D Niestety dziś nie mogę,
                                  może innym razem.
5 Kiedy jest nasze spotkanie?   E Od czasu do czasu.

Language points

Days of the week   Dni tygodnia (Audio 1:45)

Days are masculine or feminine – with a small initial letter. To say
on . . . a day, use **w** + *accusative*:

Monday	poniedział|ek -ku	w poniedziałek
Tuesday	wtor|ek -ku	we* wtorek
Wednesday	środa –y	w środę
Thursday	czwart|ek –ku	w czwartek
Friday	piąt|ek -ku	w piątek
Saturday	sobota -y	w sobotę
Sunday	niedziela -i	w niedzielę

* **w** sometimes appears as **we** when it is followed by a word beginning with **w-**,
f- or certain groups of consonants, simply to make it easier to say.

The words for 'day' and 'week' are a little quirky:

dzień, dnia day   **tydzień, tygodnia** week
(*pl.* **dni** or **dnie**)   (*pl.* **tygodnie**)

More expressions for days/time of day
(Audio 1:46–47)

dziś *or* **dzisiaj**	today	**jutro –a**	tomorrow
wczoraj	yesterday	**pojutrze**	day after tomorrow
time of day		*when*	
rano -a	morning	**rano**	in the morning
wiecz|ór -oru	evening	**wieczorem**	in the evening
noc -y	night	**w nocy**	at night
południe -a	noon	**w południe**	at noon
popołudnie -a	afternoon	**po południu**	in the afternoon
północ -y	midnight	**o północy**	at midnight

Can you solve these?

- In the very first unit you met **No to do jutra!** 'See you tomorrow then!' You know now that **do** (+ *gen.*) **jutra** means, literally, 'to, until tomorrow'. So how would you say 'See you on Monday then'?
- If **pojutrze** is the 'day after tomorrow' – where **po** means 'after' – what day is **przedwczoraj** – where **przed** means 'before'?

Reading

Tydzień Neila Howarda   Neil Howard's week
(Audio 1:48–49)

PONIEDZIAŁEK	Przyjazd do Wrocławia. Stefan Wolski i Ewa Wilk organizują zwiedzanie miasta.
WTOREK	Rano Neil idzie do firmy komputerowej „Net". Po południu kupuje butelkę wina i kwiaty. Wieczorem idzie na kolację do Stefana.
ŚRODA	Rano Neil planuje ważne spotkanie. Do hotelu przyjeżdża dyrektor dużego koncernu komputerowego. Po południu idą do restauracji na obiad.
CZWARTEK	Rano Neil idzie do firmy komputerowej na konferencję. Po południu Ewa organizuje spotkanie.
PIĄTEK	Ewa i Neil jadą na wycieczkę do Krakowa. Ewa rezerwuje hotel i organizuje zwiedzanie miasta.

| SOBOTA | Neil i Ewa jadą do Zakopanego. Po południu idą na spacer w góry. Wieczorem idą do parku na koncert. |
| NIEDZIELA | Neil i Ewa wracają do Wrocławia. Neil idzie do hotelu na obiad. Wieczorem idzie na rynek na kawę. |

Vocabulary

przyjazd	arrival	**przyjeżdżać**	arrive
zwiedzanie	sightseeing	**koncern**	company, firm
butelka	bottle	**wycieczka**	trip, outing
kwiaty	flowers	**w góry**	in(to) the mountains
ważny -a -e	important	**wracać**	return, come back
spotkanie*	meeting		

* This is, usually, a casual, informal meeting; the word for a formal meeting or gathering is **zebranie**. **Konferencja** 'conference', as used by Neil in the second dialogue, is a business meeting/discussion.

 Did you notice?

Foreign names of men decline like Polish nouns: **horror Wesa Cravena** 'Wes Craven's horror film', **tydzień Neila Howarda** 'Neil Howard's week'.

 Language point

Present tense of verbs: -ę, -esz

A very large number of Polish verbs follow this pattern. Many of them are irregular, like **iść (idę, idziesz ...)/jechać (jadę, jedziesz ...)**, that you met earlier. Others include **móc** 'can, be able to' **(mogę, możesz ...)**, **chcieć** 'want' **(chcę, chcesz ...)** and **pisać** 'write' **(piszę, piszesz ...)**.

A characteristic group of verbs with these endings are those with infinitives in **-ować**:

kupować buy   **kupuję**   **kupujemy**
               kupujesz   **kupujecie**
               kupuje   **kupują**

Note the change of **-owa-** to **-uj-**.

Here are some more examples:

organizować	organize	**studiować**	study
planować	plan	**pracować**	work
rezerwować	reserve, book	**kosztować**	cost
dziękować	thank (for)	**podróżować**	travel
(**za** + *acc.*)			

Exercise 6

Say in Polish:

1 yesterday in the morning
2 on Friday evening
3 on Tuesday in the afternoon
4 today at noon
5 tomorrow, Monday, at midnight

Exercise 7

Match up the verbs on the left with the nouns on the right:

zwiedzać	bilet
jechać	spotkanie
kupować	do kościoła (*church*)
studiować	miasto
organizować	na wycieczkę
chodzić	polski

Revise and consolidate 1

The best person to know what, when and how often you need to revise is yourself. However, even for the more confident learner, this is a good time to pause and take stock. As you work through this section see how much you remember and what areas you need to look at again.

Part A

(Audio 1:50)

1 Ask if there is one of these nearby:

1 a bank	5 an Internet café
2 a chemist's (drugstore)	6 a taxi rank
3 a cash dispenser	7 a car park
4 a good hotel	8 a good restaurant

2 Ask where these things are:

1 the station	4 a dentist
2 Prosta Street	5 a post office
3 the shopping centre	6 the market square

3 Match up the following:

1	kilo	soku pomarańczowego
2	paczka	dżemu
3	karton	masła
4	kostka	herbaty
5	słoik	jabłek

4 Below are the answers but what were the questions? To help you here is a reminder of some of the question words you have met so far. Use each one once only:

czy – gdzie – kiedy – jaki (-a, -ie) – który (-a, -e) – jak – skąd

1 Spotykamy się jutro.
2 Nazywa się Jane.
3 Agnieszka jest bardzo miła.
4 Jestem z Gdańska.
5 Poczta jest niedaleko stąd.
6 Nie, to nie prawda.
7 Polecam hotel Grand.

(Audio 1:51)

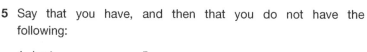

5 Say that you have, and then that you do not have the following:

1 brat	5 czas
2 siostra	6 bilet tramwajowy
3 woda mineralna	7 nowe mieszkanie
4 komputer	8 odtwarzacz MP3

6 Complete the following with the correct form (present tense) of the verbs given:

1 Janet _____ (uczyć się) polskiego.
2 Do kogo (ty) _____ (dzwonić)?
3 (My) _____ (szukać) nowego mieszkania.
4 Czy (wy) _____ (spotykać się) wieczorem?
5 Piotr i Ewa _____ (planować) wycieczkę do Zakopanego.
6 Niestety (ja) nie _____ (rozumieć), co ona _____ (mówić).
7 Dzisiaj (my) _____ (mieć) piękną pogodę.
8 Czy (ja) _____ (móc) tu zaparkować?

7 **Znać** or **wiedzieć**? Use the correct forms to fill the blanks:

1 Jola _____ bardzo dobrze historię Polski.
2 Czy (ty) _____ jak to się nazywa?
3 (Ja) _____ Marka, ale nie _____ gdzie on mieszka?
4 (My) _____ francuski, a oni _____ hiszpański.
5 Skąd pan _____, że to prawda?

Remember **znać się** (Unit 3)? How would you say?:

6 – Do you (*friends*) know each other?
 – We know each other very well.

8 Going places. **Iść** or **chodzić** – **jechać** or **jeździć**? And is it **do** or **na**?

To complete the following (a) choose the form of the verbs given below which fits the gap and (b) add **do/na** and the required ending to the words in square brackets:

idę – idziemy – chodzisz – jeździ – jadę – chodzą – jeździć – jedziecie

1 Peter _____ [Polska] bardzo często.
2 Jutro (ja) _____ [konferencja] [Warszawa].
3 Czy państwo często _____ [teatr]?
4 Bardzo lubię _____ tramwajem (*by tram*).
5 Kiedy (wy) _____ [wakacje] [Francja]?
6 Wieczorem (my) _____ [koncert] muzyki barokowej.
7 Teraz (ja) _____ [poczta], a potem [kawa].
8 Czy (ty) nigdy nie _____ [restauracja]?

 (Audio 1:52)

9 Asking – declining. Respond to these invitations using the prompts given:

1 Idziemy na *Don Giovanni* Mozarta. Chcesz też iść?
  [of course – you love (adore) Mozart]
2 Masz ochotę na kawę?
  [no thanks – unfortunately you've got a great deal of work]
3 Zapraszam pana (panią) na lunch.
  [it would be a pleasure but today you can't – perhaps some other time?]

10 Adverbs. To complete the sentences you will need to change the given adjective into its adverbial form:

1 Barbara zawsze mówi bardzo _____.   [głośny]
2 Koleżanka mieszka _____.   [bliski]
3 W tenisa gram bardzo _____.   [zły]
4 Pamiętam _____, gdzie to jest.   [dokładny]
5 Proszę nie mówić tak _____.   [szybki]

Now change the adverbs below into their comparative form:

6 Przepraszam, nie rozumiem. Proszę mówić wolno.
7 Mamy teraz mało czasu i dużo pracy.
8 Piotr już mówi dobrze po polsku.

11 Using **że**. What do you say

  1 if you think that something's a good idea?
  2 if you know/remember Maria likes ice-cream?
  3 if you've heard that your friends are buying a new car?
  4 to ask if it's true that we have a new director?

12 Each of the following contains two statements (or statement/ question) but the words have been jumbled. Can you untangle them, as in the example?

  Example: bardzo no jutra mi do miło to
              Bardzo mi miło. No to do jutra.

  1 wszystko nie sprawy staremu po ma
  2 jesteście ochotę że macie co cieszę na się
  3 wolne nic jest to szkodzi czy nie miejsce
  4 ma zimno nowe dzisiaj mieszkanie jest Paweł

13 Match the exchanges:

  1 Słabo mówię po polsku.   A Wolę sałatkę grecką.
  2 Dzień dobry. W czym   B Mam dobrego
     mogę pomóc?   nauczyciela.
  3 Chcesz pizzę?   C Nie, a co proponujesz?
  4 Skąd tak dobrze   D Możemy mówić po
     znasz włoski?   angielsku.
  5 Masz plany na weekend? E Mamy rezerwację.

Part B

  1 How many letters (this includes those with accents) are there in the Polish alphabet?
  2 Which is the most common place for a Polish word to be stressed?
  3 Normally, Polish does not use personal pronouns with the verb. When would you need to use them?
  4 What is the distinction between **oni/one**, both meaning 'they'?
  5 If you helped someone in the street (for example, by giving them directions) and they said **Dziękuję bardzo**, what two phrases could you use in reply?

6 What question is asked by (a) **który?** (b) **jaki?**
7 What verb do you use to say you (a) 'know someone/something'
   (b) 'know a fact'?
8 How would you translate?: **Czy mam czekać?** – **Czy wolno
   czekać?** – **Czy muszę czekać?**
9 Identify the present tense endings (first and second person
   singular) of the following (a) regular and (b) irregular verbs:

   Example: **mieszkać   mieszk-am mieszk-asz**

   (a) mówić   uczyć się   widzieć   myśleć   kupować
   (b) mieć   rozumieć   wiedzieć chcieć   móc

10 If someone says: **Zapraszam pana (panią) na lunch** what would
   you expect them to do?

 Part C (Audio 1:53)

Say it in Polish.

1 Good evening Marek. How are things?
2 I've got a brother and a sister.
3 Do you (*woman, formal*) have time for a coffee?
4 There's tea but there's no coffee.
5 Is it far from here? – No, it's very close.
6 The taxi rank is opposite the hotel.
7 When are you (*man, formal*) returning to Kraków?
8 I hear you're (*friends*) learning Polish and French.
9 Do you (*friend*) know what this is?
10 I'm sorry but I don't understand. Please talk more slowly.
11 I rarely go to the theatre. Maybe two/three times a year.
12 We're going on a long weekend to Berlin.
13 Can you (*woman, formal*) drive a car?
14 Unfortunately there's a long queue (**kolejka**). We have to wait
   a while.
15 I have a suggestion (proposal).

Unit Seven

Muszę kupić parę rzeczy

I must buy a couple of things

In this unit you will learn about:

- The plural of nouns and adjectives
- Numbers 1–100
- Shopping: at the kiosk
- Money and prices
- Jobs people do
- Countries and nationalities

Dialogue 1

Masz pieniądze?   Have you any money?
(Audio 1:54)

Wojtek is walking along the street with his sister Dorota.

WOJTEK	Masz pieniądze?
DOROTA	Niewiele. Kilka złotych. Czemu pytasz?
WOJTEK	Muszę kupić parę rzeczy . . . bilety autobusowe, chusteczki higieniczne, kartę telefoniczną, papierosy, znaczki i koperty.
DOROTA	To dużo. Chyba nie mam aż tyle.
WOJTEK	Ale to wszystko jest tanie. Najwyżej kilka złotych. Poczekaj, tu jest kiosk . . .

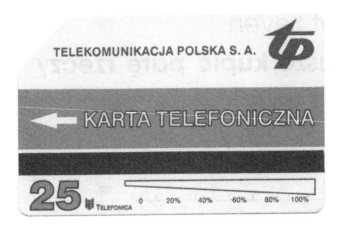

WOJTEK	Dzień dobry. Poproszę dwa bilety autobusowe, chusteczki higieniczne i kartę telefoniczną . . . Ile kosztuje jedna?
PANI W KIOSKU	17 (siedemnaście) złotych. Dać panu?
WOJTEK	Nie, dziękuję. Ale poproszę papierosy.
PANI W KIOSKU	Jakie? Z filtrem?
WOJTEK:	Z filtrem proszę. I zapałki.
PANI W KIOSKU	Są tylko zapalniczki. 2 (dwa) złote sztuka.
WOJTEK	To poproszę. I jeszcze koperty i znaczki.
PANI W KIOSKU	Ile?

WOJTEK   4 (cztery). Ile płacę?
PANI W KIOSKU   Chwileczkę. Bilety – 3 (trzy) złote, chusteczki
                  – 80 (osiemdziesiąt) groszy, papierosy 3.40 (trzy
                  czterdzieści), zapalniczka 2 (dwa) złote, znaczki
                  2.40 (dwa czterdzieści) i koperty 80 (osiemdziesiąt)
                  groszy. Razem 12 (dwanaście) złotych i 40
                  (czterdzieści) groszy.
DOROTA   Wojtek, poczekaj! Mam tylko 12.50 (dwanaście
                  pięćdziesiąt).
WOJTEK   Akurat wystarczy.

WOJTEK   *Have you got any money?*
DOROTA   *Not much. A few zlotys. Why do you ask?*
WOJTEK   *I must buy a couple of things . . . bus tickets,*
                  tissues, a phonecard, cigarettes, stamps and
                  envelopes.
DOROTA   *That's a lot. I don't think I've got that much.*
WOJTEK   *But it's all cheap. A few zlotys at most. Wait,*
                  here's a kiosk.
WOJTEK   *Hello. I'd like two bus tickets, tissues and*
                  a phonecard . . . How much does one cost?
WOMAN IN KIOSK   *17 zlotys. Would you like one?*
WOJTEK   *No thank you. But I'd like some cigarettes.*
WOMAN IN KIOSK   *What kind? Filter-tipped?*
WOJTEK   *Filter-tipped, please. And some matches.*
WOMAN IN KIOSK   *There are only lighters. 2 zlotys each.*
WOJTEK   *I'll take one. And some envelopes and stamps.*
WOMAN IN KIOSK   *How many?*
WOJTEK   *4. How much is that? [lit. How much do I pay?]*
WOMAN IN KIOSK   *One moment. Tickets – 3 zlotys, tissues –*
                  80 groszes, cigarettes – 3.40, lighter 2 zlotys,
                  stamps 2.40 and envelopes 80 groszy. Altogether
                  12 zlotys and 40 groszes.
DOROTA   *Wojtek, wait a minute! I've only got 12.50.*
WOJTEK   *Just enough.*

Language points

Plural of nouns (1)

The nominative and accusative plural of most masculine and feminine nouns (except nouns referring to men, which you'll meet later in the unit) end in:

-i after **k**, **g**	-y after hard consonant	-e after soft consonant

Masc.

bank	bank-i	bilet	bilet-y	hotel	hotel-e
znacz|ek	znaczk-i	dom	dom-y	kraj	kraj-e

Fem.

matka	matk-i	gazeta	gazet-y	komedia	komedi-e
Polka	Polk-i	koperta	kopert-y	pani	pani-e

Neuter nouns, with very few exceptions, take the ending -a:

Neut.

miasto	miast-a	nazwisko	nazwisk-a	muzeum	muzea

Remember!

A soft consonant is one followed by **i** or indicated by an accent: **koń** 'horse' – **koni-e** 'horses'; the letter **j** is also soft – **kraj** 'country' – **kraj-e** 'countries', **pokój** 'room' – **pokoj-e** 'rooms', **lekcja** 'lesson' – **lekcj-e** 'lessons'.

Furthermore, for (historical) reasons that need not concern you here, Polish grammar treats **c**, **cz**, **dz**, **dż**, **rz (ż)**, **sz** and **l** as soft consonants: **ulica** – **ulic-e** 'streets', **klucz** – **klucz-e** 'keys', **talerz** – **talerz-e** 'plates'. Note, however, that **ł** is a hard consonant: **stół** – **stoły** 'tables'.

There are always nouns which refuse to behave exactly as you would expect them to. In the previous unit, for example, you met **dzień** 'day'/**tydzień** 'week' and their plural forms **dni** *or* **dnie/tygodnie**.

Other common irregulars include: **rok** → **lata** 'years', **ręka** → **ręce** 'hands', **oko** → **oczy** 'eyes', **dziecko** → **dzieci** 'children', **człowiek** 'person' → **ludzie** 'people'.

Numbers 1–100 (Audio 1:55)

Polish numbers can be a little tricky, as you will see, but it is time to start counting:

1	**jeden**	11	**jedenaście**
2	**dwa**	12	**dwanaście**
3	**trzy**	13	**trzynaście**
4	**cztery**	14	**czternaście**
5	**pięć**	15	**piętnaście**
6	**sześć**	16	**szesnaście**
7	**siedem**	17	**siedemnaście**
8	**osiem**	18	**osiemnaście**
9	**dziewięć**	19	**dziewiętnaście**
10	**dziesięć**	20	**dwadzieścia**

30	**trzydzieści**
40	**czterdzieści**
50	**pięćdziesiąt**
60	**sześćdziesiąt**
70	**siedemdziesiąt**
80	**osiemdziesiąt**
90	**dziewięćdziesiąt**
100	**sto**

Note that the 'teens' in Polish start at 11 and are characterized by the ending **-naście**; for 20, 30 . . . the endings are related to **dziesięć** so **dwadzieścia** is 'two tens'. The word for **0** 'zero, nil' is **zero**.

To form compounds, simply combine the words for individual numbers:

21 → **dwadzieścia jeden**
112 → **sto dwanaście**
121 → **sto dwadzieścia jeden**

Using numbers

This is where you need to take care, but at this stage just remember:

- The number 'one' is adjectival and agrees with its noun:

    jeden (*masc.*) **bilet**
    jedna (*fem.*) **gazeta**
    jedno (*neut.*) **miasto**

- To say 'two' use **dwa** with *masc./neut.* nouns – **dwie** with *fem.* nouns; the numbers **trzy** and **cztery** are unchanged:

  dwa/**trzy/cztery bilety, miasta**
  dwie/**trzy/cztery gazety, Polki**

- Numbers 1–4 are followed by the nominative singular/plural. But numbers from 5 upwards are followed by the genitive plural,* which you will find in Unit 9. For the time being just note its use when talking about prices, as in the dialogue. For example:

  dwa złote (*nom. pl.*)   two zlotys
  dwanaście złot-ych (*gen. pl.*)   twelve zlotys

  * There is an important exception to this rule: if a compound number ends with 2, 3 or 4 (e.g. 22, 53 . . .), then use the nominative plural as above.

- Apart from 'one' – **jeden student/Polak/Anglik** – the numbers as they appear here cannot be used when referring to men or mixed groups of people. If you are curious, see Unit 9.

Shopping: at the kiosk

You already know how to ask for things using **proszę/proszę o** . . . + *acc.* and how to ask about their availability – **czy jest/są** . . . ? + *nom.* Remember that to say '(Yes) there is/are' you use **jest/są** but

the negative answer is **nie ma** (+ *gen.*, if you add a noun) – '(No) there isn't/aren't any . . .'. To revise a little more go back to Unit 4.

Proszę o . . . and **poproszę . . .** , politer versions of 'please', express English 'Could I have/I'd like . . .' as, for example:

Poproszę 2 (dwa) bilety autobusowe.
Could I have/I'd like 2 bus tickets please.

Poproszę – in answer to an offer, or when you are told that something is available – means 'Yes please', 'I'll take it'.
Other expressions you may hear or use:

Gdzie mogę (można) kupić . . . ? Where can I (one) buy . . . ?
Ile kosztuje/kosztują . . . ? How much does/do . . . cost?
Dać panu/pani? Would you like it (one, some)?
Coś jeszcze? Anything else?
To wszystko, dziękuję. That's all, thanks.
Ile płacę? How much is that (*lit.* do I pay)?

Things you can buy at a kiosk – some you already know:

gazeta	newspaper	**długopis**	ballpoint pen
czasopismo	magazine	**papierosy**	cigarettes
widokówka	picture postcard	**zapałki**	matches
		zapalniczka	cigarette lighter
plan miasta	town map		
bilet autobusowy	bus ticket		
bilet tramwajowy	tram ticket	**szampon**	shampoo
karta telefoniczna	phonecard	**mydło**	soap
znacz|ek -ka	postage stamp	**pasta do zębów**	toothpaste
koperta	envelope	**chusteczki higieniczne**	tissues

To ask the price of an individual item – a phonecard, for example – you can say, depending on its gender:

Ile kosztuje jeden [bilet]/**jedna** [karta telefoniczna]/**jedno** [mydło]?
How much does one cost?

In reply, as in the dialogue, you will hear people use the word **sztuka**, meaning 'each – apiece':

2 (dwa)/3 (trzy) złote/6 (sześć) złotych sztuka

Exercise 1

You're at a kiosk. How would you ask for the [following]? – Take care to use the correct form of the numbers indicated, and put the names of the *items* into the plural:

1 Dzień dobry. Poproszę [2 *bilet tramwajowy*], [3 *pocztówka* (*postcard*)] i [4 *znaczek*].
2 Poproszę [3 *długopis*] . . . [2] czerwone (*red*) i [1] czarny (*black*).
3 Czy to wszystko? – Nie, poproszę jeszcze [2 *szampon* do włosów] i [2 *pasta* do zębów].

Exercise 2

Read the following out loud and then write them out as numerals:

A dwanaście   E szesnaście
B pięćdziesiąt dwa F trzydzieści osiem
C siedem   G dziewiętnaście
D sto czternaście H sześć

Now write in words your answers to the following:

1 dwa + dwa =
2 osiemnaście + dziewiętnaście =
3 dwadzieścia pięć + czterdzieści =
4 osiemdziesiąt – cztery =
5 trydzieści trzy – dwanaście =

Language point

Money

Poland joined the European Union in 2004 but has not yet adopted the euro. The two units of Polish currency continue to be the **złoty** (*lit.* 'golden'), which behaves like an adjective, and **grosz** (100 = 1 zloty). The full current range of coins and banknotes is:

monety coins	1		**grosz**	1	**złoty**
	2		**grosz-e**	2	**złot-e**
	5/10/20/50		**grosz-y**	5	**złoty-ch**
banknoty notes	10/20/50/100/200		**(dwieście)**		**złoty-ch**

Note that **groszy** and **złotych** (after numbers from 5 upwards) are genitive plural forms. The word for 'money' in Polish is most often used in its plural form – **pieniądze**/*gen.* **pieniędzy**:

Mam pieniądze. Nie mam pieniędzy. Nie mam ani grosza.
I've got money. I haven't any money. I haven't got a penny (a cent).

To change money, other than in a bank or hotel, for instance, look for a **kantor wymiany** or simply **kantor** 'bureau de change'. They usually offer better rates of exchange but some will be more competitive than others so it pays to look around and compare.
   Some useful words and phrases:

karta kredytowa	credit card	**konto bankowe**	bank account
kurs wymiany	exchange rate	**bankomat**	cashpoint, ATM
czek podróżny	traveller's cheque		

Gdzie mogę (można) wymienić pieniądze?
Where can I (one) change some money?

Jaki jest kurs wymiany?
What's the exchange rate?

Ile dziś kosztuje funt/dolar/euro?
What's the rate today for the pound/dollar/euro?

Note: 1 **funt, dolar, euro**; 2–4 **funty, dolary, euro**; 5+ **funtów, dolarów, euro.**

Exercise 3

Express the following prices in words. Add the correct form of **złoty/ grosz**, where indicated:

2 zł 50 gr   19 zł 99 gr   73.40   126.-   280 zł bez VAT

Exercise 4

Match the phrases:

1 Gdzie można kupić znaczki?   A Niestety, nie ma.
2 Poczekaj!   B Nie mam ani grosza.
3 Poproszc kartę telefoniczną.   C Tak, dziękuję.
4 Masz pieniądze?   D Nie mogę, śpieszę się.
5 Czy to wszystko?   E W kiosku, w recepcji.

Dialogue 2

Targi pracy   A jobs fair **(Audio 1:57)**

Maciek bumps into his friend Sławek, who is on his way to help out at a jobs fair at his university.

MACIEK   Cześć! Gdzie idziesz?
SŁAWEK   Na targi pracy.
MACIEK   Targi pracy? A co to jest?
SŁAWEK   Nasz uniwersytet organizuje takie spotkania. Można się
         wiele dowiedzieć. Przychodzą różni profesjonaliści. Są tam
         naukowcy, biznesmeni, lekarze, artyści, nauczyciele,

ekonomiści, politycy, inżynierowie, policjanci, żołnierze, nawet księża. Studenci mogą w ten sposób poznać różne zawody i podjąć decyzję, co chcą robić w przyszłości.

MACIEK Zaraz, zaraz. Po co te wszystkie zawody? Przecież studenci już wiedzą, co chcą robić. Na przykład ja studiuję architekturę. Architekci i policjanci to nie to samo!

SŁAWEK No wiesz, zawsze możesz jeszcze zmienić zawód. Ale tak na poważnie . . . te targi są bardzo pożyteczne. Widzisz, są tam też cudzoziemcy – Francuzi i Niemcy – biznesmeni. Ja pomagam tłumaczyć. Możesz też iść. Przecież znasz niemiecki. I jeszcze jedno . . . dają darmowy obiad.

MACIEK No to idę.

MACIEK *Hi! Where are you going?*

SŁAWEK *To a jobs fair.*

MACIEK *A jobs fair? And what's that?*

SŁAWEK *Our university organizes such meetings. You can find out a lot. Various professional people come. There are scientists, businessmen, doctors, artists, teachers, economists, politicians, engineers, policemen, soldiers, even priests. In this way students can get to know a variety of professions and decide (take a decision on) what they want to do in the future.*

MACIEK *Wait a minute! What do you need all those professions for? After all, students already know what they want to do. For example I'm studying architecture. Architects and policemen are not the same thing.*

SŁAWEK *You know, you can still always change your profession. But to be serious . . . these (job) fairs are very useful. You see there are also foreign – French and German – businessmen there. I help to translate. You can come too. You know German, don't you? And another (one more) thing . . . they give a free lunch.*

MACIEK *Well, I'm coming then.*

Language points

Plural of nouns (2)

A feature of Polish is that it has special forms in the nominative plural for nouns referring to men, or groups of men and women. These are known as masculine personal nouns (as opposed to masculine non-personal nouns, which refer to animals and things), and follow different rules.

- After a hard consonant (except **k**, **g**, **r**) the ending is **i**; after **k**, **g**, **r** the ending is **y** – this ending is also taken by nouns with the suffix **-iec**.
- Nouns ending in a soft consonant – or one of the letters which Polish grammar treats as soft (**l**, **rz**, **cz**, for example) – simply add the ending **e**:

student	**studen-ci**	**Polak**	**Pola-cy**	**nauczyciel**	**-e**
turysta	**tury-ści**	**kolega**	**kole-dzy**	**lekarz**	**-e**
Francuz	**Francuz-i**	**aktor**	**akto-rzy**	**żołnierz**	**-e**
mężczyzna	**mężczy-źni**	**chłopiec**	**chłopc-y**	**gość**	**gości-e**

Note the spelling changes: **t → ci, st → ści, z → ź, k → c, g → dz, r → rz, ć → ci.**

To complicate matters slightly there is an additional nominative plural ending **-owie**. This occurs with masculine personal nouns denoting relations and some titles. For example:

syn	**synowie**	sons
ojciec	**ojcowie**	fathers
pan	**panowie**	(gentle)men
profesor	**profesorowie**	professors
minister	**ministrowie**	ministers
inżynier	**inżynierowie**	engineers

But note: **brat – bracia** 'brothers'; **ksiądz – księża** 'priests'; **biznesmen – biznesmeni**. Note also that masculine nouns ending in **-a** (**kolega, artysta, turysta**) behave like feminine nouns in the singular but like other masculine nouns in the plural.

Plural of adjectives

Adjectives, like nouns, have special nominative plural forms for men/ mixed groups of men and women; note again the spelling changes:

dob<u>ry</u>	*dob<u>rzy</u> studenci*	mój	*moi*
sta<u>ry</u>	*sta<u>rzy</u> panowie*	twój	*twoi*
drogi	*dro<u>dzy</u> goście*	nasz	*nasi*
mło<u>dy</u>	*mło<u>dzi</u> ludzie*	ten	*ci*
mi<u>ły</u>	*mi<u>li</u> Polacy*	który?	*którzy?*
pol<u>ski</u>	*pol<u>scy</u> artyści*	jaki?	*jacy?*

The nominative and accusative plural of all other adjectives ends in **-e**, the same as the neuter singular. So:

**dobre studentki   stare panie   drogie bilety
miłe Polki   moje wakacje**

Remember: **jego** 'his', **jej** 'hers' and **ich** 'theirs' do not change with the gender of the noun, or in the plural.

Countries and nationalities (Audio 1:58)

Country	Male – Female	People
Ameryka	Amerykanin – Amerykanka	Amerykanie
Anglia	Anglik – Angielka	Anglicy
Chiny	Chińczyk – Chinka	Chińczycy
Francja	Francuz – Francuzka	Francuzi
Hiszpania	Hiszpan – Hiszpanka	Hiszpanie
Niemcy	Niemiec – Niemka	Niemcy
Polska	Polak – Polka	Polacy
Rosja	Rosjanin – Rosjanka	Rosjanie
Włochy 'Italy'	Włoch – Włoszka	Włosi

When all is said and done – przecież

In English we sometimes attach 'isn't it?', 'didn't I?/don't you?' or something similar at the end of a sentence, just as the French use *n'est-ce pas?* and the Germans *nicht wahr?* You will hear their equivalents in Polish – **prawda?/czy nie?** – but very often Polish uses a statement with **przecież** (which also renders English 'but/after all') rather than a question:

Przecież znasz niemiecki.	(After all) you know German, don't you?
Przecież to nie moja wina.	But it's not my fault, is it?

Exercise 5

Rewrite the following in the plural:

1 Mój brat studiuje. Moja siostra pracuje.
2 Czy pani czeka?
3 To jest Polak, a to Niemiec.
4 Kolega mówi, że ona jest bardzo miła.
5 Ten pan nie mówi po polsku.

Exercise 6

A Put the following into the plural. This group contains some very common irregulars, so take care:

1	dzień	5	człowiek
2	ostatni (*last*) tydzień	6	turysta
3	trudny rok	7	Polak
4	mój brat	8	bilet tramwajowy

B This group lists the plural forms of many of the words (mainly professions) you met in Dialogue 2. In each case provide the singular:

1	profesjonaliści	6	politycy
2	biznesmeni	7	inżynierowie
3	lekarze	8	policjanci
4	artyści	9	zawody
5	ekonomiści	10	architekci

Reading 1

Polska i Polacy (Audio 1:59)

Janet Watson writes to her Polish friend Zosia about her first impressions of Poland and the Poles.

Cześć Zosia,
Jestem tu już tydzień i wszystko idzie bardzo dobrze.
Polacy są mili – kobiety bardzo ładne, a mężczyźni uprzejmi. Ale Ty to wiesz doskonale.
　Niestety nie wszyscy mówią po angielsku. Studenci znają języki obce, ale starsi ludzie mówią tylko po polsku. Szkoda. Chyba muszę więcej się uczyć polskiego. Ale widzisz, trochę już umiem i mogę do Ciebie napisać po polsku!
　Polscy artyści są bardzo interesujący. Zwłaszcza rzeźbiarze.
I uwielbiam polskie plakaty!
　Pogoda jest wspaniała i mogę zwiedzać Polskę. Jutro jadę do Krakowa. Wszyscy mówią, że to piękne miasto.

Ściskam i całuję
Janet

Vocabulary

uprzejmy	polite		**plakat**	poster
niestety	unfortunately		**wspaniały**	splendid
ciebie	= *acc. + gen.* of **ty**		**piękny**	beautiful
szkoda	that's a pity		**ściskać**	hug, squeeze
zwłaszcza	especially		**cał-ować**	kiss
rzeźbiarz	sculptor			

zwiedzać	to visit (a place), tour, go sightseeing
but **odwiedzać**	to visit (people)

 Language point

All - everything - everyone

The word for 'all, everything' is **wszystko**:

Wszystko jest tanie/drogie.   Everything's cheap/expensive.
Wszystko idzie bardzo dobrze.   Everything is going very well.

To say 'all, everyone' use **wszyscy** when referring to men/groups of
men and women; otherwise use **wszystkie**:

Nie wszyscy mówią po angielsku.
Not everyone speaks English.

Czy są wszyscy?
Is everyone here?

Czy znasz wszystkie kraje Europy?
Do you know all the countries of Europe?

 Exercise 7

Stereotypes and nationalities. First put the nouns denoting nationality
into the plural – you will need to take three intelligent, but not very
difficult guesses – then match them with the phrases. When you have
written your (conventionally correct) answers in the diagram below you
will reveal one more nationality:

Anglik, Amerykanin, Chińczyk, Francuz, Japończyk, Niemiec,
Szwed, Włoch

1 są romantyczni
2 dużo mówią i jedzą (*eat*) spaghetti
3 są wysocy i mają blond włosy (*hair*)
4 są niewysocy i lubią komputery
5 zawsze piją (*drink*) herbatę po południu
6 są punktualni i pracowici (*hard-working*)
7 jedzą ryż (*rice*)
8 jedzą tylko hamburgery

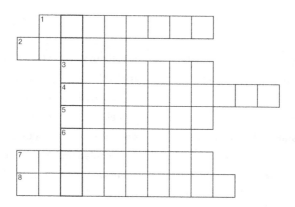

Reading 2

Rynek pracy Job market **(Audio 1:61)**

Here's a short report about employment in Poland. It identifies
the jobs which are most in demand and those which are most
respected but observes that the professions most highly respected
by the public are not always the best paid.

Według raportu organizacji *Manpower* polscy pracodawcy
poszukują kierowców, inżynierów, kucharzy, przedstawicieli
handlowych i menedżerów projektów, ale na szczycie listy znajdują
się wykwalifikowani pracownicy fizyczni: elektrycy, stolarze,
murarze, hydraulicy i spawacze. Choć nie są to najbardziej
prestiżowe zawody, są one najbardziej poszukiwane. Najbardziej
prestiżową profesją dla Polaków w 2009 roku jest profesor wyższej
uczelni. Dużym poważaniem cieszą się również strażacy, górnicy,
pielęgniarki i lekarze. Co ciekawe jednak, zawody te nie zawsze są
doceniane pod względem finansowym. Polskie pielęgniarki i
nauczyciele są szanowani przez rodaków, ale nie zarabiają bardzo
dużo.

Vocabulary

według	according to	**prestiżowy**	prestigious
pracodawca	employer	**również**	also, as well
poszukiwać	search for, seek	**co ciekawe**	curiously
(+ *gen.*)		**jednak**	however
przedstawiciel	representative	**doceniać**	value, appreciate
na szczycie	at the top	**pod względem**	in terms of
znajdują się	are to be found	**szanowany**	respected
pracownik	worker, employee	**rodak**	compatriot
choć	although	**zarabiać**	earn
najbardziej	most		

Profesje/zawody   Professions/occupations

kierowca	driver	**hydraulik**	plumber
inżynier	engineer	**spawacz**	welder
kucharz	cook, chef	**strażak**	firefighter
elektryk	electrician	**górnik**	miner
stolarz	carpenter	**pielęgniarka**	nurse (female)
murarz	bricklayer	**nauczyciel/ka**	teacher (m./f.)

There is more about professions in Unit 10.

To complete the vocabulary, and check your understanding, find the Polish for the following using in each case the singular form:

1 sales representative – project manager – skilled manual worker – university (college) professor

Now find the phrases underlined:

2 Firefighters . . . <u>enjoy great esteem</u>. However, <u>these professions are not always valued in financial terms.</u>

Unit Eight
W mieście

In town

In this unit you will learn about:

- How to say 'where' – the locative case
- Saying 'someone', 'something', 'somewhere'
- Ordinal numbers: first, second, third . . .
- Telling the time
- Months and seasons

Dialogue 1

Zwiedzamy centrum We're visiting the
town centre **(Audio 2:1)**

Maciek is taking his cousin Bartek on a tour of the town centre.

BARTEK	Gdzie dzisiaj idziemy?
MACIEK	Dzisiaj zwiedzamy miasto: centrum i stary rynek.
BARTEK	A co ciekawego jest na rynku?
MACIEK	Przede wszystkim wspaniały stary ratusz, kościół i bardzo ładne kamienice. Są tam też kawiarnie i restauracje – możemy coś zjeść, albo czegoś się napić.
BARTEK	A czy idziemy później do tego nowego centrum handlowego?
MACIEK	Do którego?

BARTEK   Nie pamiętam nazwy, ale pamiętam, że na parterze są
         sklepy, na pierwszym piętrze są restauracje i kawiarnie,
         a na drugim (piętrze) biura. A w piwnicy jest parking.
MACIEK   Ach, już wiem. Ale to jest na przedmieściu! To bardzo
         daleko stąd! A co chcesz kupić?
BARTEK   Muszę kupić jakiś prezent dla mamy – ładną bluzkę, albo
         perfumy. Nie wiem.
MACIEK   Nie musimy jechać tak daleko! Wszystko możesz kupić
         w centrum.

BARTEK   *Where are we going today?*
MACIEK   *Today we're visiting the town: the centre and the old
         market square.*
BARTEK   *And what is there of interest on the market square?*
MACIEK   *Above all a magnificent old town hall, a church and very
         nice (old tenement) houses. There are also cafés and
         restaurants – we can have something to eat or something
         to drink.*
BARTEK   *And are we going later to that new shopping centre?*
MACIEK   *Which one?*
BARTEK   *I don't remember the name, but I remember that on the
         ground floor there are shops, on the first floor there are
         restaurants and cafés and on the second (floor) offices.
         And there's a car park in the basement.*
MACIEK   *Ah, now I know. But that's out in the suburbs! It's very
         far from here! What do you want to buy?*
BARTEK   *I must buy some sort of a present for my mother – a nice
         blouse or perfume. I don't know.*
MACIEK   *We don't have to go that far! You can buy everything in
         the town centre.*

Language points

Saying 'where' – the locative case

One important use of the locative, as its name suggests, is to express location – most typically with the prepositions → **w** 'in' and **na** 'on, at'.

Co jest ciekawego na rynku?
What is there of interest on the market square?

Wszystko możesz kupić w centrum.
You can buy everything in the town centre.

Na parterze są sklepy. W piwnicy jest parking.
On the ground floor there are shops. In the basement there's a car park.

As a general rule use **w** with countries, towns, institutions, buildings or to say 'in' meaning 'inside, within' as, for example, 'in the newspaper/book/pocket/hand'; **na** is used when referring to open spaces ('on/in the street or market place'), recreational activities and events ('at a concert/conference') and to say 'on *top of*' as in 'on the table/roof'.

- After a hard consonant (except **k**, **g**, **ch**), masculine and neuter nouns in the locative singular take the ending **-e**:

Kraków	*w Krakowie*	koncert	*na koncercie*
teatr	*w teatrze*	stół table	*na stole*
kino	*w kinie*	świat world	*na świecie*
miasto	*w mieście*	zachód west	*na zachodzie*

Notice the changes in **miasto** and **świat**. Remember: neuter nouns ending in **-um** do not decline in the singular.

- After a soft consonant and after **k**, **g**, **ch**, masculine and neuter nouns take the ending **-u**:

Gdańsk	*w Gdańsku*	ryn|ek	*na rynku*
kiosk	*w kiosku*	dwo|rzec	*na dworcu*
pociąg train	*w pociągu*	lotnisko	*na lotnisku*
hotel	*w hotelu*	przedmieście	*na przedmieściu*
pok|ój room	*w pokoju*	morze sea	*na morzu*

Note also: **dom** → **w domu** 'in the house; at home' and **Paryż** → **w Paryżu**.

- Feminine nouns after a hard consonant take the ending -e; after a soft consonant -i:

Polska	*w Polsce*	Anglia	*w Anglii*
ręka	*w ręce*	Francja	*we Francji*
gazeta	*w gazecie*	restauracja	*w restauracji*
poczta	*na poczcie*	konferencja	*na konferencji*
Kanada	*w Kanadzie*	wieś*	*na wsi*

But: **ulica** → **na ulicy, północ** 'north' → **na północy, twarz** 'face' → **na twarzy, noc** 'night' → **w nocy.**

* **wieś** is the word for 'village' and **we wsi** is 'in the village'; **na wsi** is 'in the country(side)'.

The ending -e always turns a hard consonant into a soft consonant. Often this is done by adding to it the letter **i: kino – w kini-e, Kraków – w Krakowi-e, klub – w klubi-e.** At other times there is a consonant swap, as in **Polska – w Polsce.** You met these spelling changes in the previous unit. Here is a reminder:

d → dzi   k → c   g → dz   r → rz   t → ci   st → ści   ł → l

If all this is a little confusing, don't worry. These endings, and changes, are common, so you will pick them up as you go along.

Locative plurals

The locative plural for nouns of all genders is **-ach:**

w kinach/teatrach/hotelach/kioskach/restauracjach/miastach
in the cinemas/theatres/hotels/kiosks/restaurants/towns

na ulicach/pocztach/lotniskach/konferencjach/twarzach
on the streets/at the post offices/airports/conferences/on the faces

Locative of adjectives

In the singular, masculine and neuter adjectives end in **-ym/-im**, feminine adjectives in **-ej:**

Na pierwszym piętrze są restauracje ... na drugim piętrze biura.
On the first floor there are restaurants ... on the second floor, offices.

Note that the first floor is 'one floor up' (US second floor).

W którym hotelu mieszkasz?
Which hotel are you staying (*lit.* living) at?

Na jakiej ulicy pan mieszka?
On which street do you live?

W moim/tym kraju. – Na mojej/tej ulicy.
In my/this country. – On my/this street.

The plural for adjectives of all genders is **-ych/-ich**:

w dzisiejszych czasach	in today's times (nowadays)
w dalekich krajach	in distant countries

Being in a country

The locative endings above allow you to say **w** 'in' with the names of most countries – **w Polsce, w Anglii, we Francji** and so on. But take care with the following:

Niemcy Germany	**do Niemiec**	→ **w Niemczech**
Włochy Italy	**do Włoch**	→ **we Włoszech**
Węgry Hungary	*na* **Węgry**	→ *na* **Węgrzech**

The names of these three countries are plural in Polish – with irregular locative plural endings. 'China' **Chiny** is also plural (but regular) in Polish so → **w Chinach**; also plural, as you would expect, is 'the United States' → **Stany Zjednoczone/w Stanach Zjednoczonych** – or quite simply **USA/w USA** (pronounced: 00-ess-ah).

Exercise 1

Say where you live, using the prompts given:

1 small flat – town centre
2 countryside – France
3 large block of flats (use **blok**) – on the 2nd floor
4 small hotel – Berlin – not far from (+ *gen.*) the railway station
5 student hostel/dormitory (**dom akademicki**) – in Warsaw

Exercise 2

Say where you work – use **pracuję**, and the correct form of the words given:

1 biuro podróży '*travel agency*'
2 sklep '*shop*'
3 księgarnia '*bookshop*'
4 recepcja '*reception (desk)*'

5 duża firma '*large firm*'
6 fabryka '*factory*'
7 reklama '*advertising*'
8 pensjonat '*guest-house*'

Language point

Going there + *acc.* – being there + *loc.*

To say where located, as in the examples above, use **na/w** + *locative* case. But when **na/w** are used with verbs of motion (**iść** or **jechać**, for example) to say where you are going to, or to what function or event, they are followed by the *accusative*. Compare:

[iść/jechać] **na lotnisko**	[być] **na lotnisku**
na rynek	**na rynku**
na konferencję	**na konferencji**
na wakacje (*pl.*)	**na wakacjach**
w góry (*pl.*)	**w górach**

Idziemy na rynek.	We're going to the market square.
Jesteśmy na rynku.	We are on the market square.
Jadę w góry.	I'm going into the mountains.
W górach jest pięknie.	It's beautiful in the mountains.

Exercise 3

Say where people are going to (use **iść, jechać** as appropriate) and where they are:

1 We're going to the bus stop – we're at the bus stop.
2 Maria's going to Madrid (**Madryt**) – she's in Madrid.
3 I'm going to the post office – I'm at the post office.
4 Peter's going to Italy – he's already in Italy.

Language point

Someone – something – somewhere or other

To say this, all you have to do is add -ś to words you already know.
For example:

co what → coś something
kto who → ktoś someone
gdzie where → gdzieś somewhere
jaki? what (like)? → jakiś some sort/kind of

Możemy coś zjeść, albo czegoś się napić.*
We can have something to eat or something to drink.

Ktoś tam czeka na pana.
There's someone waiting there for you.

Ona mieszka gdzieś na przedmieściu.
She lives somewhere in the suburbs.

* Use **napić się (czegoś)** for 'have a drink (+ *gen.* of something)', e.g. **herbaty/
wody/wina.**

Dialogue 2

Pani na długo w Polsce? Are you in Poland
for long? (Audio 2:2)

Wojtek is on his way to an exhibition of his friend's paintings.
He stops to ask Janet Watson the time.

WOJTEK   Przepraszam panią, nie mam zegarka. Czy może mi pani
         powiedzieć, która godzina?
JANET   Niestety, nie mówię za dobrze po polsku. Ale mam
         zegarek. Proszę – może pan mi powie, która godzina?
WOJTEK   Oczywiście – dziesięć po dwunastej. Pani na długo
         w Polsce?
JANET   Jeszcze nie wiem. Może na tydzień, na dwa tygodnie,
         a może na miesiąc. Nie muszę wracać do pracy.

WOJTEK   A co pani robi?

JANET   Maluję.

WOJTEK   Naprawdę? Mój kolega też maluje. . . . Jest chyba dobry, bo właśnie ma wystawę.

JANET   To bardzo ciekawe. Gdzie jest ta wystawa?

WOJTEK   W galerii na rynku. To niedaleko stąd. Może ma pani ochotę ją zobaczyć? Właśnie tam idę.

JANET   Bardzo chętnie. Czy pan też maluje?

WOJTEK   Nie, studiuję informatykę. Przy okazji, pozwoli pani, że się przedstawię. Jestem Wojtek Borowski.

JANET   Bardzo mi miło – Janet Watson.

WOJTEK   *Excuse me, I haven't a watch. Could you tell me what time it is?*

JANET   *Unfortunately I don't speak Polish too well. But I have a watch. Here it is – perhaps you could tell me what time it is?*

WOJTEK   *Certainly – ten past twelve. Are you in Poland for long?*

JANET   *I don't know yet. Perhaps for a week, two weeks – maybe for a month. I don't have to return to work.*

WOJTEK   *And what do you do?*

JANET   *I paint.*

WOJTEK   *Really? My friend paints too . . . I suppose he's good because right now he has an exhibition.*

JANET   *That's very interesting. Where is this exhibition?*

WOJTEK   *In the gallery on the market square. It's not far from here. Perhaps you'd like to see it? I'm just going there now.*

JANET   *I'd love to. Do you paint too?*

WOJTEK   *No, I'm studying computer science. By the way, let me introduce myself. I'm Wojtek Borowski.*

JANET   *Nice to meet you – Janet Watson.*

Language points

Use of właśnie

Właśnie is a useful word to get your point across. As used in the second dialogue it expresses English 'just about to . . . (do something), right now, at this very moment':

Mój kolega właśnie ma wystawę.	My friend has an exhibition right now.
Właśnie tam idę.	I'm just going there now.

In other contexts **właśnie** is how you say 'exactly, precisely (so)':

To jest właśnie to, czego potrzebuję.	That's exactly what I need.
Ale to nonsens! – Właśnie!	But that's nonsense! – Precisely (quite so)!

Ordinal numbers

Ordinal numbers ('first', 'second' and so on) are adjectives and agree with the noun to which they refer. You will need them to tell the time, as in this unit, and at a later stage (Unit 13) to give the day, month, year:

1st	pierwszy-a -e	11th	jedenasty			
2nd	drugi-a -ie	12th	dwunasty	20th	dwudziesty
3rd	trzeci	13th	trzynasty	30th	trzydziesty
4th	czwarty	14th	czternasty	40th	czterdziesty
5th	piąty	15th	piętnasty	50th	pięćdziesiąty
6th	szósty	16th	szesnasty	60th	sześćdziesiąty
7th	siódmy	17th	siedemnasty	70th	siedemdziesiąty
8th	ósmy	18th	osiemnasty	80th	osiemdziesiąty
9th	dziewiąty	19th	dziewiętnasty	90th	dziewięćdziesiąty
10th	dziesiąty				

To form compounds up to 99 use the numbers above:

21st **dwudziesty pierwszy**   45th **czterdziesty piąty**

In compounds over 100 only the last two numbers are ordinals. So:

145th **sto** (cardinal) + **czterdziesty piąty** (ordinal)

Telling the time

Która (jest) godzina?   What time is it?

To say 'at what time', use	**o** + *locative* of the hour: **o siódmej** at seven
For minutes past, say	(no. of minutes) **po** + *locative* of the hour
For minutes to, say	**za** (no. of minutes) + *nominative* of the next hour
To say 'half past', use	**wpół do** *lit.* half to + *genitive* of the next hour

Note that hours are ordinal numbers, minutes are cardinals; the words for hour and minute(s) are usually omitted. You can also use a digital way of telling the time, as in English; typically this is used when giving the times of trains, flights and so on. For example:

O której (godzinie) odjeżdża pociąg/odlatuje samolot do . . . ?
At what time does the train/plane leave for (to) . . . ?

02.15	**druga piętnaście**	**o drugiej piętnaście**
07.30	**siódma trzydzieści**	**o siódmej trzydzieści**
11.40	**jedenasta czterdzieści**	**o jedenastej czterdzieści**

However, to specify the time as a.m./p.m. you will need to add: **rano** 'in the morning', **po południu** 'in the afternoon', **wieczorem** 'in the evening'. To avoid the possibility of misunderstanding timetables and schedules, as elsewhere, use the 24-hour clock:

> **Pociąg przyjeżdża/samolot przylatuje o piętnastej dziesięć.**
> The train/plane arrives at 15.10.

Other things you might want to say:

> *za* **godzinę, pół** (+ *gen.*) **godziny, dziesięć minut**
> in an hour's, half an hour's, ten minutes' time
>
> **godzinę, pół godziny, dziesięć minut** *temu*
> an hour, half an hour, ten minutes ago
>
> *co* **godzinę, co dziesięć minut**
> every hour, every ten minutes
>
> *w* **południe,** *o* **północy**
> at noon, at midnight

Exercise 4

Can you match the times with the words?

1	czwarta dziesięć	A	7.45
2	dwunasta trzydzieści	B	4.10
3	trzynasta	C	2.20
4	za piętnaście ósma	D	12.30
5	dwadzieścia po drugiej	E	13.00

Exercise 5

Say at what times (use the digital way) you do the following:

1	get up (**wstawać**)	at 7.45
2	leave (**wychodzić z** + *gen.*) home	at 8.30
3	begin (**zaczynać**) work	at 9.00
4	go for lunch (**lunch** in Polish)	at 13.00
5	finish (**kończyć**) work	at 17.00
6	return (**wracać do** + *gen.*) home	at 18.15

Reading

 Kalendarz polskich świąt   A calendar of Polish
feast days and holidays **(Audio 2:4)**

Polacy lubią świętować. Wiele polskich świąt to święta kościelne,
choć Polacy często świętują też ważne rocznice historyczne.
Prawie w każdym miesiącu można znaleźć okazję do świętowania.

W styczniu mamy Nowy Rok [*New Year*], w lutym dzieci mają
ferie zimowe, a zakochani Walentynki [*St Valentine's Day*], w marcu
(8 III) obchodzimy Dzień Kobiet [*Women's Day*], w kwietniu często
Wielkanoc [*Easter*].

W maju mamy trzy święta: Święto Pracy (1 V) [*Labour Day*],
Dzień Konstytucji (3 V) [*Constitution Day*] i Dzień Matki (26 V)
[*Mother's Day*]. W czerwcu obchodzimy Dzień Dziecka (1 VI)
[*Children's Day*] i (pierwszy czwartek czerwca) Boże Ciało
[*Corpus Christi*].

We wrześniu zaczyna się rok szkolny, a w październiku rok
akademicki. W listopadzie (1 XI) mamy Wszystkich Świętych
[*All Souls*] i (11 XI) Dzień Niepodległości [*Independence Day*].
W grudniu świętujemy Wigilię [*Christmas Eve*], Boże Narodzenie
[*Christmas*] i Sylwestra [*New Year's Eve*].

W lecie Polacy mają mniej okazji do świętowania, ale . . . zawsze
przecież są wakacje.

 Vocabulary

wiele	many
święto, *pl.* **święta, świąt**	feast day, holiday
święto kościelne/państwowe	church/public holiday
świętować	celebrate
choć *or* **chociaż**	although
ważne rocznice	important anniversaries
prawie	almost, nearly
w każdym miesiącu	(in) every month

znaleźć okazję	find an opportunity, occasion
ferie (*pl.*)	(school, university) holidays or vacation(s)
zimowy *adj.*	winter
zakochani	people in love
obchodzić	celebrate, commemorate
zaczynać się	begin
rok szkolny/akademicki	school/academic year

Language point

Months and seasons (Audio 2:5)

All the months are masculine in Polish. Like the days of the week, they are written with a small initial letter:

Jan	**stycz|eń -nia**	**w styczniu**
Feb	**lut|y -ego***	**w lutym**
Mar	**ma|rzec -rca**	**w marcu**
Apr	**kwie|cień -tnia**	**w kwietniu**
May	**maj -a**	**w maju**
Jun	**czerw|iec -ca**	**w czerwcu**
Jul	**lip|iec -ca**	**w lipcu**
Aug	**sierp|ień -nia**	**w sierpniu**
Sep	**wrze|sień -śnia**	**we wrześniu**
Oct	**październik -a**	**w październiku**
Nov	**listopad -a**	**w listopadzie**
Dec	**gru|dzień -dnia**	**w grudniu**

* **luty** is an adjective (now archaic) meaning 'severe, bleak'.

Seasons are **pory roku**:

wiosna	spring	**na wiosnę**	**wiosną***
lato	summer	**w lecie**	**latem***
jesień	autumn	**na jesieni**	**jesienią***
zima	winter	**w zimie**	**zimą***

* Use these forms to say 'in' meaning 'in the course of/during':

Zimą pada śnieg i jest zimno.
In the winter it snows and it's cold.

The seasons also have adjectival forms – **wiosenny, letni, jesienny, zimowy**. For example: **wiosenna pogoda** 'spring weather', **kurs letni** 'summer course', **zimowe miesiące** 'winter months'.
Here are some other associated expressions:

w tym tygodniu, miesiącu, roku	this week, month, year
w przyszłym/zeszłym roku	next/last year
za miesiąc, tydzień	in a month's, week's time
dwa miesiące/lata temu	two months/years ago

To say how long you're going for, or are here for:

na dzień/tydzień/miesiąc/rok	for a day/week/month/year
na dwa dni/tygodnie/miesiące/ lata	for two days . . . etc.

Exercise 6

Complete the following letter using the correct form of the words in square brackets:

Droga Suzi,

Bardzo dziękuję za zaproszenie (*invitation*) do Berlina. Niestety nie mam teraz wolnego czasu. Uczę angielskiego na [uniwersytet], pracuję też w [mała, prywatna firma] jako tłumacz (*as a translator*) angielskiego i niemieckiego – to bardzo dużo pracy.

W [luty] mamy ferie zimowe, ale niestety w [ten rok] muszę być na [egzamin] z gramatyki. Szkoła kończy się w [czerwiec], ale wtedy znowu są egzaminy. W [lipiec] to samo (*the same (thing)*). Dopiero (*only/not until*) w [sierpień] mam trochę czasu na odpoczynek (*rest*).

A Ty? Czy masz już plany na wakacje?

Całuję,
Anna

Exercise 7

How would you say?

1 We're going to a restaurant for dinner at eight in the evening.
2 I'm going for three days on a conference to Hungary.
3 We're on holiday in Germany.
4 At what time is the train to . . .?
5 The first day of spring.
6 Could you (*man, formal*) tell me what time it is?
7 The new shopping centre is in the suburbs.

Do you remember the words for the following?

8 Christmas
9 New Year
10 St. Valentine's Day
11 Easter

12 Christmas Eve
13 New Year's Eve
14 Mother's Day
15 All Souls

Unit Nine
Kolacja w domu
Dinner at home

In this unit you will learn about:

- Shopping for food
- **O co chodzi?** – What's the problem?/What is it?
- Saying 'supposed/expected to . . .' and 'here you have . . .' – two other uses of **mieć**
- Some imperatives: Wait!, Remember!, Take care!
- The genitive plural of nouns and adjectives
- Numbers and quantities in more detail
- Talking about what you were doing or used to do

Dialogue 1

Lista zakupów   A shopping list **(Audio 2:6)**

Stefan Wolski and his wife Teresa are having guests to dinner.
First they make a shopping list.

TERESA   Stefan?
STEFAN   Tak, kochanie? O co chodzi?
TERESA   Ile osób ma być dzisiaj na kolacji?
STEFAN   Zaraz . . . Ewa i jej przyjaciel Andrzej, Neil i my – to razem
         pięć (5) osób. Aha, i jeszcze znajoma Andrzeja i Ewy.
         Angielka. Nie pamiętam jak się nazywa.
TERESA   Czyli w sumie dwóch (2) . . . nie, trzech (3) panów i trzy (3)
         panie. To znaczy, że musisz iść do sklepu.

STEFAN	Do sklepu? A po co?
TERESA	Jak to po co? Nie mamy ziemniaków, mięsa ani owoców. Musisz też kupić warzywa na sałatkę.
STEFAN	Jakie warzywa?
TERESA	Kilka pomidorów i ogórków, parę marchewek, dwie (2) puszki groszku i jedną zieloną sałatę.
STEFAN	A mięso? . . . Albo może rybę?
TERESA	To dobry pomysł – ryby są bardzo zdrowe. Nie zapomnij kupić owoców. Kilka jabłek, kilo pomarańczy, może jeszcze parę bananów.
STEFAN	A lody? Nie chcesz lodów na deser?
TERESA	Tylko nie kawowe! Nie znoszę lodów kawowych. Ale możesz kupić czekoladowe albo waniliowe.
STEFAN	Poczekaj, muszę zrobić listę zakupów. Wiesz, że mam krótką pamięć.
TERESA	Proszę, tu masz papier i ołówek.

Cultural point

Polish meals

śniadanie	breakfast
drugie śniadanie	*lit.* second breakfast – a mid-morning break for light refreshment
lunch	a light meal or snack about midday, typically in a buffet bar; as work patterns change, lunch is beginning to replace the 'second breakfast'
obiad	dinner – traditionally the main meal of the day, approximately 2 p.m. – 4 p.m.
kolacja	supper – traditionally a light, uncooked meal in the evening. Here again, as work patterns change, it is becoming closer to the idea of dinner as an evening meal. Poles are now more likely to go out to dinner in the evening than in the past, particularly in the cities.

zakupy (*pl.*)	shopping
tak, kochanie	yes, darling
zaraz (*here*)	let me see
osoba, *pl.* **osoby, osób**	person
znajomy/a	acquaintance *m./f.*
czyli	in other words
w sumie	in total, in all
jak to po co?	what do you mean, what for?
ani	(n)or
owoce (*pl.*)	fruit
kupić	buy
warzywa na sałatkę	vegetables for a salad
puszka	tin
kilka, parę	a few, one or two, some
mięso	meat
ryba	fish
zdrowy	healthy
lody (*pl.*)	ice-cream
na deser	for dessert
tylko nie kawowe!	anything but coffee (flavoured)
zrobić listę	make a list
krótka pamięć	short memory
papier i ołówek	paper and pencil

Fruit and vegetables

burak	beetroot	**marchewka**	carrot
cebula	onion	**ogór-ek -ka**	cucumber
fasola	beans	**pomidor**	tomato
grosz-ek -ku	peas	**sałata**	lettuce
grzyb	mushroom	**ziemniak/**	potato
kapusta	cabbage	**kartof-el -la**	
banan	banana	**malina**	raspberry
cytryna	lemon	**pomarańcza**	orange

czarna porzeczka	blackcurrant	**śliwka**	plum
czereśnia	cherry	**truskawka**	strawberry
gruszka	pear	**winogrona**	grapes
jabłko	apple		

Language points

O co chodzi? **'What's the problem?/ What is it?'**

Here is a quite different use of **chodzić**, used in Unit 6 to mean going places (on foot) on a regular/habitual basis. You can use **chodzić** to make sure you understand what someone is saying, the point they're trying to make, what's at issue. For example:

O co ci (*casual sing.*)/**panu, pani** (*formal man, woman*) **chodzi?**
What are you trying to say? What's on your mind?

Nie rozumiem, o co ci chodzi.
I don't understand what you're getting at.

Nie chodzi o to.　　That's not the point.
O to właśnie chodzi!　That's precisely the point!

More uses of mieć **'to have'**

The verb **mieć** figures in a number of constructions. Examples from previous units include:

Jak *się* masz?　　　　　　How *are you*?
Na co *masz* (pan(i) ma) *ochotę*?　What do you *feel like having/doing*?

***Nie ma* czasu, kawy . . .**　　*There's no* time, coffee . . .

Here are two more uses of **mieć**:

- when combined with another infinitive it provides you with one way of saying 'supposed/expected to be, do':

　　Ile osób ma być dzisiaj na kolacji?
　　How many people are we expecting (are supposed to be coming) to dinner today?

Co mam robić?   What am I (supposed) to do?
Co to ma być?   What's this supposed to be?

- when giving or pointing out something **mieć** expresses English 'here's . . . /here you have . . .':

    Proszę, tu masz papier i ołówek.
    Here's paper and a pencil.

Going to get things

To say what you're going for – in order to buy/get – use **iść po** + *accusative*:

Stefan musi iść po zakupy.
Stefan has to get (go for) the shopping.

Idę do kiosku po gazetę.
I'm going to the kiosk to get a newspaper.

'To go shopping' is **iść na zakupy.**

Saying: Wait! – Remember! – Take care!

You have already met a number of imperative forms of the type friends use to each other, and which are common in advertising. Here is a reminder and some other examples:

poczekaj	wait	**napisz**	write
pamiętaj	remember	**zadzwoń**	ring
nie zapomnij	don't forget	**kup**	buy
uważaj	take care; look out	**siadaj**	sit down

Another common source of imperatives is the Internet:

zaloguj się	log in	**zapisz**	save
drukuj	print	**zamknij**	close
wyślij	send	**kliknij**	click
anuluj	cancel	**szukaj**	search

To form the plural when talking to friends simply add **-cie** to the above. So: **poczekajcie, pamiętajcie** and so on.

You will find a more detailed explanation of the imperative and its uses in Unit 14.

The genitive plural

* Most **masculine** nouns end in **-ów** in the genitive plural:

Nom. sing.	Nom. pl.	Gen. pl.
student	studenci	studentów
Polak	Polacy	Polaków
turysta	turyści	turystów
pan	panowie	panów
bilet	bilety	biletów
język	języki	języków

For most nouns denoting nationalities, the genitive plural is formed regularly by adding **-ów** to the male singular form, as in **Polak – Polaków, Anglik – Anglików**. But note the following:

Amerykan|in – Amerykanów, Niem|iec – Niemców, Rosjanin – Rosjan

Remember that masculine nouns ending in **-a** (**kolega, turysta**) decline like feminine nouns in the singular but like masculine nouns in the plural.

* After a <u>soft consonant</u>, masculine and feminine nouns take the ending **-i** in the genitive plural; after other consonants that Polish grammar treats as soft, for example **c** and **rz (ż)**, they add **-y**:

Nom. sing.	Nom. pl.	Gen. pl.
gość guest	goście	gości
hotel	hotele	hoteli
lekcja	lekcje	lekcji
kawiarnia	kawiarnie	kawiarni
podróż journey	podróże	podróży
lekarz doctor	lekarze	lekarzy
noc night	noce	nocy

Exceptions and deviations include:

dzień	day	dni *or* dnie	dni
tydzień	week	tygodnie	tygodni
miesiąc	month	miesiące	miesięcy
rok	year	lata	lat
kraj	country	kraje	krajów
brat	brother	bracia	braci

- Feminine nouns ending in **-a** (after a preceding hard consonant), and neuter nouns ending in **-o**, **-e**, drop the final vowel in the genitive plural – but this can lead to spelling changes:

Nom. sing.	*Nom. pl.*	*Gen. pl.*
kobieta	kobiety	kobiet
mapa	mapy	map
Polka	Polki	Polek*
matka	matki	matek*
pani	panie	pań
miasto	miasta	miast
słowo	słowa	słów
jabłko	jabłka	jabłek*
mieszkanie	mieszkania	mieszkań

For neuter nouns ending in **-um** the pattern is as follows: **muzeum – muzea – muzeów**.

* The **-e-** in **Polek** and **matek** is added simply for ease of pronunciation. Compare **wtorek** → **we wtorek** 'on Tuesday', which illustrates the reverse process, where nouns whose nominative singular ends in **-ek** or **-iec/-ies** lose the **-e-**, **-ie-** whenever a case ending is added to them: **od wtorku** 'from Tuesday', **Niemiec – Niemców**.

Genitive plural of adjectives

The genitive plural of all adjectives is **-ych**, or (after **k**, **g** and soft consonants) **-ich**:

ten, nowy, duży	**tych, nowych, dużych**
drogi, mój, twój	**drogich, moich, twoich**

Exercise 1

Look at the shopping list below. Say which products Agnieszka did not buy:

marchewki	carrots	*ziemniaki*	potatoes
✓ *cukier*	sugar	*banany*	bananas
✓ *kiełbasa*	sausage	*ryby*	fish
lody	ice-cream	*jajka*	eggs
bułki	rolls	✓ *chleb*	bread
✓ *ser*	cheese	*pomidory*	tomatoes
ogórki	cucumbers	✓ *makaron*	pasta

For example: Agnieszka nie kupiła marchewek.

Exercise 2

Complete the following, using the correct genitive plural of the words in square brackets:

1 Nie mam już _____ [czyste skarpetki] (*clean socks*).
2 Nie lubię _____ [słodkie ciastko] (*sweet cake*).
3 Nie znam _____ [ten pan].
4 Nie znoszę zimna (*the cold*) i _____ [długa noc].

Language points

The accusative plural of masculine personal nouns

The accusative plural of nouns denoting men/mixed groups of people is the same as their genitive plural:

Znam/nie znam tych panów.   I know/don't know these (gentle)men.

Lubię/nie lubię turystów.   I like/don't like tourists.

Remember, the accusative plural of all other nouns – masculine, feminine and neuter – is the same as their nominative plural.

More about numbers

With plural nouns that represent men – or groups of men and women
– Polish uses the genitive form of the cardinal numbers you met in
Unit 7 + genitive plural of the noun:

1	jed|en -na -no	_____	6	sześć	**sześciu**
2	dwa (*masc./neut.*)	**dwóch**	7	sied|em	**siedmiu**
	dwie (*fem.*)		8	os|iem	**ośmiu**
3	trzy	**trzech**	9	dziewięć	**dziewięciu**
4	cztery	**czterech**	10	dziesięć	**dziesięciu**
5	pięć	**pięciu**			

For numbers from 11 to 19 replace the 'teen' ending **-naście** with
-nastu: jede*naście* → **jede*nastu***, dwa*naście* → **dwu*nastu***, trzy*naście*
→ **trzy*nastu*** and so on. Similarly: 20 dwadzie*ścia* → **dwu*dziestu***,
30 trzydzie*ści* → **trzy*dziestu***, 40 czterdzie*ści* → **czter*dziestu***.

For 50 to 90 replace the **-iąt** endings with **-ięciu**: pięćdziesiąt →
pięćdziesięciu, sześćdziesiąt → **sześćdziesięciu**, and so on. **Sto**
'hundred' becomes **stu**.

Now for some reminders, and other things you need to know about
using numbers.

Numbers and nouns

- After **jed\|en -na -no/dwa, dwie/trzy, cztery** use the *nominative
  sing./pl.*:

  jeden student, bilet; **jedna** Polka, kobieta; **jedno** miasto
  dwa, trzy, cztery bilety, tygodnie, pomidory, miasta
  dwie, trzy, cztery studentki, Polki, kobiety, panie

- After all numbers relating to men – and numbers from 5 upwards
  relating to other nouns – use the *genitive plural*:

  dwóch, trzech, czterech, pięciu . . . studentów, Polaków,
  panów
  pięć, sześć . . . studentek, Polek, biletów, tygodni

- Remember that if a compound number ends with **dwa, dwie, trzy**
  or **cztery** the noun is *nominative plural*:

  dwadzieścia dwie studentki; dwadzieścia cztery miesiące

- Only the masculine form of 'one' – **jeden** – is used in compounds; it does not change and the case of the noun is determined by the number preceding it. So:

  dwadzieścia jeden studentek/dwudziestu jeden studentów

Numbers and verbs

When numbers (apart from 'one') relating to men, and other numbers from 5 upwards, are the subject of the sentence, Polish uses the third person singular of the verb (present tense) or the third person singular neuter form of the past tense, which you will meet later in this unit:

  dwóch, trzech, czterech studentów **czeka/czekało** na autobus
  pięć studentek, pięciu turystów **jedzie/jechało** do Warszawy

Exercise 3

Use the correct form of the numbers and words given to complete Wojtek's short account of his train journey:

Siedzę sam w przedziale i czytam książkę. Nagle otwierają się drzwi i do przedziału wchodzą (2 młoda dziewczyna) _____, a za nimi (3 żołnierz) _____. Wchodzi też (2 mały chłopiec) _____, ale szybko zaczynają się nudzić i idą szukać kolegów. Potem (3 żołnierz) _____ wychodzi na papierosa. Nagle pojawia się (3 Japończyk) _____ i siadają na ich miejscach. Kiedy żołnierze wracają zaczyna się kłótnia, ale nikt nie zna japońskiego, więc w końcu żołnierze wychodzą. Następnym razem jadę autobusem!

Wojtek's story introduces some new words:

siedzieć	be sitting	**wychodzić**	go out
siadać	sit down	**żołnierz**	soldier
sam	alone	**nudzić się**	be bored
przedział	compartment	**pojawiać się**	appear
nagle	suddenly	**kłótnia**	quarrel
otwierać się	open	**w końcu**	finally
wchodzić	come in	**następnym razem**	next time

Language point

How many? - some, a few

Here are some common words (and their genitive forms) to use when talking about quantity:

ile? – ilu?	how many, much (of)?
(nie)wiele – (nie)wielu	(not) many, much, (not) a lot (of)
parę – paru	a couple, one or two
kilka – kilku	several, a few

For higher indefinite numbers you can use (*nom.*) **kilkanaście** – (*gen.*) **kilkunastu** 'a dozen or so', **kilkadziesiąt – kilkudziesięciu** 'twenty and more; dozens; scores', **kilkaset – kilkuset** 'several hundred'.

Remember that expressions of quantity require the genitive – and when referring to men, mixed groups of people, you need to use the genitive forms of the words above:

Ile to kosztuje? – Parę złotych.
How much does this cost? – A couple of zlotys.

Ilu jest studentów? – Kilkuset.
How many students are there? – Several hundred.

But:

Ile osób ma być dzisiaj na kolacji?
How many people (persons) are we expecting to dinner today?

After an indefinite number the verb is third person singular (neuter in the past tense):

Wielu studentów musi dzisiaj płacić za studia.
Many students today have to pay for their studies.

Exercise 4

Say in Polish:

1 two days/weeks/months/years
2 a couple of days/weeks/months
3 several hundred years

4 1 kg apples/tomatoes/potatoes
5 50 zlotys/dollars/pounds
6 two brothers and two sisters
7 three Englishmen/a couple of Germans/four students (*female*)
8 several hundred tourists

Exercise 5

Complete the sentence using the correct form of one of these verbs:
uczyć się, kupować, mieszkać, mówić, zapominać, chodzić, lubić, mieć. There is one verb too many!

1 Dziś na kolacji _____ być sześć osób.
2 Do tej szkoły _____ 600 uczniów (*pupils*).
3 Wiele kobiet _____ czekoladę i lody.
4 W Warszawie _____ dwa miliony ludzi.
5 Wielu turystów _____ mapy.
6 Kilku studentów _____ się języka polskiego.
7 Wiele osób _____ po angielsku.

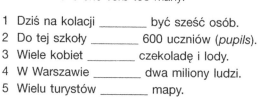

Dialogue 2

Przy stole At the table **(Audio 2:7)**

One of the guests Stefan has invited, Neil Howard, has had a busy day and is a little late.

NEIL	Przepraszam za spóźnienie, ale miałem dzisiaj dużo pracy.
STEFAN	Nic nie szkodzi. Ja też byłem dzisiaj bardzo zajęty. Przez cały dzień pisałem raport dla dyrektora.
NEIL	Mam nadzieję, że państwo nie czekali na mnie.
STEFAN	Nie, jest pan w samą porę. Proszę . . . (*they join the other guests*). Ewę pan już zna, a to jest Andrzej i Janet.
NEIL	Bardzo mi miło – Neil Howard.
EWA	Teresa, na pewno gotowałaś przez cały dzień!
TERESA	Ależ skąd!
EWA	Ja nie potrafię gotować. Kiedy byłam mała zawsze chodziliśmy do restauracji, na studiach mieliśmy stołówkę, a teraz mam męża – on gotuje.

TERESA   A ja zawsze lubiłam gotować. Kiedyś dla relaksu szłam do
         kina, czytałam, albo oglądałam telewizję. Teraz jednak
         wolę gotować.
JANET   Ja zawsze malowałam. A pan? Co pan robi dla relaksu?
NEIL   Kiedyś grałem w tenisa, albo szedłem na basen. Teraz
         wolę słuchać muzyki.

Vocabulary

stół, stołu, *loc.* **stole**	table
zajęty	busy, occupied
przez cały dzień	all day (long)
mam nadzieję, że	I hope that
mnie (*acc.* of **ja**)	me
jest pan w samą porę	you're right on time
na pewno	for sure, no doubt
got-ować -uję, -ujesz	to cook
na studiach	at college/university
stołówka	canteen, refectory
kiedyś	in the past, at one time
dla relaksu	to relax (*lit.* for relaxation)
malować	to paint
na basen	to a swimming pool

Nie szkodzi

Nie szkodzi (or **nic nie szkodzi**) means 'never mind', 'it doesn't
matter', 'it's all right'. The verb **szkodzić** means literally 'to harm' so,
in context, 'no harm done'.

Language points

Talking about what you were doing or used to do

The Polish verb has three tenses: the present, past and future. So far we have used only the present tense, to say what people are doing/ what is happening or what they do/what happens on a regular, habitual basis.

In the second dialogue people are talking about what they were or had been doing during the day, and what they used to do or were in the habit of doing in the past. To say this in Polish you use the **past tense imperfective**. (The name 'imperfective' does not mean there is something wrong with it; it comes from Latin and means 'unfinished'.)

Note the exchanges between Neil and Stefan in the first part of the dialogue:

> . . . **miałem dzisiaj dużo pracy./Ja też byłem . . . bardzo zajęty.**
> **Przez cały dzień pisałem raport dla dyrektora./**
> **Mam nadzieję, że państwo nie czekali na mnie.**
> . . . I had a lot of work today./I too was (have been) very busy.
> I was (I've been) writing a report for the director all day./
> I hope you weren't (haven't been) waiting for me.

Later the conversation turns to what people used to do in the past. For example:

> **Kiedy byłam mała zawsze chodziliśmy do restauracji.**
> When I was little we always used to go (out to eat) to
> a restaurant.

> **Kiedyś grałem w tenisa, albo szedłem na basen.**
> In the past I played tennis or I'd go to a swimming pool.

Forming the past tense imperfective

The past tense imperfective is easy to form; simply remove the final -ć of the infinitive and add the endings below. The verb **być** 'to be' can serve as a model. Notice that a distinction is made between the three genders in the singular, and between masculine personal nouns (men and mixed groups) and all other nouns in the plural:

Singular

	Masc.		*Fem.*		*Neut.*
(ja)	by- łem		by- łam		——
(ty)	by- łeś		by- łaś		——
on	by- ł	ona	by- ła	ono	by- ło

Plural

	Masc. pers.		*Other nouns*
(my)	by- liśmy		by- łyśmy
(wy)	by- liście		by- łyście
oni	by- li	one	by- ły

In the first and second person plural the stress falls, exceptionally, on the third syllable from the end: **byliśmy, byliscie/byłyśmy, byłyście.**

- Verbs ending in **-(i)eć** show a slight deviation from the general rule; in the past imperfective the **[e]** is replaced by **[a]**, except in the masculine personal forms. For example:

  mieć have

  Sing.   **mia-łem (mia-łam), mia-łeś (mia-łaś), mia-ł (mia-ła)**

  Pl.   **mia-łyśmy, mia-łyście, mia-ły** *but* mie̲liśmy, mie̲liście, mie̲li

  Similarly: **chcieć** 'want', **musieć** 'have to', **wiedzieć** 'know (a fact)', **umieć** 'know (how to)', **myśleć** 'think', **woleć** 'prefer'.

- Two common verbs – **móc** 'be able to' and **iść** 'go (on foot)' – are irregular in the past imperfective:

Singular

Masc.	*Fem.*	*Neut.*	*Masc.*	*Fem.*	*Neut.*
mogłem	**mogłam**	——	**szedłem**	**szłam**	——
mogłeś	**mogłaś**	——	**szedłeś**	**szłaś**	——
mógł	**mogła**	**mogło**	**szedł**	**szła**	**szło**

Plural

Masc. pers.	Other nouns	Masc. pers.	Other nouns
mogliśmy	mogłyśmy	szliśmy	szłyśmy
mogliście	mogłyście	szliście	szłyście
mogli	mogły	szli	szły

Take care!

In colloquial usage, the past tense endings **-ś, -śmy** and **-ście** are often separated from the verb and attached to a preceding word; in this process the masculine singular form **-eś** loses the **-e**. Some examples:

Wiem, że tam byłeś/byłaś.   **Wiem, żeś tam był/była.**
I know that you were there.

Gdzie mieszkali*ście*?   **Gdzie*ście* mieszkali?**
Where did you live?

Długo czekali*śmy* na   **Długo*śmy* czekali na autobus.**
autobus.
We waited a long time for
the bus.

Exercise 6

Say in Polish:

1 We used to meet when I worked in London.
2 When Maria was little she didn't like going to school.
3 What do you (*casual plural*) do to relax?
4 We (*women*) had a lot of work today.
5 Do you (*formal sing.*) often go to Poland?

Exercise 7

Can you remember how to say the following?

1 What are you (*casual sing.*) trying to say?
2 You're (*formal sing.*) right/just on time.
3 I hate/can't stand coffee ice-cream.
4 I'm sorry for being late.
5 That's a good idea.

Language point

A reminder about the verbs 'to go'

The verbs **iść** 'go *on foot*' and **jechać** 'go *by transport*' are used when talking about movement in a specific direction at a specific time. To talk about going somewhere regularly or habitually, Polish uses **chodzić** (on foot) and **jeździć** (by transport).

For example, one of the things Teresa found relaxing in the past was to go to the cinema: **szłam do kina** 'I'd go to the cinema'; and Neil says: **grałem w tenisa, albo szedłem na basen** 'I played tennis or I'd go to a swimming pool'. Janet on the other hand says: **Kiedy byłam mała zawsze chodziliśmy do restauracji** 'When I was little we always used to go (out to eat) to a restaurant'.

In the first two, Teresa and Neil use the past tense of **iść** because they're looking back and telling us what *they'd be doing* at a specific time; in the third example Janet uses **chodzić** because she's talking about something her family did regularly in her childhood.

Unit Ten

Czy mogę panu zadać kilka pytań?

Can I ask you a few questions?

In this unit you will learn about:

- The instrumental case
- Saying what you are and what you do
- Saying how old someone is
- The future tense of **być** 'to be'
- Talking about what you will be doing
- **Żeby** 'in order to'
- Travelling by car, bus, train
- Relative clauses – 'the person who', 'the thing which/that'
- **Trzeba** 'one should', 'it is necessary'

Dialogue 1

Czym się pan zajmuje? What do you do?
(Audio 2:8)

A journalist (**dziennikarz**) from a local radio station is interviewing people in the street for a programme he's making. He approaches Neil Howard.

DZIENNIKARZ	Dzień dobry panu. Jestem dziennikarzem „Radia W". Czy mogę panu zadać kilka pytań?
NEIL	Proszę bardzo.
DZIENNIKARZ	Czy mogę pana prosić o nazwisko?
NEIL	Neil Howard. Jestem Anglikiem.
DZIENNIKARZ	A czy mogę pana zapytać czym się pan zajmuje?
NEIL	Pracuję w firmie komputerowej w Bristolu.
DZIENNIKARZ	Czyli jest pan informatykiem?
NEIL	Niezupełnie. Jestem dyrektorem tej firmy.
DZIENNIKARZ	Rozumiem. Jak długo jest pan już w Polsce?
NEIL	Dwa tygodnie. Będę tutaj jeszcze miesiąc – może nawet dłużej.
DZIENNIKARZ	A pańska rodzina?
NEIL	Rodzina jest w Anglii. Żona jest nauczycielką, córka – ma teraz 25 (dwadzieścia pięć) lat – jest projektanktą mody, a syn jeszcze studiuje.
DZIENNIKARZ	Bardzo dziękuję za rozmowę.
NEIL	Proszę bardzo.

Vocabulary

zadać pytanie	ask (*lit.* put) a question (to someone)
panu/pani	to you *m./f.*
zapytać	ask
firma komputerowa	computer company (a computer is **komputer**)
informatyk	computer (systems) specialist
niezupełnie	not exactly

będę	I will be
może nawet dłużej	maybe even longer
rodzina	family
nauczyciel/ka	teacher *m./f.*
projektant/ka mody	fashion designer *m./f.*
rozmowa	conversation, talk
dziękuję za rozmowę	thank you for talking to me

Language points

Saying what you are, what you do

In the very first unit you learned how to introduce yourself, to say who you are, using **być** + *proper name*:

Jestem Janet.   Janet Watson.

To say *what* you are – when talking about your nationality, status, relationship to others – or what you do for a living requires a new case of the noun – the **instrumental**. This is not a difficult case:

- masculine and neuter nouns end in **-em** (**-iem** after *k*, *g*)
- feminine nouns end in **-ą**
- in the plural, nouns (all genders) end in **-ami**

So for example:

Neil jest Anglik*iem*. Jest dyrektor*em* firmy komputerowej. Jego żona jest nauczycielką, (jego) córka jest projektantką mody, a (jego) syn jest student*em*.
Neil is English (an Englishman). He's a director of a computer company. His wife is a teacher, his daughter is a fashion designer and his son is a student.

Anna jest siostrą/koleżanką Romana. Stefan jest mężem Teresy.
Anna is Roman's sister/friend. Stefan is Teresa's husband.

Jesteśmy studentami, Polakami, siostrami.
We're students, Poles, sisters.

Here are some other things you can now say:

1 You can use **być** + *instrumental* to say what you want to be:

> **Chcę studiować medycynę i być lekarzem.**
> I want to study medicine and be a doctor.

2 You can also use this construction to say what something is:

> **Europa jest kontynentem.**   Europe is a continent.
> **Warszawa jest stolicą**   Warsaw is the capital of
> **Polski.**   Poland.

Instrumental of adjectives

To put an adjective in the instrumental case, just remember that:

- in the singular, masculine + neuter adjectives take the ending **-ym** (**-im** after *k*, *g* and soft consonants)
- feminine adjectives end in **-ą**
- in the plural the ending for adjectives of all genders is **-ymi/-imi**:

> **Moim ulubionym miastem/krajem jest . . .**
> My favourite town/country is . . .

> **Piotr i Anna są moimi nowymi sąsiadami.**
> Piotr and Anna are my new neighbours.

What do you do (for a living)?

> **Czym się pan/pani zajmuje?**   What do you do (for a living)?
> **Jaki jest pański/pani zawód?** What's your profession?

Here is a selection of job titles and professions but see also Unit 7:

aktor/ka	actor/actress	**nauczyciel/ka**	teacher
dziennik-arz/	journalist	**pielęgni-arz/**	nurse
-arka		**-arka**	
lek-arz/-arka	doctor (physician)	**policjant/ka**	policeman/ woman
mal-arz/	painter	**sprzedaw-ca/**	salesperson
-arka		**-czyni**	

architekt	architect	**prawnik**	lawyer
dyrektor	director	**profesor**	professor
inżynier	engineer	**redaktor**	editor
minister	politician in government	**szef**	boss

Some of these words have a masculine and feminine form as indicated. However, as you can see from the list above, the names of some professions are grammatically masculine but embrace both men and women. Also, note that in some other cases such as 'actor' and 'doctor' the masculine form may be preferred by both genders.

Exercise 1

Below you will find a puzzle containing the names of various professions. However, the clues have not been numbered, and appear in incorrect order. Can you match the numbers in the puzzle with the clues below?

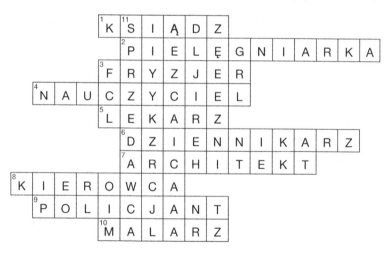

Clues:

teaches at school	catches criminals
designs houses	writes for a newspaper
works in a shop	takes care of ill people
treats ill people	paints pictures or walls
preaches in a church	drives a car
does your hair	

Language point

Talking about your age

In Polish you *have* an age:

Ile masz (pan, pani ma) lat?	How old are you?
Mam osiemnaście, czterdzieści lat.	I'm 18, 40 (years old).
Mam trzydzieści dwa (trzy) lata.	I'm 32 (33).
Ona ma dopiero szesnaście lat.	She is only just 16.
On ma prawie dwadzieścia lat.	He's almost 20.

You also *finish* an age:

Skończyłem(-am) piętnaście/pięćdziesiąt lat.
I've turned 15/50.

Note also, colloquially:

On (ona) jest po trzydziestce, czterdziestce, pięćdziesiątce.
(S)he's over 30, 40, 50.

Exercise 2

How would you say these things about yourself or other people?

1 You are an Englishman, you are 24 years old, a journalist and you work in London.
2 He is German, he is 50, he speaks English, knows Polish, he is a doctor and works in a hospital in Berlin.
3 Teresa is Spanish, she is 19 years old, she is short, has black hair, she is a student in Madrid.
4 You are a Frenchwoman, you are 31, your husband is a lawyer, your son is 5 years old, your daughter is just 3, you live in Lille.
5 They are Swedish, they are architects, they have no children, they live in Stockholm.

Vocabulary

szpital	hospital	**Sztokholm**	Stockholm
włosy	hair	**Lille**	Lille (*indeclinable*)
Madryt	Madrid	**Szwed/ka**	Swede *m./f.*

Exercise 3

Jaka jest twoja rodzina? What's your family like?

This is an open-ended exercise. Use the vocabulary below to talk about yourself and your family, or an imaginary family, if you prefer – the main point is to consolidate and revise some basic vocabulary and structures:

rodzice -ów	parents
ojc/iec – matka	father – mother
syn – córka	son – daughter
mąż* – żona	husband – wife
brat – siostra	brother – sister
wuj/ek – ciotka	uncle – aunt
dziad/ek – babcia	grandfather – grandmother
kuzyn – kuzynka	cousin

* Remember that the *acc./gen.* of **mąż** is **męża**.

Include information about what you/they do, how old they are, where they live. For example:

Nazywam się _____. Mam rodzicow, brata/dwóch (2) braci i siostrę/dwie (2) siostry. Mam _____ lat(a) i jestem _____. Mieszkam w (+ *loc.*) _____. Uczę się (+ *gen.*) _____. Chcę być _____.

Language point

The future tense of być 'to be'

Like its present tense, the future of **być** is irregular:

(ja)	**będę**	(my)	**będziemy**
(ty)	**będziesz**	(wy)	**będziecie**
on, ona, ono	**będzie**	oni, one	**będą**

Look out for these forms, and how people talk about what they will be doing, in the second dialogue.

Dialogue 2

 Co robisz jutro? What are you doing tomorrow?
(Audio 2:10)

Jacek's father will not be at home during the weekend. He has
left behind his car and the car keys. Jacek suggests to his friend
Tomek that they take a trip to the seaside but Tomek is worried
by the idea.

JACEK   Cześć! Co robisz jutro?
TOMEK Jeszcze nie wiem. A czemu pytasz?
JACEK   Mojego ojca nie będzie w domu przez cały weekend,
       a ja mam jego kluczyki do samochodu. Co powiesz na
       wycieczkę nad morze?
TOMEK Samochodem twojego ojca? A co, jeśli będziemy mieli
       wypadek?
JACEK   Ty zawsze jesteś pesymistą. W gazecie piszą, że pogoda
       będzie fantastyczna. Zamiast siedzieć w domu będziemy
       pływać w morzu i opalać się.
TOMEK A jeśli coś się stanie? Twój ojciec będzie wściekły, a my
       będziemy musieli pracować całe lato, żeby naprawić
       samochód.
JACEK   Nie wierzysz, że jestem dobrym kierowcą?
TOMEK Nie o to chodzi.
JACEK   Chcesz siedzieć w domu przez cały weekend?
TOMEK Nie, ale czy nie możemy po prostu pojechać autobusem?
JACEK   I gdzie tu przygoda?
TOMEK Teraz ty jesteś pesymistą. A może kierowcą tego autobusu
       będzie piękna dziewczyna?

 Vocabulary

czemu? (colloq.)/**dlaczego?**	why?
samoch/ód -odu	car
kluczyki do samochodu	car keys

co powiesz na (+ *acc.*) **wycieczkę nad morze?**	what would you say to a trip to the seaside?
mieć wypadek	have an accident
pogoda	the weather
zamiast	instead of
siedz/ieć -ę, -isz	sit, be sitting
a jeśli coś się stanie?	and if something happens?
wściekły	furious
żeby naprawić	in order to repair
wierz/yć -ę, -ysz	believe
kierowca	driver
nie o to chodzi	that's not the point
po prostu	simply
pojechać autobusem	go by bus
i gdzie tu przygoda?	and where's the fun (*lit.* adventure) in that?
dziewczyna	girl

Language points

Talking about what you will be doing

To say what you will be doing or to talk about things happening in the future, you use the *future imperfective*. This tense is formed in two ways:

1 the future tense of **być** 'to be' + the imperfective infinitive *or*
2 the future tense of **być** + third person sing./pl. past imperfective forms of the verb (see previous unit).

czekać 'to wait'

	1	2
będę **będziesz** **będzie**	**czekać**	**czekał, czekała, czekało** (*masc., fem., neuter*)
będziemy **będziecie** **będą**	**czekać**	**czekali, czekały** (*masc. pers., other nouns*)

Both tense forms convey the same meaning: the first (with the infinitive) is easy, particularly for the learner, but you need to be able to use and recognize both. Remember also that the past tense forms identify much more clearly who is doing something/speaking.

Pogoda będzie fantastyczna . . .
The weather will be fantastic . . .

Będziemy pływać w morzu i opalać się.
We'll be swimming in the sea and sunbathing.

Wieczorem będę oglądać/oglądał(a) telewizję.
In the evening I'll be watching television.

A co ty będziesz robić/robił(a)?
And what will you be doing?

Gdzie będziecie mieszkać/mieszkali(ły)?
Where will you (are you going to) be living?

Note: in forming their future imperfective, four common verbs – **chcieć**, **mieć**, **móc**, **musieć** – must always be followed by the past tense forms and not the infinitive. So:

Kiedy będziesz miał (miała) czas?
When will you have the time?

Nie będę mógł (mogła) przyjść jutro.
I won't be able to come tomorrow.

Będziemy musieli (musiały) poczekać.   We'll have to wait.

Żeby – 'so as to, in order to'

Będziemy musieli pracować całe lato, żeby naprawić samochód.
We'll have to work all summer (in order) to repair the car.

Jedziemy do Paryża, żeby zwiedzić Luwr/grób Napoleona.
We're going to Paris (in order) to visit the Louvre/Napoleon's tomb.

Żeby mieć dobrą pracę, musisz studiować.
To have a good job, you have to study.

Means of transport – the instrumental again

This is another opportunity to remind yourself of the verbs – **jechać** 'go, travel' and its partner **jeździć** (when talking about going or travelling on a regular, habitual basis) – used with the instrumental case:

jechać	**autobusem**	by bus	**samochodem**	by car, auto
	pociągiem	by train	**taksówką**	by taxi, cab
	tramwajem	by tram, streetcar	**metrem**	by metro, underground, subway
jeździć				
lecieć fly			**samolotem** by plane	

To form the instrumental plural, remove **-em/-ą** and add **-ami**.

Perhaps you were puzzled when, at the end of the second dialogue, Tomek asked: **Czy nie możemy po prostu *pojechać* autobusem?** 'Can (could) we not simply go by bus?' The verb **jechać** appears here in a different form. This will be explained in the next unit.

Other uses of the instrumental case

The instrumental is used after the following prepositions; these appear in a number of constructions but one of their functions is to denote location:

między	between	**nad**	above, over
pod	below, under	**(po)za**	behind, beyond
przed	in front of, before		

Postój taksówek jest przed hotelem. Za hotelem jest park.
The taxi rank is in front of the hotel. Behind the hotel there's a park.

Polska położona jest między Bałtykiem a Karpatami, między Niemcami a Rosją.
Poland is situated between the Baltic and the Carpathians, between Germany and Russia.

Warszawa leży nad (rzeką) Wisłą, Londyn nad Tamizą.
Warsaw lies on the (river) Vistula, London on the Thames.

Clearly Warsaw and London do not lie literally *on* the surface of a river (in Polish this would be **na rzece**) but *above* its banks, alongside it.

But if you use these prepositions to say where you're going to, then the instrumental is replaced by the accusative. For example:

Jedziemy nad rzekę/nad morze.
We're going to the river/seaside.

Mieszkamy nad rzeką/nad morzem.
We live on the river/at the seaside.

Exercise 4

Complete the following using the prompts given:

1 Czekamy na przystanku . . . *(in front of the station: **dworzec**).*
2 Wakacje spędzamy . . . *(out of town).*
3 Piotr często . . . *(goes on bicycle to the riverside).*
4 Agata mieszka . . . *(between Warsaw and Lublin).*
5 Z Warszawy do Gdańska . . . *(one can fly or go by train).*

Exercise 5

Translate into Polish. For the purpose of this exercise, use the future of **być** + the past tense forms of the verb:

1 When are you *(casual, sing.)* going to be in Poland?
2 We'll be waiting for you *(formal, sing.)* at the airport.
3 Teresa will be studying in Germany.
4 Where are you *(casual, pl.)* going to be living?
5 Tomorrow we'll be visiting the Old Town and the market place.

Reading

Wrocław (Audio 2:11)

Wrocław, situated on the River Odra (Oder), and the fourth largest town in Poland, has a long and rich history. There are many places to visit and things to see, and each year it hosts many international festivals of theatre and music. With this information (and the translations of some key words in the body of the text), see

how much you can understand of the passage before consulting
the vocabulary and notes at the end.

Położony nad rzeką Odrą, Wrocław jest starym i pięknym miastem
o bogatej historii.

Najstarszą (*oldest*) częścią miasta jest Ostrów Tumski ze
średniowieczną (*medieval*) katedrą. We Wrocławiu trzeba też zobaczyć
wspaniały gotycki ratusz (*gothic town hall*) oraz barokową Aulę
(*baroque assembly hall*), która jest częścią siedemnastowiecznego
(*seventeenth-century*) uniwersytetu. Doskonałym miejscem na
spacery jest Ogród Botaniczny, a także największy (*largest*) w Polsce
Ogród Zoologiczny. W ciągu dnia można spędzić czas w muzeach
i galeriach, wieczorem można pójść do teatru, opery, filharmonii
albo klubu. Wielką atrakcją kulturalną Wrocławia jest też Panorama
Racławicka – gigantyczna rotunda z panoramicznym obrazem,
który przedstawia Bitwę pod Racławicami.

Wrocław jest czwartym co do wielkości miastem w Polsce
i jednym z najciekawszych (*most interesting*) polskich miast. Co
roku odbywa się tu wiele międzynarodowych festiwali muzycznych
i teatralnych.

Vocabulary

piękny	beautiful
o bogatej historii	with a rich history
część	part (of)
trzeba zobaczyć	you (one) should see
wspaniały	magnificent
też/także	also
oraz	as well as
doskonały	excellent
w ciągu dnia	during the day
galeria	gallery
spędzić czas	spend time
filharmonia	concert hall
przedstawiać	represent, depict

co do wielkości *lit.*	as regards size
odbywać się	take place
międzynarodowy festiwal	international festival
muzyczny/teatralny *adj.*	musical/theatrical

Cultural point

Wrocław – its other case forms are a little irregular; note in particular **Wrocławia** (*gen.*) and **we** (*loc.*) **Wrocławiu.**

Ostrów Tumski – once an island in the river, this is where Wrocław was originally founded and where its first church was built – hence its name (in old Polish) 'Cathedral Island'.

Panorama Racławicka 'The Racławice Panorama' – a gigantic panoramic painting, housed in a specially designed rotunda, this is one of Wrocław's most visited sights. The painting depicts the Battle of Racławice (1794) where, armed with little more than scythes and pitchforks, a Polish peasant army led by Tadeusz Kościuszko, also one of the heroes of the American War of Independence, won a famous victory over the Russians.

Language points

Saying 'with': z + instrumental

Idę z kolegą do kina.	I'm going with my friend to the cinema.
Mieszkam z rodzicami.	I live with my parents.
Mam spotkanie z dyrektorem.	I have got a meeting with the director.

Remember that **z** + *genitive* means 'from (a place)': **jestem z Londynu** 'I'm from London', **wracamy z teatru/z koncertu** 'We're returning from the theatre/from a concert'.

Relative clauses with który

In Unit 2 you used **który, która, które** as question words to ask 'which one?' They are also used in relative clauses when talking about 'the person who' or 'the thing which/that':

> **Mam brata, który jest lekarzem i siostrę, która jest pielęgniarką.**
> I have a brother who is a doctor and a sister who's a nurse.

> **Mieszkam w hotelu, który jest w centrum miasta.**
> I'm living (staying) in a hotel that is in the centre of town.

> **To jest kolega, z którym byłem na wakacjach.**
> This is the friend with whom I was on holiday.

It is a convention in Polish that clauses beginning with **który -a -e, że** 'that' and **żeby** 'in order that' are preceded by a comma.

Trzeba 'one should; it is necessary'

Impersonal constructions – for example, with **trzeba** or **można/wolno** 'one can', which you met in Unit 5 – are quite common in Polish; they translate any person, the impersonal 'you' or 'one' – depending on context – and are followed by the infinitive:

> **We Wrocławiu trzeba zobaczyć Panoramę Racławicką.**
> In Wrocław you should see the Racławice Panorama.

> **Żeby kupić dom, trzeba mieć dużo pieniędzy.**
> To buy a house one needs to have a lot of money.

> **Nie trzeba się martwić.**
> There's no need to worry.

Exercise 6

Complete the following using the correct form of **który, która, które**:

1 Do _____ restauracji idziemy na obiad?
2 To jest muzeum, w _____ jeszcze nie byłem.
3 To są koleżanki, z _____ studiuję.
4 Na _____ pan mieszka ulicy?
5 O _____ godzinie jest pociąg?

Exercise 7

Do you remember how to say these?

1 What do you (*casual, sing.*) do?
2 How long have you (*formal, sing.*) been in Poland?
3 I will be here for another month.
4 That is not the point.
5 The weather is going to be fantastic!
6 Wrocław is the fourth largest town in Poland.

Unit Eleven

Co się stało?

What happened?

In this unit you will learn about:

- Verb aspects
- Saying what happened, what you did – the perfective past
- Verb families
- The verbs 'to begin', 'to end'
- Saying how long something has been going on
- Prefixed verbs of motion
- Nouns derived from numbers

Dialogue 1

Czekam już pół godziny I've already been waiting for half an hour **(Audio 2:13)**

Maciek has been waiting for Wojtek outside the cinema. The film started twenty minutes ago. Wojtek explains what made him late.

MACIEK Co się stało? Czekam już pół godziny! Dlaczego się spóźniłeś?

WOJTEK To długa historia.

MACIEK Nie szkodzi. Film się zaczął 20 minut temu. Mamy dużo czasu do następnego seansu!

WOJTEK   Przepraszam, ale najpierw zadzwoniła Agnieszka, a wiesz
          jak ona zawsze długo rozmawia przez telefon. Potem
          przyszła sąsiadka pożyczyć trochę cukru i też plotkowała
          przez 10 minut. Na ulicy spotkałem profesora i musiałem
          z nim porozmawiać. Potem uciekł mi autobus.
MACIEK   Mogłeś zrobić to co ja. Ja wyszedłem z domu dużo
          wcześniej, nie spóźniłem się na autobus i dlatego byłem
          tu na czas.
WOJTEK: No tak, ale ty zawsze jesteś dobrze zorganizowany.

Vocabulary

pół + *gen. sing.*	half (of)
dlaczego się spóźniłeś?	why are you late?
to długa historia	that's a long story
do następnego seansu	to the next screening/showing (of a film)
najpierw/potem	first (of all)/then
zadzwoniła/przyszła	(she) rang/came
sąsiad/ka	neighbour *m./f.*
pożyczyć	borrow
plotkować	to gossip
spotkałem	I met
z nim (*instr.* of **on** he)	with him
porozmawiać	have a talk
uciekł mi autobus	I missed the bus
mogłeś zrobić to co ja	you could have done what I did
wyszedłem z domu	I left home
dużo wcześniej	much earlier
dlatego	that's why
na czas	on time

Language points

Verb aspects

With few exceptions a Polish verb has two closely related forms, called the imperfective and perfective aspects, to translate one English verb. For example:

	Imperfective	*Perfective*
ring, call	**dzwonić**	**zadzwonić**
meet, come across	**spotykać**	**spotkać**
go *on foot*	**iść**	**pójść**
go *by transport*	**jechać**	**pojechać**

The majority of verbs you have met so far have been imperfective. The following is a simplified guide to some of their main uses, and those of their perfective partners:

- The imperfective (unfinished) aspect of a Polish verb describes actions and events happening in the present, past and future. In other words it is used to say what you are doing/what is happening, what you were doing/what was happening or what you will be doing/what will be going on.
- It is also used to talk about repeated, habitual actions and events – 'I go/used to go/will be going to the cinema every week'.
- To say what happened/what you did, as in this unit, or what will happen/what you will do (see Unit 12), Polish uses the perfective (finished) form of the verb. Perfective verbs emphasize completion and result and, by definition, do not have a present tense.

Further explanations will be provided as we go along.

What happened? - the perfective past

The perfective past tense is formed in exactly the same way as the imperfective past in Unit 9. Remember that the past tense endings indicate gender in the singular and distinguish between masculine personal nouns and all other nouns in the plural:

Co się stało? ... Najpierw zadzwoniła Agnieszka ... potem
przyszła sąsiadka ... spotkałem profesora.
What (is it that) happened? ... First Agnieszka rang ... then a
neighbour came ... I met my professor.

Note that, apart from its use to say what happened and what people
did, the perfective is also used when talking about what has/had to
be done or to say, for example, what you came to do or want to do.
So:

Chcę *kupić* samochód/ *pojechać* do Rzymu.	I want *to buy* a car/*to go* to Rome.
Sąsiadka *przyszła pożyczyć* trochę cukru.	A neighbour *came to borrow* some sugar.
Musiałem z nim *porozmawiać*.	I had *to have a talk* with him.
Mogłeś *zrobić* to co ja.	You could *have done* what I did.

Recognizing imperfectives and perfectives

There is no simple rule about what form a perfective verb (or, conversely, an imperfective verb) will take, but there are some ways of
recognizing the aspect of a verb and remembering it.

Some perfective verbs are formed by adding a prefix to the
corresponding imperfective verb:

dzwonić	za-dzwonić	ring, call
pytać	za-pytać	ask, enquire
czytać	prze-czytać	read
pisać	na-pisać	write
uczyć się	na-uczyć się	learn
rozmawiać	po-rozmawiać	talk, converse
dziękować	po-dziękować	thank
czekać	po-czekać	wait
robić	z-robić	do, make
rozumieć	z-rozumieć	understand
słyszeć	u-słyszeć	hear

Others are formed by changing the suffix or stem of the imperfective,
which may result in a change of conjugation:

dawać	**dać**	give
spotykać (się)	**spotkać (się)**	meet (one another)
kupować	**kupić**	buy
wracać	**wrócić**	return, come back
spędzać	**spędzić**	spend (time)
zwiedzać	**zwiedzić**	visit (a place)*
przepraszać	**przeprosić**	apologize
pomagać	**pomóc**	help
spóźniać się	**spóźnić się**	be late

* Remember: to visit people is **odwiedzać/odwiedzić**.

Some verbs have quite different imperfective/perfective partners. For example (but see also the sections on verb families and prefixed verbs of motion later in the unit):

mówić	**powiedzieć**	speak, say, tell
widzieć	**zobaczyć**	see
oglądać	**obejrzeć**	watch, look at
brać	**wziąć**	take

A few verbs have no perfective partner. The most common examples include: **być** 'be' – **mieć** 'have' – **chcieć** 'want' – **móc** 'be able to' – **musieć** 'have to (do something)' – **wiedzieć** 'know (a fact)' – **mieszkać** 'live, stay (reside)'.

From now on the aspect of verbs (*impf./pf.*) will be identified for you.

Aspects in use

Note the contrast between the *imperfective* and perfective in the following examples. Note also that verbs denoting states and processes rather than single actions are normally imperfective (and a number of such verbs – **być** and **mieć**, for example – do not have perfective forms):

Sąsiadka przyszła i *plotkowała* przez dziesięć minut.
A neighbour came and gossiped (kept gossiping) for ten minutes.

Wojtek wyszedł z domu wcześniej i *był* tu na czas.
Wojtek left home earlier and was here on time.

Skończyła pracę, **poszła** do domu i *oglądała* telewizję.
She finished work, went home and watched television.

Chciałem **zadzwonić**, ale nie *miałem* czasu.
I wanted to ring (call) but I didn't have time.

Exercise 1

Translate the following pairs of sentences. What is the aspect of each verb and why?

1 (a) Widziałem Piotra dzisiaj rano.
   (b) Proszę zobaczyć, co się stało.

2 (a) Długo rozmawialiśmy przez telefon.
   (b) Spotkałem kolegę i musiałem z nim porozmawiać.

3 (a) Co robiłaś wczoraj?
   (b) Kiedy to zrobiłaś?

Exercise 2

Rewrite the following, using the perfective past:

1 Nie rozumiem, co on mówi.
2 Wieczorem spotykamy się w klubie.
3 Kiedy wracasz do domu?
4 Spędzamy wakacje nad morzem.
5 Marek nie idzie dziś do pracy.

Language points

Verb families

A Polish verb can have a smaller or larger extended family. Prefixes, as you have seen, are used to form the perfective aspect but – and here you need to take care – they are also used to create new or related verbs. For example:

Imperfective	Perfective	
pisać	na-pisać ↓	write
od-pisywać	od-pisać	write back, reply
pod-pisywać	pod-pisać	sign (*lit.* underwrite)
o-pisywać	o-pisać	describe
prze-pisywać	prze-pisać	rewrite
za-pisywać	za-pisać	write down, record

Note that each new perfective verb has its own, new imperfective partner.

Similarly:

mówić	powiedzieć	say, tell
odpowiadać	odpowiedzieć	reply, answer
opowiadać	opowiedzieć	relate, recount
prosić	poprosić	ask, request
przepraszać	przeprosić	apologize
zapraszać	zaprosić	invite
dawać	dać	give
oddawać	oddać	give back, return
podawać	podać	pass, hand, serve
zadawać	zadać	put a question, set a task

Note that:

* the present tense of **pisać** is irregular → **piszę, piszesz** . . .
* in the case of verbs ending in **-ować/-ywać** or **-awać** the present tense is quirky. For example, **plan-ować** → **plan-uję, plan-ujesz**; **odpis-ywać** → **odpis-uję, odpis-ujesz**...; **da-wać** → **da-ję, dajesz**...
* **prosić** has a change of consonant in the first person sing. and third person pl.: (ja) **proszę,** (ty) prosisz . . . (oni, one) **proszą.**

Beginning, finishing

Two more verbs you need to know:

zaczynać (się)	**zacząć (się)**	begin, start
kończyć (się)	**skonczyć (się)**	finish, end

In these examples, *people* start and finish things:

Zaczynam mówić/rozumieć po polsku.
I'm beginning to speak/understand Polish.

O której godzinie zaczynasz/kończysz pracę?
What time do you start/finish work?

But when talking about the time that *things* start/finish, Polish uses reflexive forms of these verbs:

Film zaczął się/skończył się pół godziny temu.
The film started/finished half an hour ago.

Kiedy zaczynają się/kończą się wakacje?
When do the vacations start/end?

The words for 'beginning/end(ing)' are **początek/koniec.**

How long has this been going on?

Note that, to ask and reply to this type of question, English uses a form of the past tense while Polish uses the present tense – because whatever you are referring to is still going on:

Czekam już godzinę/pół godziny.
I've already been waiting an hour/for half (of) an hour.

Znamy się miesiąc/rok/dwa lata.
We've known each other a month/year/two years.

Jak długo tu mieszkasz?
How long have you been living here?

However, if you are referring to a specific day, month, year or clock time since when you've been doing something, then you will need to use **od** + *gen*. For example:

Pracuję tu od poniedziałku/od maja/od siódmej rano.
I've been working here since Monday/May/seven o'clock
   in the morning.

Note also:

Znamy się od dawna.
We've known each other a long time (from way back).

Dialogue 2

Przepraszam, chyba się zgubiłam Excuse me, I think I'm lost **(Audio 2:14)**

Janet Watson is looking for the Gallery of Contemporary Art. The gallery is near the market place and she has the address. But she has lost her way. She asks a passer-by, a man, for directions. He suggests she takes a tram: number 13 (**trzynastka**) will do but numbers two (**dwójka**) and seven (**siódemka**) are better.

JANET	Przepraszam pana, ale chyba się zgubiłam. Jak nazywa się ta ulica?
MĘŻCZYZNA	To jest ulica Matejki. Dokąd pani idzie?
JANET	Do Galerii Sztuki Współczesnej. To gdzieś koło rynku. O proszę, tu mam adres: ul. Krótka 12 a.
MĘŻCZYZNA	Tak, to rzeczywiście koło rynku. Ale rynek jest daleko stąd.
JANET	Wiem. Byłam tam pół godziny temu. Potem poszłam prosto, skręciłam w lewo, przeszłam przez park, minęłam kościół i się zgubiłam.
MĘŻCZYZNA	Najpierw musi pani wrócić na rynek, a potem proszę kogoś zapytać o drogę do galerii. Na rynek może pani dojechać stąd tramwajem. Trzynastka ma przystanek niedaleko rynku, ale lepiej pojechać dwójką albo siódemką. One jadą prosto na rynek.
JANET	Dziękuję panu bardzo.
MĘŻCZYZNA	Nie ma za co.

Vocabulary

gubić się/zgubić się	lose one's way, get lost
sztuka współczesna	contemporary art (*lit.* art contemporary)
rzeczywiście	indeed
skręcać/skręcić w lewo	turn left
przechodzić/przejść	go through, across

mijać/minąć	pass (by); go past
pytać/zapytać o drogę	ask the way
kogoś (*acc.* of **ktoś**)	someone
dojeżdżać/dojechać	get to (a place)
lepiej *adv.*	better
albo	or
prosto	directly, straight
nie ma za co	don't mention it

 Language points

Prefixed verbs of motion

Prefixes are added to the basic verbs 'to go', which you know already, to specify more precisely the different types of motion – 'arriving', 'departing' and so on. Verbs formed from **iść** and **jechać** are perfective, those formed from **chodzić**, **jeździć** are imperfective:

| to go (on foot) | | | to go (by transport) | |
Impf.	*Pf.*		*Impf.*	*Pf.*
przychodzić	przyjść	arrive, come	przyjeżdżać	przyjechać
odchodzić	odejść	depart, go away	odjeżdżać	odjechać
wchodzić	wejść	enter, come in	wjeżdżać	wjechać
wychodzić	wyjść	leave, go out of	wyjeżdżać	wyjechać
przechodzić	przejść	cross	przejeżdżać	przejechać
dochodzić	dojść	get to, reach	dojeżdżać	dojechać

Notes and reminders

The conjugation of the imperfective verbs above is the same as for all other regular verbs ending in **-ić** or **-ać**; to remind yourself go back to the relevant units.

Iść, its perfective partner **pójść** and their 'family of verbs' are irregular. To form the perfective past add the imperfective past endings of **iść** after the prefixes; in the case of **pójść** there is a spelling change of **ó → o**. So:

sing. **po-szedłem (-szłam), po-szedłeś (-szłaś), po-szedł (-szła)**
pl. **po-szliśmy (-szłyśmy), po-szliście (-szłyście),
po-szli (-szły)**

Note also that **wejść** and **odejść** (but not **przejść**) drop the **-e-** in the masculine singular forms of the past tense:

w-szedłem, w-szedłeś, w-szedł *but* **we-szłam, we-szłaś,
we-szła**, etc.

The present tense of **jeździć** is also irregular; here is a reminder which will also explain the source of **-jeżdżać** in the regular verbs above:

sing. **jeżdżę, jeździsz, jeździ** *pl.* **jeździmy, jeździcie, jeżdżą**

Verbs ending in -(n)qć

This suffix is characteristic of some perfective verbs. There have been two in this unit: **zaczynać (się)/zacząć (się)** 'start, begin' and **mijać/minąć** 'pass (by)'. Note that in the past tense the **-ą-** is replaced by **-ę-**, except in the masculine singular forms. So:

sing. **minąłem, minąłeś, minął** *but* **minęłam, minęłaś, minęła**
pl. **minęliśmy (-łyśmy), minęliście (-łyście), minęli (-ęły)**

Nouns from numbers

In English there are many ways of making 'number words': a banknote is 'a tenner', a bus is a 'no. 63', musicians are 'a trio', and so on. In Polish there is one set of 'number words':

1 **jedynka** 2 **dwójka** 3 **trójka** 4 **czwórka** 5 **piątka** 6 **szóstka**
7 **siódemka** 8 **ósemka** 9 **dziewiątka** 10 **dziesiątka**
11 **jedenastka** 12 **dwunastka** . . . then in multiples of ten:
20 **dwudziestka** 30 **trzydziestka** . . . 100 **setka**.

They are commonly used in colloquial Polish, some in set phrases, to refer to almost anything identifiable by a number – this includes room numbers, banknotes, sizes of clothing, groups of people and

bus/tram numbers. All these are feminine nouns and they decline like
matka.

Trzynastka ma przystanek niedaleko rynku.
The number 13 stops (has a stop) not far from the market
square.

Czy może pani rozmienić setkę na dwie pięćdziesiątki?
Can you change a 100 (banknote) for two fifties?

Jedziemy we trójkę na wycieczkę do Gdańska.
The three of us (as a group, threesome) are going on a trip
to Gdańsk.

Exercise 3

You want to get to the Teatr Powszechny. You (A) stop someone (B) to
ask how you can get there. Here are B's answers. Can you work out
the questions you need to ask?

A₁ _____?
B   Teatr Powszechny? Niestety to bardzo daleko stąd.
A₂ _____?
B   Autobusem nie, ale może pan tam dojechać tramwajem.
A₃ _____?
B   Przystanek tramwajowy jest po drugiej stronie ulicy.
A₄ _____?
B   Tramwajem numer trzynaście.
A₅ _____.
B   Proszę bardzo.

Exercise 4

In Dialogue 2 Janet asks a passer-by, a man, for directions. Below are
two extracts from that dialogue. Imagine it is the man, not Janet, who
is speaking and rewrite them accordingly:

- Przepraszam pana, ale chyba się zgubiłam . . .
- Wiem. Byłam tam pół godziny temu. Potem poszłam prosto,
  skręciłam w lewo, przeszłam przez park, minęłam kościół i się
  zgubiłam.

Reading

Z pamiętnika Doroty From Dorota's diary
(Audio 2:15)

Dzień zaczął się bardzo zwyczajnie. Wstałam o siódmej rano, ubrałam się, umyłam* i zrobiłam kawę. Wyszłam z domu o ósmej, żeby zdążyć na autobus. Na przystanku spotkałam Agatę. Niestety nasz autobus nie przyjechał. Zaczęłyśmy się martwić, że spóźnimy się do pracy. Postój taksówek był niedaleko, ale niestety nie miałyśmy dużo pieniędzy. Nagle przy przystanku zatrzymał się samochód i młody kierowca zapytał się, czy wiemy, jak dojechać do dworca. Zanim zdążyłam odpowiedzieć usłyszałam jak Agata mówi: „Oczywiście, że wiemy. Dworzec jest zaraz obok naszego biura. Czy może nas pan podwieźć?" Popatrzyłam na nią zdziwiona, bo dworzec jest na przeciwnym końcu miasta, ale nic nie powiedziałam. . . . Po paru minutach byłyśmy już przed biurem. „A gdzie jest dworzec?" zapytał kierowca. „Proszę jechać za tym autobusem" odpowiedziała Agata i poszła do biura. No i co miałam zrobić?

* When two or more reflexive verbs follow one another the **się** is normally not repeated.

Vocabulary

zwyczajnie *adv.*	as usual
wstawać/wstać	get up
ubierać (się)/ubrać (się)	dress (oneself)
myć (się)/umyć (się)	wash (oneself)
zdążyć (*pf.*) **na autobus**	be on time for the bus
zdążyć coś zrobić	manage to do something (on time)
martwić (się)/zmartwić (się)	worry (oneself)
zanim *conj.*	before
zaraz obok + *gen.*	right next to

Exercise 5

Look at the text above and find the following phrases:

1 At the other (opposite) end of town.
2 Follow that bus.
3 What was I supposed to do?
4 A car stopped at (by) the bus stop.
5 Can you give us a lift?
6 I looked at her in surprise.

Exercise 6

Do you remember how to say these in Polish?

1 I've already been waiting for 20 minutes.
2 I missed the bus/tram.
3 What time does the film start?
4 We've lived here for five years.
5 We must ask someone the way.

Unit Twelve

Dobrze, że pana widzę!

Just the person I want to see!

In this unit you will learn about:

- Saying what you will do – the perfective future
- Aspects and tenses – revision
- Saying 'whether . . . or' and 'either . . . or'
- How to say 'no one', 'nothing' and 'not anyone/anything'
- The accusative and genitive of personal pronouns
- How to say 'by/on my own' and 'together'
- Addresses and street names

Dialogue 1

Mam problemy z tym tłumaczeniem
I've got problems with this translation **(Audio 2:16)**

Neil Howard is having difficulties understanding the English translation of a report originally drafted in Polish. His colleague Stefan Wolski offers to help him.

NEIL   Dzień dobry. Dobrze, że pana widzę!
STEFAN   Tak? A co się stało?
NEIL   Mam problemy z tym tłumaczeniem, które dostałem
           wczoraj. Nie rozumiem o co chodzi. Tłumacz chyba nie
           przetłumaczył całego raportu.

STEFAN   Jeszcze nie widziałem tłumaczenia raportu. Ale mam w
         domu polską wersję.
NEIL   A czy mogę ją zobaczyć?
STEFAN   Mogę ją panu przynieść jutro do pracy.
NEIL   Niestety, nie wiem, czy mój polski jest tak dobry, żeby
         przeczytać cały raport i wszystko zrozumieć.
STEFAN   Mam pomysł. Czy ma pan wolny wieczór?
NEIL   Tak, nie zaplanowałem jeszcze niczego.
STEFAN   To zapraszam do nas na kolację. Potem razem
         przeczytamy ten raport. Teresa nam pomoże – ona dobrze
         tłumaczy.
NEIL   To wspaniale! Przyjadę do pana o siódmej. Czy ta godzina
         panu odpowiada?
STEFAN   Jak najbardziej.

Vocabulary

z tym (*instr.* of **to**)	with this
tłumaczenie	translation
dostawać/dostać	get, receive
tłumaczyć/przetłumaczyć	translate
czy mogę ją zobaczyć?	can I see it?
przynosić/przynieść	bring
mam pomysł	I've got an idea
planować/zaplanować	plan
niczego (*gen.* of **nic**)	nothing
do nas	to our house (*lit.* to us)
razem	together
przeczytamy	we will read
Teresa nam pomoże	Teresa will help us
to wspaniale!	that's fantastic!
przyjadę	I'll come
czy ta godzina panu odpowiada?	Is that time convenient for you?
jak najbardziej	most certainly, very much so

Language point

Saying what you will do - the perfective future

The perfective future expresses what you will do, what will happen or will be done. To form the future tense of perfective verbs use the present tense forms of imperfective verbs. Remember that the imperfective/perfective partners may belong to quite different conjugations, as for example, **kup-ować (-uję, -ujesz)/kupić (-ę, -isz)** 'to buy':

czekać	*kupować*	*iść*
poczekać	*kupić*	*pójść*
poczekam I'll wait	**kupię** I'll buy	**pójdę** I'll go
poczekasz	**kupisz**	**pójdziesz**
poczeka	**kupi**	**pójdzie**
poczekamy	**kupimy**	**pójdziemy**
poczekacie	**kupicie**	**pójdziecie**
poczekają	**kupią**	**pójdą**

Examples:

Przeczytamy to wieczorem.	We'll read it in the evening.
Teresa nam pomoże.	Teresa will help us.
Przyjdę/przyjadę o siódmej.	I'll come at seven.
Zadzwonię, kiedy wrócę.	I'll ring when I (will) get back.

To remind yourself of the present tense endings (which you now need to form the perfective future), go back to the relevant unit for that verb. The easiest way to find this is to refer to the grammar index at the end of the book.

Exercise 1

Rewrite the following, using the perfective future:

1 Co on mówi?
2 Kupiła bilet i wraca do domu.
3 Idziemy wieczorem do kina.
4 Kiedy on przyjechał?

5 Czy piszesz do Moniki?
6 Spotykamy się o siódmej.
7 Zrobiliśmy to razem.
8 Będę rozmawiał z nim jutro.

Exercise 2

Complete the following, using the future tense of the verbs in brackets (but note the aspect of the verbs given):

1 Teresa (wiedzieć) gdzie to jest.
2 Kolega (czekać) na pana na lotnisku.
3 One na pewno (zrobić) to jutro.
4 Jeszcze nie skończyliśmy pracy, (skończyć) jutro.
5 Przepraszam, ale nie (móc) przyjść.

Language point

Aspects and tenses reviewed

Learning, recognizing and understanding the different forms of a Polish verb is an important part of learning the language. To help you revise, here are some verbs you know in all their tenses – the present, the imperfective past and imperfective future; the perfective past and perfective future:

	Present	Past	Future
czekać *impf.*	czekam	czekałem (am)	będę czekać/czekał (a)
poczekać *pf.*	_____	poczekałem (am)	poczekam
pisać *impf.*	piszę	pisałem (am)	będę pisać/pisał (a)
napisać *pf.*	_____	napisałem (am)	napiszę
kupować *impf.*	kupuję	kupowałem (am)	będę kupować/kupował (a)
kupić *pf.*	_____	kupiłem (am)	kupię
mówić *impf.*	mówię	mówiłem (am)	będę mówić/mówił (a)
powiedzieć *pf.*	_____	powiedziałem (am)	powiem

To continue with the revision, look at these examples of how the different tenses above are used to say different things:

piszę do Marka	I'm writing to Mark
piszę do Marka często	I often write to Mark
pisałem do brata, kiedy ...	I was writing to my brother, when ...

pisałem co dzień	I used to write every day
będę pisał do Marka jutro	I'll be writing to Mark tomorrow
będę pisał co tydzień	I'll write (be writing) every week
napisałem to wczoraj	I wrote this yesterday
napiszę za tydzień	I'll write in a week's time

If you choose the wrong aspect or tense, then in most everyday situations a Pole will generally understand what you are trying to say. However, if you are involved in more complicated discussions, or if you want to interpret a text accurately, you have to take care and be alert to the differences.

Exercise 3

Translate the following:

1 We meet, go to a café and talk a long time over coffee (**przy kawie**).
2 I'll ring (call) you (*formal, sing.*) tomorrow.
3 He came in, said good morning and left.
4 I've invited Anna and Marek to dinner.
5 When do you (*formal, sing.*) normally (**zwykle**) finish work?
6 We were waiting. Why didn't you (*casual, sing.*) ring and (not) say that you wouldn't come?

Language points

Czy **and** albo

You know **czy** as a word to introduce a question. It is also used as a conjunction to ask/say 'whether (if)' and 'whether . . . or . . .':

Czy pan jest Anglikiem, *czy* Polakiem?
Are you English *or* Polish?

Marek pytał, *czy* kupiłeś bilety do teatru.
Marek was asking *whether (if)* you'd bought tickets to the theatre.

Nie wiem, *czy* mój polski jest tak dobry, żeby zrozumieć wszystko.
I don't know *whether (if)* my Polish is good enough (in order) to understand everything.

Nie wiem, *czy* pojechać na konferencję *czy* nie.
I don't know *whether* to go to the conference *or* not.

In 'either/or' statements, which involve two mutually exclusive possibilities, use **albo**:

***Albo* to jest prawda, *albo* nie.**
Either it's true or it's not.

Wieczorami czytam książki *albo* oglądam telewizję.
In the evenings I read books or watch television.

Co będziesz robić dzisiaj? – Nie wiem jeszcze. (*Albo*) będę w domu, *albo* pójdę do kina.
What are you going to be doing today? – I don't know yet.
(*Either*) I'll be at home *or* I'll go to the cinema.

Nikt **'no one'** – nic **'nothing'**

If you use 'no one' **nikt** (*gen.* **nikogo**) or 'nothing' **nic** (*gen.* **niczego**) in a sentence, or want to say 'not . . . anyone/anything', then you must also put **nie** before the verb:

***Nikt* nie przyszedł.**	No one came.
***Nic* o tym *nie* wiem.**	I don't know anything about it.
***Nie* zaplanowałem jeszcze *niczego*.**	I haven't planned anything yet.
***Nie* znam tu *nikogo*.**	I don't know anyone here.

Remember also:

***Nigdy nie* mam czasu.**	I never have time.
***Nic nie* szkodzi.**	It doesn't matter; that's all right.

The accusative and genitive of personal pronouns

It's time to go back to personal pronouns:

Nom.	ja I	ty you	on he	ona she	ono it
Acc.	mnie	ciebie, cię	jego, go (niego)	ją (nią)	je (nie)
Gen.	mnie	ciebie, cię	jego, go (niego)	jej (niej)	jego, go (niego)

Nom.	my we	wy you	oni they	one they
Acc.	nas	was	ich (nich)	je (nie)
Gen.	nas	was	ich (nich)	ich (nich)

- Where a personal pronoun has more than one form, use the short form, except after a preposition:

  Widziałem ją/go wczoraj.   I saw her/him yesterday.

- After a preposition use, where available, the forms in brackets; in the case of 'you' (singular) use the longer form **ciebie**:

  Zadzwonię do ciebie jutro.   I'll ring you tomorrow.
  Czy napisałaś do niego/   Have you written to him/to her?
  do niej?
  Czekam na nią/na nich.   I'm waiting for her/for them.

- When emphasis is required choose (if there is a choice) the longer form:

  Ją znam, ale jego nie   I know *her*, but I don't know
  (znam).   *him*.
  Kocham ciebie, a nie jego.   I love *you* (and) not *him*.

Remember that **on/ona** mean 'he/she' when referring to people, but 'it' when referring to things.

Exercise 4

Complete the following, using the correct form of the personal pronouns in square brackets, first one and then the other:

1 Spotkałem _____ w autobusie.   [on/ona]
2 Czy już napisałeś e-mail do _____?   [on/ona]

3 Zadzwonię do _____ jutro.   [ty/wy]

4 Czekaliśmy na _____ przed teatrem.   [oni/one]

5 Jan zaprosił _____ na kolację.   [ja/my]

 Dialogue 2

 Idziemy na imieniny   We're going to a name day party **(Audio 2:17)**

Monika rings Agnieszka to ask her what she's doing that evening. The telephone is answered by Agnieszka's mother.

MAMA AGNIESZKI	Słucham?
MONIKA	Dzień dobry. Mówi Monika Jankowska. Czy mogę rozmawiać z Agnieszką?
MAMA AGNIESZKI	Dzień dobry. Już proszę Agnieszkę.
AGNIESZKA	. . . Słucham. Tu Agnieszka.
MONIKA	Cześć Agnieszka! Tu Monika. Co robisz dziś wieczorem?
AGNIESZKA	Nie mam jeszcze planów, a czemu pytasz?
MONIKA	Idziemy do Piotra na imieniny. Chcesz też pójść?
AGNIESZKA	Bardzo chętnie. O której?
MONIKA	O ósmej, ale przyjedziemy po ciebie o wpół do ósmej.

AGNIESZKA	Dobrze. Będę gotowa . . . Och nie! Monika, poczekaj!
MONIKA	Co się stało?
AGNIESZKA	O wpół do ósmej nie mogę! Czekam na bardzo ważny telefon z Anglii o ósmej.
MONIKA	To może przyjedziesz sama? Podam ci adres. Masz coś do pisania?
AGNIESZKA	Tak. Możesz mówić.
MONIKA	Ul. Andromedy 12/5. To na osiedlu Kopernika. Mieszkanie na trzecim piętrze, na prawo od windy. Blok ma zielone drzwi. Trafisz?
AGNIESZKA	Na pewno.
MONIKA	To do zobaczenia.

Vocabulary

przyjedziemy po + *acc.* **ciebie**	we'll come for you
będę gotowa	I'll be ready
ważny telefon	important telephone call
sam(a)	by yourself *m.* (*f.*)
podam ci adres	I'll give you the address
masz coś do pisania?	have you something to write with?
osiedle	(housing) estate
na prawo od windy	to the right of the lift/elevator
blok	block of flats/apartment block
drzwi	(*pl.*) door
trafiać/trafić	find one's way (to somewhere)
na pewno	certainly, (for) sure

Cultural point

Imieniny

Poles traditionally celebrate their name day (**imieniny**) – the feast day of the saint after whom they were named – rather than their birthday (**urodziny**). Polish calendars, diaries and newspapers indicate whose name day is celebrated on any given day of the year.

Language points

Alone, oneself - together

> **sam -a -o** alone, oneself   **razem** together

Monika przyjedzie sama.	Monika will come on her own.
Sam to zrobiłem.	I did it myself.
Mieszkasz sam, czy razem z rodziną?	Do you live alone or with your family?
Idziemy wszyscy razem.	We're all going together.

Sam is also used to say 'the same':

Mieszkamy na tej samej ulicy.	We live on the same street.
Myślę to samo, co ty.	I think the same as you.
To wszystko jedno i to samo.	It's all one and the same thing.

Addresses

Here is a typical example:

imię i nazwisko	**Piotr Kawecki**
ulica, numer domu, numer	**ul. Andromedy 12/5**
mieszkania	[*or* **ul. Andromedy 12, m. 5**]
kod pocztowy, miasto	**04 – 320 Wrocław**

When addressing the envelope, unless to family or friends, add **Szanowny Pan, Szanowna Pani, Szanowni Państwo** before the

name. It is common practice to use the abbreviated forms – **Sz. Pan,
Sz. Pani, Sz. Państwo.**

If you want to tell someone the second line of the address above,
say the following:

ulica Andromedy dwanaście przez (= /) **pięć** *or*
ulica Andromedy dwanaście, mieszkania (numer) pięć

Although you don't live literally (out) on a street (**na ulicy**), but in a
house alongside it (**przy ulicy**), colloquial Polish uses both, but increasingly prefers **na**:

Na/przy której mieszkasz ulicy?   Which street do you live on?

However, when it comes to large companies or institutions, it is normal
to use **przy**:

Ministerstwo . . . jest przy ulicy. . . .
The Ministry (of) . . . is on . . . Street.

Street names

Names of streets, squares and so on are either:

- adjectives – often derived from the institution or occupation originally associated with them. For example, **ulica Szpitalna, ulica
  Szewska** = Hospital Street, Shoemakers' Street, or
- genitives of names of people and of historical events. For example,
  ulica św. (= świętego) **Jana**, 'St John's Street', **Aleja Solidarności**,
  'Solidarity Avenue', **Plac Niepodległości**, 'Independence Square'
  (= Avenue of Solidarity, Square of Independence).

Reading

Wakacje   Holidays **(Audio 2:18)**

Kiedy kończy się zima wielu Polaków zaczyna myśleć o wakacjach.
Kiedyś Polacy jeździli na wakacje nad Bałtyk, w Tatry, albo na Mazury,
teraz coraz częściej wyjeżdżają na ciepłe zagraniczne plaże. Biura

turystyczne organizują wiele ciekawych wyjazdów dla każdego i – co jest bardzo ważne – na każdą kieszeń. Dlatego wiele dzieci zamiast w Bieszczady pojedzie na obozy do Grecji, albo Bułgarii, a może też na wycieczkę szkolną do Londynu albo Paryża. Wiele rodzin będzie wypoczywać na włoskich albo hiszpańskich plażach. Wielu polskich turystów zwiedzi Francję, Niemcy, Włochy, Turcję. W poszukiwaniu przygód niektórzy trafią nawet do Meksyku, Indii lub Australii. Wszyscy zrobią setki zdjęć, a potem wrócą do pracy czy do szkoły. I przez następny rok będą wspominać i planować następne wakacje.

Vocabulary

kiedyś (*or* dawniej)	once, in the past
wyjeżdżać za granicę	go abroad
każdy	*adj.* each; every one
na każdą kieszeń	to suit everyone's pocket
obóz, *gen.* obozu	camp
wycieczka szkolna	school trip (*noun + adj.*)
wypoczywać/wypocząć	take a rest
zwiedzać/zwiedzić	visit (a place)
w poszukiwaniu przygód	in search of adventures
niektórzy	some people
lub/albo	or
robić/zrobić zdjęcie	to take a photograph
setki zdjęć	hundreds of photographs
następny	*adj.* next, following
wspominać/wspomnieć	remember, recall

Cultural point

Bałtyk/Morze Bałtyckie – Baltic/the Baltic Sea

Tatry – the Tatra Mountains, the highest range in the Carpathians, run along Poland's southern border with Slovakia. The main tourist, holiday and health resort is Zakopane.

Mazury – the Mazurian Lakes cover an extensive area in the north-east of Poland; scattered among forests and connected by a network of rivers and canals, they are particularly popular for their sailing and their rich and unique habitat.

Bieszczady – stretching along the south-east corner of Poland, the Bieszczady Mountains are one of the most attractive areas in the country.

Exercise 5

Say how the people below spend or plan to spend their holiday(s).

1 Adam loves the sea. In the past he used to go on his holidays to the Baltic. Now he often goes to Spain or Italy.
2 Every year (**co roku**) Dorota goes abroad in search of adventures. She takes hundreds of photographs.
3 Barbara and Zygmunt adore the Mazurian Lakes. There they can sail (**żeglować**), sunbathe and rest.
4 Zuzanna is going on a school trip to Berlin. She'll be there two weeks.
5 This year Mr Kowalski is not going on holiday. He'll be at home and he'll be watching television.

Exercise 6

Can you remember how to say the following in Polish?

1 That's great!
2 I've got an idea.
3 I'll come to get you (*sing. formal*) at eight.
4 Is this true or not?
5 We have the same dentist.
6 Have you something to write with?

Revise and consolidate 2

By now you might be feeling that learning a language like Polish is too much to cope with and that you might not be making the progress you had hoped for. But don't be disheartened. This is a common experience. The questions and exercises in this second revise and consolidate section deal mainly with what has been covered since Unit 6. Take your time, refer back to the units with any areas of uncertainty and you will be pleasantly surprised at how much you already know and remember.

Part A

1 Rewrite the <u>following</u> in the plural:

1 Mam <u>bilet</u> do kina.
2 To <u>jest Anglik</u>, a to <u>Niemiec</u>.
3 <u>Koleżanka studiuje</u> historię.
4 To <u>mój brat</u> i <u>moja siostra</u>.
5 Czytam <u>polską gazetę</u>.

2 People are always complaining about how this or that is 'too . . .'. To complete the following you need to choose the appropriate adjective (and make it plural) on the basis of the prompts given:

trudny mały krótki młody drogi

1 Wakacje są za _____ (you don't want to leave)
2 Bilety na operę są za _____ (if only you earned more)
3 Te buty 'shoes' są za _____ (your feet are too big)

4 Te ćwiczenia (*exercises*) są za _____ (no, they're easy)

5 Jesteście (*sister speaking to younger brothers*) za _____ (this film is for adults only)

(Audio 2:19)

3 Telling the time. Say the following times, as in the example:

Example: 07.05 a.m.
Jest siódma pięć/pięć po siódmej (rano).

1 08.30 a.m.
2 10.45 a.m.
3 06.20 p.m.
4 12.10 p.m.

Complete the following using the 24-hour clock:

5 Samolot odlatuje/przylatuje o _____ (11.40).

6 Mam pociąg do Wrocławia o _____ (13.25).

7 Możemy się spotkać między _____ (16.00) a _____ (18.00).

8 Kawiarnia jest otwarta od _____ (09.00) do _____ (22.00).

4 Saying where. Complete the following using **w** or **na**, as appropriate, and the correct form of the words in brackets:

1 Marek mieszka _____ (ulica Długa).

2 Co grają teraz _____ (kino)?

3 Naszego szefa nie ma dziś _____ (biuro). Jest _____ (konferencja).

4 Znaczki można kupić _____ (poczta).

5 Niemcy mieszkają _____ (Niemcy), a Włosi mieszkają _____ (Włochy).

(Audio 2:20)

5 Tell your Polish friend:

1 your daughter is ten years old and wants to be an actress
2 your son is seven and doesn't like going to school
3 your husband/wife is thirty-five
4 he/she has been thirty-five for five years now
5 your grandmother is ninety and loves American football

6 Say what (A) you were doing or used to do and (B) how things have changed:

A Translate:

1 I used to go to school by bicycle.
2 We often went to the seaside.
3 I lived there for two years.
4 Teresa has always liked to cook.
5 I've had a lot of work today and didn't have time for lunch.
6 She wrote to me every week.
7 We've known each other a long time.

B Dawniej/kiedyś (ja). . . .   Teraz (ja). . . .

1 played tennis   prefer to listen to music
2 went swimming   prefer to read or watch TV
3 had a lot of work   spend a lot of time with my family
4 everything was cheap   everything is very expensive
5 went to the cinema   watch films on DVD

7 Rewrite the following text using the past tense:

Chcę pojechać na dwa tygodnie do Włoch. Samolotem polecę do Rzymu. W Rzymie spędzę cztery dni. Zwiedzę to sławne miasto. Potem pojadę do Florencji. Spotkam się tam z moim przyjacielem Gino. Razem pojedziemy do Pizy, a potem do Wenecji. Będzie to prawdziwa przygoda. Do Polski wrócę pociągiem.

8 Rewrite the following using the <u>future tense imperfective</u>:

1 Czekamy na pana na lotnisku.
2 Mieszkam i pracuję w Berlinie.
3 Spotykamy się często.
4 Niestety, nie mogę przyjść jutro.
5 Kiedy macie czas?

9 Rewrite the following using the <u>future tense perfective</u>:

1 Jedziemy na wakacje nad morze.
2 Kiedy robisz zakupy?
3 Kończymy pracę i idziemy do domu.
4 Uczę się polskiego.
5 Kupuję gazetę i wracam do domu.

10 Complete the following using the correct form – accusative or genitive, as required – of the personal pronouns in brackets:

1 Znam _____ (on/ona) od dawna.
2 Czekałem na _____ (ty/wy). Co się stało?
3 Dlaczego nie zadzwoniłeś do _____ (ja/on)?
4 Widziałam _____ (oni/one) wczoraj.
5 Jak często piszesz do _____ (oni/ona)?

Part B

1 What important distinction does Polish make in the nominative plural of nouns and adjectives?
2 What is the plural of **profesor, pan, biznesmen**?
3 How do masculine nouns which end in **-a (kolega, dentysta)** decline in the singular and plural?
4 What is the meaning of **ktoś, coś, gdzieś**?
5 In each of the following lists find the word which *does not* fit:

    (a) **dwa**   (gazety, tygodnie, znaczki)
    (b) **dwie**   (kawy, banki, panie)
    (c) **dwóch**   (kotów, inżynierów, panów)
    (d) **pięć**   (bilety, miesięcy, lat)
    (e) **pięciu**   (Polaków, studentek, studentów)

6 Apart from having different personal endings how else does the past tense differ from the present?
7 In some cases personal pronouns appear in more than one form. For example, the accusative and genitive forms of **on** 'he' are: **go, jego, niego**. When do you use these forms?
8 Translate the following sentence to show how the choice of aspect changes the meaning:

    Pisałem/napisałem do niej.

9 If you wanted to change money, other than in a bank or hotel, what sign would you look for?
10 What are the words to use in Polish for (a) a public holiday (b) a religious holiday (feast day)?

11 What is the Polish for (a) birthday (b) name day?
12 If you're not feeling well which one of these people would be of most immediate help to you?

    kierowca, malarz, spawacz, lekarz, kucharz

13 An aeroplane does what?

    przyjeżdża, przychodzi, przylatuje

14 Fill in the blank: zima, wiosna, _____, jesień
15 Which of the following is not an item of food?

    owoce, pomidor, mięso, puszka, ryba

Part C (Audio 2:21)

Say it in Polish:

1 Does everyone speak English?
2 When are you (*friend*) going shopping?
3 I'm sorry I'm late.
4 I hope you (*mixed company, formal*) haven't been waiting for me.
5 I haven't read the newspaper yet. I haven't had the time.
6 We visited Paris, London and Rome and spent a week in Spain.
7 It's cold. We'll go home by taxi.
8 Where are you (*friend, male*) going to be waiting?
9 Will you (*formal, female*) be able to do this today?
10 What does she do for a living?
11 He's almost 20.
12 There's no need to worry.
13 Excuse me, I think I'm lost.
14 I don't know anyone here.
15 I'm beginning to understand Polish.

Unit Thirteen

Czy może mi pani pomóc?

Can you help me?

> ### In this unit you will learn about:
>
> - The dative case
> - Asking and saying 'why'
> - Parts of the body
> - Talking about your health
> - Writing to people and the vocative case
> - Numbers from 100
> - Dates

Dialogue 1

Okradli mnie! I've been robbed! **(Audio 2:22)**

Janet Watson has just been robbed – a street thief has snatched her handbag. She asks a woman passer-by to help her.

JANET	Przepraszam, czy może mi pani pomóc?!
KOBIETA	Co się stało?
JANET	Okradli mnie! Przed chwilą złodziej wyrwał mi z ręki torebkę! Nie wiem, co robić!
KOBIETA	Bardzo mi przykro. Czy zginęło pani coś ważnego?
JANET	Wszystko.

KOBIETA	To straszne! Musi pani pójść na policję. Pokażę pani, gdzie jest komisariat.
JANET	Bardzo pani dziękuję.

Na policji

POLICJANT	Dzień dobry. Co się stało?
KOBIETA	Tę panią ktoś okradł na ulicy.
POLICJANT	Rozumiem. Pani nazwisko?
JANET	Janet Watson.
POLICJANT	Proszę opowiedzieć dokładnie, co się stało.
JANET	Szłam do sklepu i nagle podbiegł do mnie młody mężczyzna. Wyrwał mi z ręki torebkę i uciekł.
POLICJANT	Co miała pani w torebce?
JANET	Paszport, karty kredytowe, komórkę i notes z adresami znajomych. Teraz nawet nie wiem, jak się z nimi skontaktować.
POLICJANT	Na pewno możemy pani pomóc znaleźć numer telefonu do znajomych, ale złodzieja może być trudno złapać. Dlatego proszę skontaktować się z bankiem i unieważnić karty, a potem poinformować ambasadę o kradzieży paszportu.
JANET	Czy to znaczy, że policja nie będzie szukać złodzieja?
POLICJANT	Oczywiście, że będzie, ale często takie sprawy trwają bardzo długo.
JANET	Rozumiem.

Vocabulary

złodziej wyrwał mi z ręki torebkę	a thief has snatched my bag from my hand
bardzo mi przykro	I'm so sorry
czy zginęło pani coś ważnego?	have you lost anything important?
to straszne!	that's terrible!
pokazywać/poka-zać -żę, -żesz	to show
komisariat	police station
tę panią ktoś okradł	someone's robbed this lady

dokładnie	exactly, precisely
podbiegł do mnie . . . i uciekł	he ran up to me . . . and ran off (*lit.* escaped)
komórka *colloq.*, **telefon komórkowy**	mobile, cellular telephone
notes	notebook
nawet	*adv.* even
z nimi (*instr.* of **oni/one** they)	with them
znajdywać/znal-eźć -jdę, -jdziesz	find
ła-pać -pię, -piesz/złapać	catch
dlatego	so, for that reason
informować/poinformować o	+ *loc.* inform about
kradzież	theft
unieważniać/unieważnić	cancel, invalidate
często takie sprawy trwają bardzo długo	such matters often take (*lit.* last) a very long time

Language points

The dative case

Although not as frequently used as some other cases, the dative appears in some very common constructions, particularly with personal pronouns.

Dative of nouns

Most masculine nouns in the dative end in **-owi**; a few end in **-u**:

student	**student-owi**	**brat**	**brat-u**
syn	**syn-owi**	**ojciec**	**ojc-u**
Polak	**Polak-owi**	**pan**	**pan-u**
Marek	**Mark-owi**		

For feminine nouns, the dative singular is the same as the locative singular, which you met in Unit 8, in other words: **-e** after a hard consonant, with accompanying spelling changes; **-i** after a soft consonant:

kobieta	**kobie-cie**	**babcia**	**babc-i**
matka	**mat-ce**	**pani**	**pan-i**
Monika	**Moni-ce**		
siostra	**siost-rze**		

Remember that masculine nouns like **kolega**, **turysta** behave, in the dative singular, like feminine nouns. So: **koledze**, **turyście**. In the dative, neuter nouns end in **-u**:

     dziecko   **dzieck-u**   **państwo**   **państw-u**

The dative plural of all nouns ends in **-om**:

     studentom, Polakom, panom, kobietom, paniom
        but take care: **braciom, dzieciom**

Dative of adjectives

In the dative singular, masculine and neuter adjectives have the ending **-emu**; feminine adjectives have the ending **-ej**. In the dative plural, the ending for all genders is **-ym** (**-im** after a soft consonant or *k*, *g*).

Nom. Sing.	Dative Masc./Neut.	Fem.	Plural
nowy	*nowemu*	*nowej*	*nowym*
drogi	*drogiemu*	*drogiej*	*drogim*
mój	*mojemu*	*mojej*	*moim*
twój	*twojemu*	*twojej*	*twoim*
ten	*temu*	*tej*	*tym*

Exercise 1

Give the dative singular and plural of the following:

     mój brat – twój kolega – nasz sąsiad – ten pan – młodsza córka

Language points

Dative of personal pronouns

ja	ty	on/ono	ona	my	wy	oni/one
mnie, mi	**tobie, ci**	**jemu, mu**	**jej**	**nam**	**wam**	**im**
		(niemu)	**(niej)**			**(nim)**

The use of the different forms of personal pronouns was explained in the previous unit.

Uses of the dative

- As the case of the indirect object, the dative is used for the recipient of an action – the person *to whom* something is given, said, shown or *for whom* something is bought. For example:

  Agata dała *Monice* twój adres.
  Agata gave Monika your address.

  Powiedział *mi/nam*, że przyjdzie jutro.
  He told me/us that he'd come tomorrow.

  Co pan kupił *żonie* na urodziny?
  What did you buy your wife for her birthday?

  Pokażę *ci* (*wam, panu, pani*), gdzie jest. . . .
  I'll show you where the . . . is.

Other common verbs requiring the dative include **dziękować/ podziękować** 'thank' (give thanks to someone), **pomagać/pomóc** 'help' (give help to someone), **pożyczać/pożyczyć** 'lend' (something to someone), **radzić/poradzić** 'advise', **życzyć** 'wish' (e.g. success to someone):

  Czy możesz mi/może mi pani pomóc?
  Can you help me?

  Bardzo ci (panu, pani) dziękuję za list.
  Thank you very much for your letter.

  Życzymy ci (wam, państwu) zdrowia, szczęścia i powodzenia.
  We wish you health, happiness and success.

Here are more examples, some from previous units:

Proszę mi mówić Maria.   Please call me Maria.
Uciekł mi autobus.   I missed the bus.

Czy mogę panu zadać kilka pytań?
Can I ask you a few questions?

Jestem ci (panu) bardzo wdzięczny/-a.
I'm (*m./f.*) very grateful to you.

- In impersonal constructions denoting states of being:

Zimno/gorąco mi (jest).
I'm cold/hot. (*lit.* to me it is cold/hot)

Bardzo mi/nam (jest) przykro.
I'm/we're so sorry.

Miło mi (jest) pana/panią poznać.
I'm pleased to meet you.

Trudno mi w to uwierzyć.
I find this difficult to believe.

Alternatively, you can say: **Jest mi zimno – Jest mi bardzo przykro** and so on. Incidentally, **przykro mi** expresses pity, sympathy or pained regret; **przepraszam**, as you know, is used to apologize or excuse oneself.
  Similarly:

Chce mi się pić/spać.
I'm thirsty/sleepy. (*lit.* to me it is wanting to . . .)

Brak mi (jest) czasu i pieniędzy.
I'm short of time and money.

To refer to the past/future in the above constructions with **być** use **było/będzie**. So: **zimno mi było/będzie – było/będzie mi zimno**.

- The dative is also used after the following prepositions – **dzięki** 'thanks to', **przeciw(ko)** 'against', **wbrew** 'contrary to', **ku** 'towards':

To wszystko dzięki tobie/niemu.
It's all thanks to you/him.

Nie mam nic przeciwko temu.
I've got nothing against that.

To jest wbrew przepisom.
This is contrary to the rules.

Ku końcowi miesiąca.
Towards the end of the month.

Exercise 2

This is what happened to Janet Watson. Unfortunately all the sentences got jumbled. Can you put them in the correct order?

a. Janet Watson podeszła do kobiety na ulicy.
b. Złodziej podbiegł do niej.
c. Janet Watson dokładnie opowiedziała przykrą historię.
d. Janet poprosiła ją o pomoc.
e. Janet Watson szła ulicą.
f. Policjant zadał Janet Watson kilka pytań.
g. Złodziej uciekł.
h. Kobieta poszła z Janet na komisariat.
i. Policjant poradził Janet, co ma zrobić.
j. Złodziej wyrwał jej torebkę z ręki.

1	2	3	4	5	6	7	8	9	10
e									

Exercise 3

Say what happened and what you/other people did:

1 In the morning you helped your sister to write a letter to her aunt in Poland.
2 Piotr showed a group (**grupa**) of English tourists where the National Museum is. They thanked him and gave him a map of London.
3 We wanted to go to the cinema but missed the bus and were late.
4 Your brother has a new girlfriend. He wanted to buy her flowers for her name day but he didn't have any money so (**więc**) you lenthim 20 zł.
5 In the evening the director rang you. He told you that he was very sorry but that such matters often take a very long time.

Language point

Asking and saying 'why'

Dlaczego nie przyszedłeś/nie kupiłeś biletów na koncert?
Why didn't you come/buy tickets for the concert?

Nie przyszedłem, *bo* miałem dużo pracy.
I didn't come because I had a lot of work.

Nie kupiłem biletów, *dlatego że* biletów już nie było.
I didn't buy the tickets because there weren't any tickets left.

Ponieważ było późno, pojechaliśmy do domu taksówką.
Since it was late we went home by taxi.

Nie miałem twojego adresu i *dlatego* nie napisałem.
I didn't have your address and that's why I didn't write.

The difference between **bo** and **dlatego że/ponieważ** is the difference between the colloquial 'because, 'cos' and the more formal/emphatic 'because, for the reason that, on account of the fact that'.

Dialogue 2

Nie czuję się zbyt dobrze   I don't feel too well
(Audio 2:23)

Wojtek is not looking or feeling too well. After asking him a few questions Agnieszka has diagnosed the problem.

AGNIESZKA	Co ci jest? Źle wyglądasz.
WOJTEK	Nie wiem, nie czuję się zbyt dobrze. Raz mi zimno, raz mi gorąco. Mam dreszcze.
AGNIESZKA	Masz temperaturę?
WOJTEK	Chyba jeszcze nie, ale nie jestem pewien. Myślisz, że się przeziębiłem?
AGNIESZKA	Może, chociaż za oknem taka piękna pogoda, że trudno mi w to uwierzyć. A boli cię żołądek?
WOJTEK	Teraz już nie tak bardzo, ale rano mnie bolał. I wczoraj też.

AGNIESZKA	A może coś zjadłeś?
WOJTEK	Wczoraj nic nie jadłem oprócz tej twojej sałatki z lodówki.
AGNIESZKA	Sałatki?! O nie! Ona stała tam chyba od dwóch (2) tygodni! Musisz pójść do lekarza.
WOJTEK	Ale po co? Już mi lepiej . . . O, nie! Znowu mi niedobrze . . .

U lekarza

LEKARZ	Co panu dolega?
WOJTEK	Panie doktorze, zjadłem nieświeżą sałatkę z majonezem.
LEKARZ	Rozumiem. To nic poważnego, ale proszę przez kilka dni przestrzegać diety: jeść dużo owoców i warzyw. Przepiszę panu krople na żołądek i tabletki, które proszę brać raz dziennie przez pięć dni.
WOJTEK	Dziękuję.

Vocabulary

źle wyglądasz	you don't look well
nie jestem pewien/pewna	I'm not sure *m./f.*
chociaż	(al)though
za oknem taka piękna pogoda	it's such beautiful weather outside (the window)
wierzyć/uwierzyć	believe
nie tak bardzo	not so much
a może coś zjadłeś?	maybe it's something you ate?
oprócz	apart from
lodówka	fridge, refrigerator
st-ać -oję, -oi	stand, be standing
znowu	again
nieświeży	*lit.* not fresh
to nic poważnego	it's nothing serious
przestrzegać (+ *gen.*) **diety**	keep to a diet
przepiszę	I'll prescribe
krople	drops
proszę brać raz dziennie przez pięć dni	take one daily for five days

Language points

Ciało człowieka 'the human body'

głowa	head	**ręka,** *pl.* **ręce**	hand(s)
twarz	face	**palec,** *pl.* **palce**	finger(s)
nos	nose	**łokieć,** *pl.* **łokcie**	elbow(s)
oko, *pl.* **oczy**	eye(s)	**ramię,** *pl.* **ramiona**	arm(s)
ucho, *pl.* **uszy**	ear(s)	**noga**	leg
usta (*pl.*)	mouth	**kolano**	knee

Talking about how you feel

To make a general enquiry:

Jak się czujesz (pan/pani czuje)?	How do you feel?
Co ci jest?	What's the matter with you?
Co panu/pani dolega?	What seems to be the trouble?
Gdzie pana/panią boli?	Where does it hurt?

 (Audio 2:24)
To say how you feel:

Nie czuję się zbyt dobrze.	I don't feel too well.
Czuję się dobrze/źle.	I feel well/unwell.
Przeziębiłem się.	I've got (caught) a cold.
Raz mi zimno, raz gorąco.	First I'm cold, then I'm hot.
Mam temperaturę/gorączkę.	I've got a temperature/a fever.
Mam dreszcze.	I've got the shivers.
Mam grypę.	I've got the flu.
Boli mnie głowa, żołądek.	I've got a headache, stomach-ache.
Boli mnie noga, gardło.	My leg, throat hurts.
Bolą mnie oczy, uszy.	My eyes, ears hurt.
Już mi lepiej.	I'm better now.

Boli, bolą are the third-person singular, plural forms of **boleć** 'to hurt, ache'. Their past tense forms are **bolał -a -o** (sing.) and **bolały** (pl.). You are unlikely to meet forms other than these.

Normally, when a Polish verb is negated the direct object (the accusative) is replaced, as you know, by the genitive; **boleć** is an exception to this rule. So:

Boli mnie głowa.   Nie boli mnie głowa.

Exercise 4

What do you say

1 if you're sleepy?
2 if you're very grateful (*to your friends*)?
3 to express sympathy for someone's bad luck?
4 if you've got a temperature and are not feeling too well?
5 to ask a friend why she didn't write to you?
6 if your friend's got flu and it's nothing serious?

Language point

Writing to people

Ania and Wojtek, who are touring England, send a postcard to their friend Kasia.

York, 14 maj 2000 r.	
Cześć Kasia!!	
Spędziliśmy dwa cudowne dni w przepięknym Yorku.	*Kasia Kowalska*
Wszystko jest fantastyczne: ludzie serdeczni i gościnni,	*ul. Główna 12/3*
czarujące domki z wąskimi uliczkami pomiędzy nimi	*45–789 Suwałki*
... i pyszne jedzenie! Pogoda była wspaniała, zrobiliśmy	*Poland/Polska*
więc mnóstwo zdjęć. Resztę opowiemy Ci po naszym	
powrocie!	
Pozdrawiamy serdecznie,	
Ania i Wojtek	

Vocabulary

cudowny	wonderful
przepiękny	most beautiful
ludzie serdeczni i gościnni	the people (are) warm and hospitable
czarujące domki	charming little houses
z wąskimi uliczkami	with narrow little streets
pyszne jedzenie	delicious food
zrobiliśmy mnóstwo zdjęć	we took lots of photographs
resztę	the rest
powrót	return

Tomasz, a third-year student of marketing and management at the Institute of Macroeconomics, University of Silesia, is in hospital following a car accident. He writes to the Pro-Rector with a request to defer his examinations from June until September. The style is formal and stylized, as you will see from the literal English translation which follows.

Katowice, dnia 1 czerwca 2010 r.

Tomasz Malczarek
Student 3 roku Marketingu i zarządzania
Instytut Makroekonomii

Pan prorektor Uniwersytetu Śląskiego
prof. dr hab. A. Niewiadomski

Szanowny Panie Profesorze,

Zwracam się do Pana z uprzejmą prośbą o przesunięcie terminu mojega egzaminu z dnia 20 czerwca 2010 na wrzesień 2010. Ze względu na niedawny wypadek samochodowy w chwili obecnej przebywam w szpitalu i opuszczę go dopiero w miesiącu lipcu. Dlatego też nie będę mógł stawić się na czerwcowy egzamin. Proszę o pozytywne rozpatrzenie mojej prośby.

Z poważaniem,
Tomasz Malczarek

Literal translation
Esteemed Professor,
I am turning to you with a polite request about moving the date of
my examination from the day of the 20th of June 2010 to September
2010. On account of a recent car accident I am at present staying in
hospital and will leave it only in the month of July. Therefore I will not
be able to present myself for the June examination. I ask for a positive consideration of my request.

With respect,
Tomasz Malczarek

Jan Zborowski confirms by email the arrangements for the next day's
meeting (note: most emails in Polish will not use Polish letters so
words will appear without accents, as in the address/subject panel
below).

Do:	▣ a.stasiuk@komputer_swiat.com.pl
Cc:	▣
Bcc:	▣
Temat:	▣ przyjazd do Wroclawia

Dzień dobry,
Chciałem potwierdzić, że zgodnie z wcześniejszą
rozmową telefoniczną, będę jutro rano we
Wrocławiu na spotkaniu dotyczącym sprzedaży
naszych komputerów przez Komputer Świat.
Do zobaczenia,
Jan Zborowski

 Vocabulary

potwierdzić	confirm
zgodnie z + *instr.*	in accordance with
wcześniejszy	earlier
dotyczącym sprzedaży	regarding the sale
przez	by

Language points

Writing a letter, postcard, note

You can begin a letter in a number of ways, depending on the intimacy of the relationship:

formal	**Szanowny Panie!** (to a man)
	Szanowna Pani! (to a woman)
formal + title	It is common courtesy to add a person's title:
	Szanowny Panie Profesorze/Dyrektorze!
	Szanowna Pani Profesor/Dyrektor!
to colleagues	**Drogi Panie Adamie! – Droga Pani Ewo!**
to close friends,	**Drogi Marku! – Droga Agnieszko!** *or*
family	**Cześć Peter! Cześć Kasia!**
affectionate	**Kochany Stefanie! – Kochana Mamo!**

A note you leave someone may just start and end with names, or it might start with a simple **Dzień dobry!/Dobry wieczór!** Even when writing to friends it is the convention to write the word for 'you' (**Pan**, **Pani**, **Ty** and so on) with a capital letter.

A letter may end formally or informally, as appropriate:

formal	**Z poważaniem**
	Yours faithfully (*lit.* With respect)
	Z wyrazami szacunku
	With expressions of respect
friendly	**Proszę pozdrowić Monikę**
	Say hello to Monika
more friendly	**Pozdrawiam serdecznie**
	Best wishes (*lit.* I greet you warmly)
affectionate	**Całuję**
	With love (*lit.* I kiss you)

The vocative case

The vocative case is only used when addressing someone, as in the second dialogue – **Pan*ie* doktor*ze*, zjadłem nieświeżą sałatkę . . .**, or in letters.

- Masculine singular nouns take the same endings in the vocative as in the locative (see Unit 8):

    Drogi Janie, Piotrze, Marku! *but* **Drogi Panie!, Kochany Tato!** 'Dear Dad!'

- Feminine singular nouns take the ending **-o**:

    Droga Agnieszko, Ewo! Kochana Mamo! *but* **Kochana Pani!**

- Shortened or pet forms of Polish Christian names, such as Basia (Barbara), Kasia (Katarzyna), Ania (Anna), Adaś (Adam), take the ending **-u**:

    Droga Basiu, Kasiu, Aniu, Adasiu!

Note

Friends, even when writing, very often prefer the nominative: **Cześć Kasia! Dzień dobry Marek!**

With job titles that apply to both men and women (**profesor**, **dyrektor**, **minister**, for example), you use their vocative form when addressing a man (**Szanowny Panie Profesorze**) but the nominative when addressing a woman (**Szanowna Pani Profesor**).

The vocative plural of nouns and adjectives is the same as their nominative plural. Some common forms of address you will meet in the plural include: **Szanowni/Drodzy Państwo** (to a man and woman) – this is also one way of saying 'Ladies and Gentlemen', and to close friends – **Moi Drodzy! Kochani!**

Exercise 5

Write a letter to a Polish friend telling him/her what you did last weekend or on holiday. You should try to use some of the expressions in this unit, and earlier units, but of course you are free to say whatever you like.

Language points

Numbers from 100 (Audio 2:25)

For cardinal numbers 1–100 see Unit 7: take this opportunity to remind
yourself about the use of numbers in Polish, in particular about which
case of the noun to use after a number (*nom.* and *gen.* given here)
and the different form of the number when referring to men or mixed
groups of people (Unit 9):

100	sto	stu	1 000		tysiąc -a
200	dwieście	dwustu			*pl.* tysiące,
300	trzysta	trzystu			tysięcy
400	czterysta	czterystu	2 000		dwa tysiące
500	pięćset	pięciuset	5 000		pięć tysięcy
600	sześćset	sześciuset			
700	siedemset	siedmiuset	1 000 000		milion -a
800	osiemset	ośmiuset			*pl.* miliony,
900	dziewięćset	dziewięciuset			milionów

The genitive endings above (100–900) are for counting men or mixed
groups of men and women.

Dates

Dates are expressed using the ordinal numbers (see Unit 8), as in
English, but note that the number and month are in the genitive:

Którego jest (*or* mamy) dzisiaj?   What's the date today?
Dwudziestego drugiego maja.   The 22nd of May.
Czwartego lipca.   The 4th of July.

Dzisiaj jest środa (mamy środę) czternastego kwietnia.
Today is (we have) Wednesday (of) the 14th of April.

But in colloquial, informal language you will also hear: **czternasty
kwiecień, czwarty lipiec.**

The same rules apply to dates that include the year – **rok** (abbreviated as **r.**). Remember, however, that in compounds over 100 only
the last two numbers are ordinals and, therefore, affected by case:

Katowice, dnia *1 czerwca 2010 r.* = **Katowice, dnia *pierwszego czerwca dwa tysiące dziesiątego roku.***

The inclusion of **dnia** 'of the day of' is typical of official letters, which tend to use the month.day.year form (as in North America). The more usual style is (day.month.year): **Katowice, 1 czerwca (czerwiec) 2010 r.** or simply 1.06.10.

Here are some more examples with the year 2000 – **rok dwa tysiące** *or* **rok dwutysięczny** *lit.* 'the two thousandth year':

14 May 2000	**czternastego maja dwutysięcznego roku** (*or* **roku dwa tysiące**); **czternasty maj dwa tysiące**
4 August 2001	**czwartego sierpnia dwa tysiące pierwszego roku; czwarty sierpień dwa tysiące pierwszy** (*or* **dwa tysiące jeden**) The form **dwa tysiące jeden** for '2001' was used in „**Odyseja kosmiczna dwa tysiące jeden**" – in English, *2001 – A Space Odyssey.*

- To say when something happened, use the forms with the genitive:

  Urodziłem się trzeciego maja. I was born on the 3rd of May.

- If you want to give the day of the week (see Unit 6) use **w** + *acc.*: **w poniedziałek, we wtorek, w środę** 'on Monday, Tuesday, Wednesday'. To add the month (see Unit 8) or year use **w** + *loc.*, for example:

  Urodziłem się w styczniu (January)/**w tysiąc dziewięćset osiemdziesiątym piątym roku** (1985) or, simply, **w osiemdziesiątym piątym roku.**

  Wybory (the elections) **będą w dwutysięcznym (pierwszym, drugim ...) roku.**

Exercise 6

In the following, write out the numbers and dates in full:

1 450 kilometrów – 200 studentów – 312 dolarów
2 Mieszkamy tu od (+ *gen.*) 1980 roku.
3 Pracowałem w Polsce od 1997 do 2000 roku.
4 Kolumb odkrył (*discovered*) Amerykę w 1492 r.
5 Będziemy w Londynie między (+ *instr.*) 15 a 25 grudnia.

Exercise 7

This is a quick revision exercise based on examples taken from the dialogues:

1 What would you/they say if the person robbed/going to the shop had been a man?

   (a) tę panią ktoś okradł na ulicy (the woman tells the policeman)
   (b) szłam do sklepu (explains Janet)

2 „Panie doktorze" – says Wojtek in addressing the doctor. What would he have said if the doctor had been a woman?

Unit Fourteen
Nie przeszkadzaj mi!

Don't bother me!

In this unit you will learn about:

- Telling people to do things – the imperative
- Saying 'one's own'
- More uses of **żeby**
- Saying 'when', 'as soon as'
- **No – to – dobrze** in more detail
- Expressing polite wishes, requests

Dialogue 1

Pożycz mi swój odtwarzacz MP3
Lend me your MP3 player **(Audio 2:26)**

Wojtek finds his sister listening to music in his room.

WOJTEK Dorota! Co ty tu robisz?!
DOROTA Słucham muzyki.
WOJTEK Coś podobnego! To jest mój pokój. Idź stąd!
DOROTA Ale chciałam posłuchać tej nowej płyty.
WOJTEK A co się stało z twoim discmanem?
DOROTA Nie wiem, nie działa.
WOJTEK To zanieś go do naprawy. Ja mam dzisiaj dużo pracy,
        więc bądź tak miła i idź do swojego pokoju . . . i nie
        przeszkadzaj mi!

DOROTA   Skoro masz tak dużo pracy, to pożycz mi swój odtwarzacz
          MP3. I tak nie będziesz teraz niczego słuchał.
WOJTEK   No, dobrze. Ale przynieś mi go z powrotem, jak skończysz!
          Nie zapomnij!
Po 10 minutach
DOROTA   Wojtku . . .
WOJTEK   Mówiłem, żebyś mi nie przeszkadzała! Naprawdę jestem
          bardzo zajęty.
DOROTA   Ale . . .
WOJTEK   Co się stało?
DOROTA   Twój odtwarzacz . . .
WOJTEK   Tak?
DOROTA   On nie działa.
WOJTEK   Ale działał przed chwilą.
DOROTA   Właśnie. Nie wiem . . .
WOJTEK   Nie chcę tego słuchać! Discman nie działa, teraz mój
          odtwarzacz nie działa. Weź i zanieś je do naprawy!
DOROTA   No, dobrze, ale daj mi pieniądze!
WOJTEK   Żartujesz! Chyba się przesłyszałem. Zepsułaś mój
          odtwarzacz, a ja mam za to płacić?
DOROTA   No, to pożycz mi pieniądze. Oddam ci w przyszłym
          tygodniu.
WOJTEK   Tak lepiej. Tylko nie zapomnij!

Vocabulary

coś podobnego!	really! I don't believe it!
pok-ój -oju	room
idź stąd!	get out of here!
płyta	record, disk
płyta kompaktowa, *colloq.* **kompakt**	compact disk (CD)
nie działa	it's not working
to zanieś go do naprawy	then take (*lit.* carry) it to be repaired
bądź tak miła	be so kind
idź do swojego pokoju	go to your (own) room
skoro	since, seeing that

i tak	(*here*) in any case, anyway
no, dobrze	well, all right (OK)
przynieś mi go z powrotem	bring it back to me
jak skończysz	when you finish
mówiłem, żebyś mi nie przeszkadzała	I said you were not to bother me
naprawdę	really, truly
przed chwilą	a moment ago
daj/pożycz mi pieniądze	give/lend me some money
żart-ować -uję, -ujesz	to joke
chyba się przesłyszałem	I think I misheard (you)
psu-ć -ję, -jesz/zepsuć	(*here*) damage, break
płac-ić -ę, -isz/zapłacić za	pay for
w przyszłym tygodniu	next week
tak lepiej	that's better

Language points

Telling people to do things – the imperative

You have met a number of examples of the imperative in earlier units. This is the form of the verb used among friends to ask them to do something or to give instructions.

Formation of the imperative

Regular verbs ending in **-ać** drop the final letter of the third person plural of the present tense (*imperf. verbs*)/future tense (*perf. verbs*)*:

czytać/przeczytać*	(prze)czytają	*(prze)czytaj!*	read!
czekać/poczekać*	(po)czekają	*(po)czekaj!*	wait!
słuchać/posłuchać*	(po)słuchają	*(po)słuchaj!*	listen!
pytać/zapytać*	(za)pytają	*(za)pytaj!*	ask!
pamiętać	pamiętają	*pamiętaj!*	remember!
uważać	uważają	*uważaj!*	take care!

The imperative of most other verbs is formed by dropping the final letter of the third person singular present tense/future perfective*:

iść	idzie	*idź!*	go!
mówić	mówi	*mów!*	speak!
patrzeć/popatrzeć*	(po)patrzy	*(po)patrz!*	look!
uczyć się/ nauczyć się*	(na)uczy się	*(na)ucz się!*	learn!
dzwonić/zadzwonić*	(za)dzwoni	*(za)dzwoń!*	ring!
myśleć/pomyśleć*	(po)myśli	*(po)myśl!*	think!
dziękować/ podziękować*	(po)dziękuje	*(po)dziękuj!*	thank!
kupować/kupić*	kupuje/kupi	*kupuj!/kup!*	buy!
pisać/napisać*	(na)pisze	*(na)pisz!*	write!
pomóc*	pomoże	*pomóż (mi)!*	help (me)!

Notice the spelling changes: **dzi(e)** and **ni** become **dź, ń**; similarly **si, zi, ci** would become **ś, ź, ć**. Note also o → ó in **pomóż**.

The imperative of some verbs is formed irregularly, or deviates from the above rules. The most common examples are:

być	*bądź!*	be!	zapomnieć*	*zapomnij!*	forget!
mieć	*miej!*	have!	powiedzieć*	*powiedz (mi)*	tell (me)!

brać/
  wziąć*
	*bierz!/
	  weź!*
		take!	dawać/
			  dać*
				*dawaj!/
				  daj!*
					give!

The imperfective verbs **pomagać** 'help' and **zapominać** 'forget' form their imperative like all other regular -**ać** verbs. So: **pomagaj! – zapominaj!**

- If you are addressing a command or request to more than one person, add -**cie** to the forms above: **poczekajcie! – posłuchajcie! – zapomnijcie!**
- To say 'Let's ... (do something)' add -**my**, for example: **Posłuchajmy, co on mówi** 'Let's listen to what he's saying', **Pomyślmy o tym** 'Let's think about this'.

🔍 Did you notice?

Another way you can form the imperative of regular -**ać** (-**am**, -**asz**) verbs is by removing -**ć** from the infinitive and adding -**j**; in the case of verbs whose infinitives end in **-ić**, **-yć** or **-(i)eć** simply by removing this suffix. But take care – there are always exceptions!

Choice of aspect in the imperative

Most positive commands, requests and instructions to do something use perfective verbs:

Zadzwoń do mnie jutro.	Ring me tomorrow.
Pożycz mi pieniądze.	Lend me some money.
Powiedz nam gdzie byłeś.	Tell us where you've been.
Zróbcie to dzisiaj.	Do this today.

The perfective is not uncommon in advertising, as you might expect: **Odkryj smak swobody** 'Discover the taste of freedom' – or **Poczuj różnicę po 7 dniach** 'Feel the difference after 7 days'.

However, to tell someone to keep doing something now, in principle or on a regular basis, then the imperfective is used:

Uczmy się polskiego.	Let's learn Polish.
Pamiętaj o tym.	Remember about this (keep it in mind).
Pij dużo wody.	Drink a lot of water.

In a few examples the use of the imperfective imperative makes for a 'please do . . .' invitation, as in: **Proszę, siadajcie** 'Do please sit down' or **Proszę, częstujcie się** 'Do please help yourselves' (to whatever you as a host are offering your guests).

Negative commands (advising people against doing something) are imperfective:

Nie przeszkadzaj mi.	Don't bother me.
Nie mów/nie myśl o tym.	Don't talk/think about it (this).
Nie róbcie tego.	Don't do that.

Nie zapomnij (*perf.*), a warning (against something that might happen) rather than a command, is an exception to the rule. Compare English 'Mind you don't forget'.

Remember that some verbs – **być** and **mieć** are two obvious examples – can only ever be imperfective: **bądź tak miły/miła i . . .** 'be so kind (*m./f.*) and . . .'; **miejmy nadzieję, że on przyjdzie** 'let's hope (that) he'll come'.

If you don't know the imperative form you can always use **proszę** + the infinitive: **proszę zadzwonić/poczekać, proszę mi nie przeszkadzać, proszę nie mówić o tym.**

Saying 'go!'/'let's go' and 'come (on)!'

To say 'Go!' Polish uses the imperfective imperative forms of **iść** and **jechać**:

Idź (idźcie) do domu.	Go home.
Idź prosto, a potem	Go straight ahead and then turn
skręć w lewo.	left.
Nie jedź tak szybko.	Don't drive so fast.

Note also: **Idź stąd!** 'Get out of here!'
To say 'Let's go!' (on foot) requires, oddly enough, the imperative form of **chodzić**:

Chodźmy na spacer/	Let's go for a walk/to the
do kina.	cinema.

But if transport is involved then use **jechać: Jedźmy na weekend za miasto** 'Let's go out of town for the weekend'.
To say 'Come (on)!' also requires **chodzić**:

Chodź tu! – Chodź ze mną! Come here! – Come with me!

Note that other (prefixed) verbs of motion, for example **przychodzić/przyjść** 'come, arrive', follow the general rules explained previously. So:

Przyjdź jutro o ósmej.	Come tomorrow at 8.
Nie przychodź tak późno.	Don't come (keep coming) so late.

 ## Exercise 1

Complete the following, using the correct imperative form of the verb in square brackets:

1 Nie lubię tego programu. – To (then) nie [oglądać (watch)] go.
2 Mamy dzień wolny. [Jechać (my)] na wycieczkę nad morze.
3 Kiedy będziecie w Krakowie, [zadzwonić] do nas.
4 Jest już późno. [Chodzić (my)] do domu.
5 To bardzo daleko stąd. – [Wziąć (ty)] taksówkę.

Exercise 2

Address the following requests to a friend, using the imperative:

1　Proszę pomyśleć o tym.
2　Proszę mu o tym powiedzieć.
3　Proszę kupić bilety.
4　Proszę zapytać Dorotę.

Exercise 3

Now tell your friend *not to do* the things you asked him/her to do in the exercise above. Remember that in a negated statement or command the noun (unless its case is already determined by a verb or preposition) appears in the genitive.

Language points

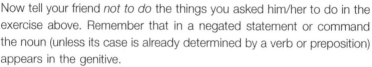

Saying 'one's own'

swój, swoja, swoje　　*pl.* **swoi, swoje**

The possessive adjective **swój** (declined like **mój** and **twój**) always refers to the subject of the sentence:

Idź do swojego pokoju.　　Go to your (own) room.
Pożycz mi swoją książkę.　　Lend me your book.
Mam swoje mieszkanie.　　I've got my own flat.

When working from English into Polish, take particular care not to confuse **swój** with **jego**. It could be embarrassing:

Kocha swoją żonę.　　He loves his (own) wife.
Kocha jego żonę.　　He loves his (someone else's) wife.

More uses of żeby

You met **żeby** + *infinitive* in clauses of purpose (Unit 10) to say 'in order to, so as to':

Jedziemy do USA, żeby zobaczyć Wielki Kanion.
We're going to the USA to see the Grand Canyon.

Jane pojechała do Polski, żeby nauczyć się polskiego.
Jane's gone to Poland to learn Polish.

Note that when you use **żeby** + *infinitive* the subject of both clauses must be the same. However, to express a wish that someone else do something or that something should be done (in other words when the subject of the subordinate clause is not the same as that of the main clause), you need to use the following:

żebym (ja)	**żebyśmy** (my)	⎫ + 3rd person sing./
żebyś (ty)	**żebyście** (wy)	⎬
żeby (on, ona, ono)	**żeby** (oni, one)	⎭ pl. past tense of the verb

Mówiłem, żebyś mi nie przeszkadzał(a).
I said (that) you were not to bother me.

Dyrektor proponuje, żebym nauczył(a) się rosyjskiego.
The director suggests that I learn Russian.

Monika prosiła, żebyśmy zadzwonili (zadzwoniły) do niej.
Monika asked that we ring her.

In colloquial Polish **żeby** (occasionally you will also meet it as **ażeby**) is often replaced by **aby** or **by**; similarly **(a)żebym, (a)żebyś** and so on, become **(a)bym, (a)byś** . . .

Future time clauses – 'when', 'as soon as'

kiedy or **gdy** (*colloq.* **jak**) when   **jak tylko** as soon as

Przyjdę, gdy skończę pracę.
I'll come when I've finished work.

Powiem ci, kiedy się spotkamy.
I'll tell you when we meet.

Przynieś mi go z powrotem, jak skończysz.
Bring it back to me when you finish.

Zadzwonię, jak tylko wrócę do domu.
I'll ring as soon as I get home.

Note that in 'when, as soon as' clauses, Polish, unlike English, uses the future tense (perfective): 'I'll come when I will have finished work'. These clauses can also precede the main clause – often with to 'then' at the head of the second clause: **Jak tylko wrócę do domu, to zadzwonię.**

Exercise 4

Complete the following, using **żebym, żebyś** and so on, and the prompts given:

1 Monika prosiła nas, _____ (to come at seven).
2 Wojtek prosi Dorotę, _____ (to lend him some money).
3 Powiedziałem koledze, _____ (to go to the kiosk and buy *Newsweek*).
4 Dyrektor chce, _____ (that we finish this today).
5 Mówiłem mu, _____ (to ring me as soon as he gets home).

Language point

More about no – to – dobrze

These three useful words have appeared on quite a number of occasions. Here is a quick review of their uses, with examples old and new:

No to do zobaczenia.	(Well) see you later then.
No to co?	(Well) so what?
No, to pożycz mi pieniądze.	Well, lend me some money then.
To (jest) mój pokój/moja siostra.	This is my room/my sister.
To (są) nasi sąsiedzi.	These are our neighbours.
No, dobrze, ale . . .	Well, all right but. . . .
Mówisz dobrze po polsku.	You speak Polish well.
Nie wiem, czy dobrze zrozumiałem.	I don't know if I've understood correctly.

Note also:

Zadzwoń jutro, dobrze?	Ring tomorrow, OK?

Dialogue 2

Niech się pan nie przejmuje!   Don't worry!
(Audio 2:27)

Stefan Wolski has spent the weekend writing a report for the
director but, without a missing page of facts and figures, was
unable to complete it. His secretary comes to his aid.

STEFAN	Dzień dobry pani Zosiu.
SEKRETARKA	Dzień dobry. Jak minął panu weekend?
STEFAN	Fatalnie. Przez cały czas pisałem sprawozdanie dla dyrektora, ale nie udało mi się go skończyć. Myślę, że zgubiłem ostatnią kartkę z danymi. Dyrektor mnie zabije!
SEKRETARKA	Niech się pan nie przejmuje!
STEFAN	Jak ja się mogę nie przejmować! Co ja mam teraz zrobić?
SEKRETARKA	Niech pan chwileczkę poczeka. Proszę usiąść, a ja poszukam. Może mam gdzieś fotokopię tych danych.
STEFAN	Pani Zosiu, pani jest aniołem!
SEKRETARKA	Niech pan przestanie, bo powiem pańskiej żonie, że pan ze mną flirtuje! Czy to ta kartka?
STEFAN	Tak, właśnie tej kartki mi brakuje.
SEKRETARKA	Zrobię panu kopię. Proszę.
STEFAN	Cudownie! Teraz muszę tylko jeszcze raz sprawdzić dane. Pani Zosiu, niech pani będzie tak miła i powie dyrektorowi, że się trochę spóźnię.
SEKRETARKA	Oczywiście. Na drodze są dziś straszne korki . . .
STEFAN	Jeszcze raz pani dziękuję. Bez pani nie wiem, co bym zrobił.
SEKRETARKA	Niech pan nie przesadza! Zawsze jest jakieś wyjście.

Vocabulary

jak minął panu weekend?	how was your weekend? (*lit.* how did the weekend pass for you?)
fatalnie	*adv.* dreadful(ly), awful(ly)
sprawozdanie	report
nie udało mi się go skończyć	I didn't manage to finish it
gub-ić -ię, -isz/zgubić	lose
ostatni	last
kartka	piece, sheet of paper; (*here*) page
dane	*pl.* data
zabijać/zabi-ć -ję, -jesz	kill
siadać/usi-ąść -ądę, -ądziesz	sit down
szukać/poszukać	look for
anioł	angel
przest-awać -aję, -ajesz/ przesta-ć -nę, -niesz	stop (doing something)
flirt-ować -uję, -ujesz	(to) flirt
właśnie tej kartki mi brakuje	that's just the page I'm missing
cudownie!	wonderful! splendid!
jeszcze raz	once more
sprawdzać/sprawdz-ić -ę, -isz	check
spóźniać się/spóź-nić się -nię, -nisz	be late
droga, *loc.* **drodze**	road
straszny	terrible
kor-ek -ka	traffic jam (*lit.* cork)
nie wiem, co bym zrobił	I don't know what I would do
przesadzać/przesadz-ić -ę, -isz	exaggerate
wyjście	(*here*) solution (*lit.* way out, exit – as opposed to **wejście** way in, entrance)

Language point

Expressing polite wishes, requests

The normal way of expressing polite wishes and requests is to use **proszę** 'please' + *infinitive*:

Proszę poczekać.	Please wait.
Proszę się nie przejmować.	Please don't worry (upset yourself).

If you are on formal terms with a person, another polite way is to use **niech** + **pan**, **pani** and so on, and the third person present tense/ future perfective:

Niech pan(i) chwilkę poczeka.	Wait a moment.
Niech się pan(i) nie przejmuje.	Don't worry.
Niech pan(i) przestanie.	Do stop (*doing something*).
Niech państwo siadają.	Do sit down (ladies and gentlemen).

Niech can also translate 'let me, him, her . . .':

Chwileczkę, niech pomyślę.	Just a moment, let me think.
Niech ona sama to zrobi.	Let her do it herself.

Note also: **Niech żyje Polska!** 'Long live Poland!'

Exercise 5

Using **niech,** as above, what would you say

1 to ask your client (a woman) to ring you tomorrow in the afternoon?
2 if you wanted Mr and Mrs X not to worry?
3 to advise someone with toothache to go to the dentist?
4 to suggest to your colleague that he should ask the director?

Exercise 6

The two dialogues in this unit contain, excluding any headings, 13 examples of phrases which include nouns and (mostly) pronouns in the dative case (to revise see Unit 13). Here are two examples: **nie przeszkadzaj** *mi* – **pożycz** *mi* **swój odtwarzacz MP3**. Can you find the other 11 examples?

Reading

Przepis na placki ziemniaczane
Recipe for potato pancakes **(Audio 2:28)**

This simple, popular dish is served as a light snack at any time of day or as part of a larger meal. Here is a typical version of the recipe, accompanied by an English translation.

Czas wykonania: 45 minut

Preparation and cooking time: 45 min.

Składniki:
1 kg ziemniaków
1–2 cebule
2 jajka
2 łyżki mąki
sól, pieprz
tłuszcz do smażenia

Ingredients:
1 kg potatoes
1–2 onions
2 eggs
2 tablespoons flour
salt, pepper
lard or oil for frying

Ziemniaki obierz i umyj, a następnie zetrzyj na drobnej tarce i lekko odciśnij. Cebulę obierz i utrzyj na tarce. Do ziemniaków dosyp mąkę, dodaj cebulę i wbij jajka. Dopraw do smaku. Na patelni rozgrzej tłuszcz i kładź łyżką porcje ciasta. Rumień z obu stron.

Placki możesz podawać ze śmietaną lub z cukrem. Jeśli podajesz je na słodko, nie dodawaj soli i pieprzu.

Peel and wash the potatoes, then (next) grate them finely and squeeze out the excess moisture. Peel and grate the onion. Add the flour and onion to the potatoes and mix in the eggs. Season to taste [with salt and pepper]. Heat the oil or lard in a pan and spoon the batter into it. Fry on both sides until golden brown.

You can serve the pancakes with sour cream or with sugar. If you're serving them sweet, don't add salt and pepper.

Unit Fifteen

Nie mam w czym chodzić

I've got nothing to wear

In this unit you will learn about:

- Shopping for clothes and shoes
- The comparison of adjectives and adverbs – 'good, better, best'
- Another use of the verb **chodzić**
- Saying you need something
- Saying 'should, ought to (have)'

Dialogue 1

Muszę kupić sobie buty   I must buy myself
some shoes **(Audio 2:29)**

Monika is shopping for some new shoes. She meets Maciek, who, as it turns out, also needs to buy one or two things for his wardrobe.

MONIKA	Cześć, świetnie, że cię widzę! Pomożesz mi w zakupach.
MACIEK	Znowu idziesz na zakupy? Dlaczego dziewczyny spędzają tyle czasu w sklepach?
MONIKA	Nie przesadzaj. Wcale nie chodzę często do miasta, bo nie mam na to pieniędzy. Ale muszę kupić sobie buty, a nie wiem które.
MACIEK	Dobrze, pomogę ci kupić buty, jeśli ty też pójdziesz ze mną do sklepu.

MONIKA	No proszę! I kto tu chodzi na zakupy?

W sklepie obuwniczym (in the shoe shop)

MONIKA	Przepraszam, czy mogę przymierzyć te buty?
SPRZEDAWCA	Jaki rozmiar?
MONIKA	37.
SPRZEDAWCA	Przykro mi, ale mamy tylko większe numery: 39 i 40.
MONIKA	To już trzeci sklep i nic. Zawsze są tylko mniejsze albo większe rozmiary.
MACIEK	Nie przejmuj się, na pewno coś znajdziesz.
MONIKA	Łatwo powiedzieć, ale ja naprawdę muszę kupić nowe buty, bo nie mam w czym chodzić. Ale zawsze coś jest nie tak . . . Chodźmy lepiej zrobić twoje zakupy. Gdzie idziemy?
MACIEK	Do domu towarowego. Muszę kupić białą koszulę, garnitur i krawat.
MONIKA	To poważne zakupy.
MACIEK	Dostałem propozycję dobrej pracy. W piątek mam rozmowę kwalifikacyjną i muszę wyglądać najlepiej ze wszystkich.
MONIKA	Z moją pomocą będziesz najprzystojniejszym i najbardziej eleganckim kandydatem. Wtedy już będziesz tylko musiał być najinteligentniejszy, najbardziej elokwentny i po prostu najlepszy, no ale to już najłatwiejsze zadanie.
MACIEK	Czy ty przypadkiem nie chcesz być ironiczna?

Vocabulary

pomagać/po-móc -mogę, -możesz komuś (*dat.*) **w** (*loc.*) . . .	help someone with (*lit.* in) . . . *doing something*
wcale nie	not at all
jeśli	if
no proszę!	well, I ask you!
przymierzać/przymierz-yć -ę, -ysz	try on for size
rozmiar	size
mniejszy/większy	smaller/larger
zawsze coś jest nie tak	there's always something not quite right

dom towarowy	department store
propozycja	offer, proposal
rozmowa kwalifikacyjna	(job) interview
wyglądać	look, appear
(naj)lepszy *adj*./(naj)lepiej	*adv*. better (best)
najprzystojniejszy	most handsome, good-looking
najbardziej elegancki	the most smartly dressed (*lit*. elegant)
wtedy	then, after that
elokwentny	eloquent
zadanie	task
przypadkiem	by chance

Odzież męska
Menswear

Odzież damska
Women's wear

garnitur	suit (for him)
marynarka	jacket (for him)
spodnie	trousers
koszula	shirt
krawat -a	tie
skarpetki	socks
swet-er -ra	sweater
płaszcz -a	coat
buty	shoes
bielizna	underwear

garsonka	suit (for her)
żakiet	jacket (for her)
spódnica	skirt
bluzka	blouse
sukienka	dress
rajstopy	tights
pończochy	stockings
szalik -a	scarf
kapelusz -a	hat
rękawiczki	gloves

Things you may want to say or may hear:

Czy może mi pan/pani pomóc?	Can you help me?
Czy mogę to przymierzyć?	Can I try it on for size?
Jaki rozmiar pan/pani nosi?	What size are you?
Muszę się zastanowić.	I need to think about it.
Ile to kosztuje?	How much does it cost?
To za drogo.	That's too expensive.
Jak chce pan/pani zapłacić?	How would you like to pay?
Czy mogę zapłacić kartą kredytową?	Can I pay by credit card?
Czy dać torbę?	Would you like a bag?

Remember!

To say what you're looking for you use **szukać** + genitive case. So:

Szukam spodni, swetra, koszuli – żakietu, sukienki, szalika.
I'm looking for some trousers, a sweater, shirt – jacket, dress,
scarf.

Language points

Comparison of adjectives

Forming the comparative of adjectives (better, younger, more beautiful) is usually straightforward. Adjectives ending in a single consonant add **-szy, -sza, -sze**:

młod-y	young	*młod-szy*	**tani**	cheap	*tań-szy*
star-y	old	*star-szy*	**miły**	pleasant	*mil-szy*
now-y	new	*now-szy*			

Adjectives ending in **-(o)ki, -(o)gi, -eki** drop this suffix before adding **-szy, -sza, -sze** (but note the spelling changes):

bliski	near	*bliższy*	**drogi**	dear	*droższy*
daleki	far	*dalszy*	**długi**	long	*dłuższy*
wysoki	tall, high	*wyższy*	**krótki**	short, brief	*krótszy*
niski	low, short	*niższy*	**ciężki**	heavy	*cięższy*

Adjectives ending in more than one consonant add the suffix **-ejszy, -ejsza, -ejsze** (which softens the preceding consonant):

trudny	difficult	*trudniejszy*	**zimny**	cold	*zimniejszy*
łatwy	easy	*łatwiejszy*	**ciepły**	warm	*cieplejszy*
ładny	nice	*ładniejszy*	**piękny**	beautiful	*piękniejszy*

The comparative of some of the most common adjectives is irregular:

dobry	good	*lepszy*	**duży**	big	*większy*
zły	bad	*gorszy*	**wielki**	great	*większy*
mały	little	*mniejszy*	**lekki**	light	*lżejszy*

The superlative

To form the superlative (best, youngest, most beautiful) simply add
the prefix **naj-** to the comparative:

> **To jest najwyższy budynek w mieście.**
> This is the tallest building in town.

> **To jest dobre, to jest lepsze, ale to jest najlepsze.**
> This is good, this is better, but this is the best.

Remember!

- In the nominative plural (see Unit 7) adjectives, like nouns, have
  different endings which distinguish between men/mixed groups
  of people, and all other things. For comparative adjectives the
  endings are, respectively, **-si** and **-sze**:

  > **Mój starszy brat/moja starsza siostra.**
  > My older brother/my older sister.

  > *Moi starsi* **bracia/moje starsze siostry.**
  > My older brothers/my older sisters.

- To say what someone or something is, you use **być** + *instrumental*
  of both the noun <u>and</u> any accompanying adjective (see Unit 10):

  > **Będziesz najprzystojniejsz*ym* kandydat*em*.**
  > You'll be the most good-looking candidate.

  But if the adjective stands alone then it is in the *nominative* case:

  > **Będziesz tylko musiał być najinteligentniejszy i po prostu
  > najlepszy.**
  > You'll only have to be the most intelligent and simply the best.

  In constructions with **to (jest)** . . . you also use the *nominative*: **to
  najłatwiejsze zadanie.**

Adjectives and adverbs compared

Here is a brief reminder. Adjectives describe people and things. Adverbs modify or qualify other words – they are used to say how someone looks, how something is done, how well, how often, how far it is, and so on:

adj.   **Julia jest młoda, lepsza, najładniejsza.**
Julia is young, better, the prettiest.

To jest tanie radio.
That's a cheap radio.

adv.   **Wygląda młodo, lepiej, najładniej.**
She looks young, better, the prettiest.

Kupiła to radio tanio.
She bought that radio cheaply.

Comparison of adverbs

Comparative adverbs are formed in much the same way as comparative adjectives. In the majority of cases just replace the ending with **-ej** (which softens the preceding hard consonant); adverbs ending in **-(o)ko**, **-(o)go**, **-eko** drop this suffix before adding **-ej** but, as with adjectives, there are spelling changes:

trudno	*trudniej*	**blisko**	*bliżej*
tanío	*taniej*	**daleko**	*dalej*
zimno	*zimniej*	**wysoko**	*wyżej*
ciepło	*cieplej*	**nisko**	*niżej*
młodo	*młodziej*	**drogo**	*drożej*
staro	*starzej*	**długo**	*dłużej*
ładnie	*ładniej*	**krótko**	*krócej*
pięknie	*piękniej*	**ciężko**	*ciężej*
wolno slow	*wolniej*	**szybko** fast	*szybciej*
bardzo very	*bardziej* more		

The familiar irregulars are:

dobrze well	*lepiej* better
źle badly	*gorzej* worse

mało little	*mniej* less
dużo much, a lot	*więcej* more
lekko lightly	*lżej* more lightly

For the superlative of an adverb, you once again simply add the prefix **naj-**:

łatwo eas(il)y   **łatwiej** easier   **najłatwiej** easiest

Exercise 1

Complete the following, using the correct form of the adjective in square brackets; in the second sentence of each pair use the adjective in its comparative form:

1 Warszawa jest [duży]. Paryż jest _____
2 Wisła jest [długi]. Dunaj (*Danube*) jest _____
3 Telewizor (*TV*) jest [drogi]. Komputer jest _____
4 Tatry są [wysoki]. Pireneje są _____
5 Moi [młody] bracia. Moje _____ siostry.

Exercise 2

Complete the following, using the prompts given:

1 Edward mówi po polsku . . . [*very well*], ale Agata mówi . . . [*better*] i rozumie . . . [*more*].
2 Tutaj jest teraz . . . [*cold*]. W Hiszpanii jest . . . [*warmer*].
3 Monika wygląda . . . [*the best*].
4 Afryka jest [*far*] . . . stąd. Azja jest . . . [*farther*], a Australia . . . [*farthest*].

⌕ Language points

Other forms of the comparative and superlative

An alternative way of forming the comparative/superlative of adjectives is by placing **bardziej** 'more' – **najbardziej** 'most' before the adjective. There was one example in the dialogue (with **elegancki**, *comp.* **elegantszy**):

Z moją pomocą będziesz . . . najbardziej eleganckim kandydatem.
With my help you'll be . . . the most smartly dressed candidate.

In practice this is rare. However, as in English, some adjectives can form their comparative/superlative only in this way, for example: **zmęczony** 'tired', **zadowolony** 'pleased/satisfied', **interesujący** 'interesting', **zajęty** 'busy, occupied', **towarzyski** 'sociable', **elokwentny** 'eloquent'.

Monika zrobiła się ostatnio bardziej towarzyska.
Monika has become more sociable recently.

To jeden z najbardziej interesujących pisarzy polskich.
This is one of the most interesting Polish writers.

Conversely, to say 'less/least' use **mniej/najmniej** before the adjective:

W tym tygodniu byłem mniej zmęczony.
This week I've been less tired.

To jest najmniej interesująca z jego książek.
This is the least interesting of his books.

Note that **(naj)bardziej – (naj)mniej** are most commonly used as adverbs in their own right:

Jest mniej pracy, więc mamy więcej czasu.
There's less work so we have more time.

Najbardziej lubię wiosnę, zimę najmniej.
I like spring the best, winter the least.

Making comparisons

* . . . -er than → **niż** + *nom.* or **od** + *gen.*

   Londyn jest większy, niż Warszawa/od Warszawy.
   London is bigger than Warsaw.

   Mówią, że margaryna jest zdrowsza, niż masło/od masła.
   They say that margarine is healthier than butter.

Mieszkam tutaj dłużej, niż ty/od ciebie.
I've been living here longer than you.

But only **niż** can be used when the next word is a verb or adverb:

On jest starszy, niż myślałem.   He's older than I thought.
Lepiej późno, niż wcale.   Better late than never.

- much/a lot/far . . . -er (than) → **o wiele**

  Życie dzisiaj jest o wiele łatwiejsze, niż dawniej.
  Life today is much easier than in the past.

  Ona pisze dobrze, ale ty piszesz o wiele lepiej.
  She writes well, but you write a lot better.

- the . . . -er, the . . . -er → **im . . . tym . . .**

  Im lepsza dzielnica, tym droższe domy.
  The better the area (district), the more expensive the houses.

  Im wcześniej przyjdziesz, tym lepiej.
  The earlier you come, the better.

- more and more/less and less → **coraz**

  Pogoda jest coraz bardziej wiosenna.
  The weather is more and more spring-like.

  Mówisz po polsku coraz lepiej.
  You speak better and better Polish.

  Mam coraz więcej pracy, a coraz mniej czasu.
  I have more and more work and less and less time.

  Notice that **bardziej** = degree, intensity; **więcej** = quantity.

- the . . . -est, the most . . . of (them) all → **ze wszystkich**

  Ona jest najładniejsza ze wszystkich.
  She is the prettiest of them all.

  Ten hotel jest najdroższy ze wszystkich.
  This hotel is the most expensive of all.

- as . . . as possible; the . . . -est possible → **jak**

  Proszę to zrobić jak najszybciej.
  Please do this as soon as possible.

Kupiłem jak najtańszy bilet.
I bought the cheapest ticket possible.

*   one of the ... -er/ ... -est → **jed-en, -na, -no z**

    To jedna z lepszych młodych aktorek.
    This is one of the better young actresses.

    Uniwersytet Jagielloński w Krakowie jest jednym
    z najstarszych uniwersytetów w Europie.
    The Jagiellonian University in Kraków is one of the oldest
    universities in Europe.

Exercise 3

Can you make sense of these jumbled sentences?

1 więcej tym w im czasu domu pracuje mniej spędza.
2 są coraz w dni dłuższe lecie.
3 Kasi wiele o Ania od młodsza jest.
4 jest ten ze telewizor wszystkich najdroższy.
5 polskich to z najlepszych filmów jest jeden.
6 wiele od Adam Filipa jest gorszym o graczem (*player*).

Language point

Another use of chodzić

You have met **chodzić** – to go (regularly) *on foot*; to walk about
(**chodzić po** + *locative*) – in a number of different constructions. It is
also used to say what people wear:

Monika nie ma w (+ *loc.*) **czym chodzić.**
Monika has nothing to wear (*lit.* in which to go about in).

Wszyscy teraz chodzą w takich spodniach.
Everyone now is wearing trousers like these.

Exercise 4

Use this exercise to revise the different uses of chodzić, as well as a few other constructions you've met earlier:

1 I don't like going to the dentist.
2 We prefer going to the theatre than to the cinema.
3 When I was little we always used to go shopping on a Saturday.
4 Come on (*plural, casual*), we're going for a coffee.
5 What are you (*man, formal*) trying to say?
6 Do you (*sing., casual*) always wear a suit?

Exercise 5

Refer back to Dialogue 1 and find how to say the following:

1 I can't afford it.
2 Great to see you!
3 I've really got to buy some new shoes.
4 Simply the best.
5 I've got an offer of a good job.

Dialogue 2

Rano zawsze pracuję lepiej I always work better in the morning **(Audio 2:30)**

Neil Howard arrives at the office one morning and finds Stefan Wolski already working at his desk.

NEIL   Dzień dobry.
STEFAN   Witam pana.
NEIL   Tak wcześnie w pracy?
STEFAN   Rano zawsze pracuję lepiej. Później przychodzi coraz
         więcej ludzi i robi się coraz głośniej. A poza tym,
         kiedy przychodzę wcześniej do pracy mogę zrobić
         sobie dłuższą przerwę, a dzisiaj właśnie takiej
         potrzebuję.
NEIL   Czy coś się stało?

STEFAN Ależ skąd. Tylko muszę zanieść marynarkę do pralni chemicznej. Nie mogę tego zrobić po pracy, bo pralnia jest czynna tylko do 15-tej, a żona wyjechała na konferencję.

NEIL Rozumiem. Też mam parę rzeczy do czyszczenia. Może pójdę z panem i pokaże mi pan gdzie jest ta pralnia?

STEFAN Ależ oczywiście. Po drodze możemy wstąpić na lunch. Znam miejsce gdzie zawsze mają najlepsze sałatki i najświeższe pieczywo w mieście.

NEIL Doskonale. Kiedy będzie pan wolny?

STEFAN Muszę jeszcze napisać parę listów i wysłać fax do Brukseli. Nie powinno mi to zająć więcej niż dwie godziny. Co pan powie na 12-tą?

NEIL Świetnie. Ja też powinienem skończyć moją pracę do 12-tej. Proszę do mnie zadzwonić, kiedy będzie pan wychodził, dobrze?

STEFAN Oczywiście.

NEIL To czekam na telefon i życzę miłej pracy.

STEFAN Dziękuję.

Vocabulary

witać/przywitać	greet, welcome
robić się/zrobić się	become, get
głośno	(*here*) noisy
poza tym	apart from that; besides
zrobić (sobie) przerwę	take a break (for myself)
akurat	(*here*) as it happens
potrzeb-ować -uję, -ujesz	need
pralnia chemiczna	dry-cleaner's
czynny	(*here*) open
do czyszczenia	to (be) clean(ed)
po drodze	on the way
wstąpić na lunch	stop by/drop in (somewhere) for lunch
świeże pieczywo*	fresh bread

wysyłać/wy-słać -ślę, -ślesz	send
zajmować/zaj-ąć -mę, -miesz	occupy, take up (time)
powinno, powinienem	it should, I should

* **pieczywo** is a collective name for bread, bread rolls, baguettes and so on; a 'loaf of bread' is **bochenek chleba**

 # Language points

Saying you need something

To say what you need (are in need of) use **potrzebować**; lack or shortage of something is expressed by **brakować**, which is used impersonally: **brakuje** (*pres.*) – **brakowało** (*past*) – **brakowało będzie** (*future*). Both verbs require the genitive case of the noun to which they refer. Additionally, with **brakuje**, the person or thing affected (the indirect object) appears in the dative:

Czego potrzebujesz (pan, pani potrzebuje)?
What do you need?

Dzisiaj Stefan potrzebuje (potrzebował) dłuższej przerwy.
Today Stefan needs (needed) a longer break.

Czego ci (panu, pani) brakuje?
What are you short of?

Brakuje mi (nam) czasu/pieniędzy/wszystkiego.
I'm (we're) short of time/money/everything.

The need or lack of something can be expressed also (impersonally) using **potrzeba** or **brak**:

Tego właśnie mi potrzeba.
That's just what I need.

Brak mi było (będzie) pieniędzy.
I was (will be) short of money.

Note also the useful phrase **brak mi słów** 'I'm at a loss for words; I don't know what to say' and **brak mi go/ciebie** 'I miss him/you'.

Saying 'should, ought to (have)'

To say 'I, you, he, she . . . should, ought to do (have done) something' Polish uses the following forms (when reference is to the past you add **był, była, było – byli, były**):

Singular

Masc.		Fem.		Neut.	
powinienem	(był)	powinnam	(była)		
powinieneś	(był)	powinnaś	(była)		
powinien	(był)	powinna	(była)	powinno	(było)

Plural

Men/mixed groups		Other nouns	
powinniśmy	(byli)	powinnyśmy	(były)
powinniście	(byli)	powinnyście	(były)
powinni	(byli)	powinny	(były)

The main uses of this construction are to express (a) duty, obligation; (b) advisability, and (c) strong probability. For example:

Powinienem (był) napisać do niego.
I ought to write (have written) to him.

Powinniśmy byli to zrobić wczoraj.
We should have done this yesterday.

Nie powinnaś mówić takie rzeczy.
You shouldn't say (go around saying) such things.

Nie powinno mi to zająć więcej niż dwie godziny.
It shouldn't take me more than two hours.

Note that after **powinienem (był) . . .** the verb is in the infinitive, and usually perfective.

Another way of expressing necessity is to use the following impersonal construction:

trzeba (*pres.*)   **trzeba było** (*past*)   **trzeba będzie** (*future*)

Trzeba has less idea of duty, obligation than **powinienem**; it is used
to say what 'someone (one) has, should, needs to do', and is very
common in colloquial speech:

Jest późno. Trzeba iść do domu.
It's late. I've got to go (it's time to be going) home.

Trzeba było to zrobić wcześniej.
You should have done this earlier.

Trzeba będzie kogoś się zapytać.
We'll have to ask someone.

Nie trzeba się przejmować.
Don't worry. (There's no need to worry.)

Useful words

Witam (pana, panią)! (*lit.* 'I greet you') is another way of saying 'hello';
it is also used as a welcome – **Witam/witamy w Warszawie/Londynie/
Rzymie!** 'Welcome to Warsaw/London/Rome!' ('I/we welcome you
in . . .').

Czynny (-a, -e), an adjective meaning 'active', is commonly used
to denote opening times of shops, museums, art galleries, restaurants
and so on. Its negative form – **nieczynny (-a, -e)** – means 'closed'
or, in the case of equipment, such as a telephone or a vending
machine, 'out of order':

Restauracja – Winiarnia

Ariel

Restauracja czynna

od 12.00 do 24.00

w poniedziałki nieczynna

Exercise 6

Using **powinienem** and so on say what you/others should do (or have done):

1 I should have rung her yesterday.
2 She should go to the doctor's (*here use **lekarz***).
3 He should have told us earlier.
4 What should we (*mixed group*) have done?

Exercise 7

What is a **winiarnia** (as in the short advert above)? Similarly, what is a **piwiarnia** or what might it be?

Unit Sixteen
Co byś zrobił, gdybyś...?

What would you do if you...?

In this unit you will learn about:

- Saying what you would do if... – the conditional
- Different kinds of conditions
- The reflexive pronoun **siebie, sobie, sobą**
- How to say 'none, no, not any one'
- Expressions using **po·co?** and **w ogóle**
- Taking things somewhere – bringing them with you
- Word formation
- Another way of saying you like something
- Points of the compass

Dialogue 1

Chciałbym robić coś interesującego
I'd like to do something interesting **(Audio 2:31)**

Tomek and Jacek are daydreaming about what they would do if they had a lot of money.

TOMEK   Co byś zrobił, gdybyś miał dużo pieniędzy?

JACEK   Nie wiem, może pojechałbym do ciepłych krajów. Mam już dosyć tej okropnej pogody.

TOMEK   Ja bym wolał kupić sobie samochód.

JACEK　Po co ci samochód, skoro nie masz prawa jazdy? A w ogóle czemu zadajesz takie głupie pytania? Przecież żaden z nas nie ma pieniędzy.

TOMEK　No właśnie, i to mnie martwi. Próbowałeś kiedyś grać na loterii?

JACEK　Chyba żartujesz! Przecież to strata czasu. Już lepiej grać na giełdzie.

TOMEK　Na giełdzie? A skąd ja na to wezmę pieniądze?

JACEK　A myślałeś kiedyś o pracy?

TOMEK　Oczywiście. Chciałbym robić coś interesującego. W mojej wymarzonej pracy często bym podróżował, zarabiałbym dużo pieniędzy, poznawałbym sławnych ludzi i miałbym długie wakacje . . .

JACEK　Czy ty nie przesadzasz? Ciągle słyszę „chciałbym to, chciałbym tamto . . ."

TOMEK　Przecież mogę sobie trochę pomarzyć.

JACEK　Jeśli tylko będziesz pamiętał, jak wygląda rzeczywistość. Nie chciałbym, żebyś się rozczarował.

TOMEK　Ale pomyśl sobie tylko: wakacje na Karaibach, piękna pogoda, wspaniały hotel . . .

JACEK　No nie! Mógłbym do ciebie mówić cały dzień, a ty dalej swoje!

Vocabulary

okropny	terrible, dreadful
po co ci . . . ?	what do you need . . . for?
skoro	since, considering that
w ogóle czemu . . . ?	why . . . at all?
żad-en -na -ne	not any one
próbować/spróbować	try
grać na loterii	play the lottery
to strata czasu	it's a waste of time
giełda	stock exchange
wymarzona praca	ideal job, job of one's dreams
zarabiać/zarobić	earn (money)
poznawać/poznać	get to know

sławny	famous
ciągle	constantly
marzyć/pomarzyć	daydream
rzeczywistoś-ć, -ci	reality
rozczarować się	become disillusioned
Karaiby	Caribbean
wspaniały	magnificent, splendid
no nie!	oh no! good grief!
a ty dalej swoje!	and you just go on

 Language points

Saying what you would do if . . . – the conditional

The conditional is formed very simply – take the third person singular/plural past tense forms of the verb (let's use **kupić** 'buy' as an example) and add the endings below:

Singular

Masc.	Fem.	Neut.
kupił -bym	**kupiła -bym**	
kupił -byś	**kupiła -byś**	
kupił -by	**kupiła -by**	**kupiło -by**

Plural

Men/mixed groups	Other nouns	
kupili -byśmy	**kupiły -byśmy**	
kupili -byście	**kupiły -byście**	
kupili -by	**kupiły -by**	

The stress remains on the same syllable as before the endings were added: **kupiłbym, kupiłabym**. The conditional endings can be attached to the verb or, as you have seen, they can precede it. Where **gdyby** 'if' is used, the conditional ending is always attached to it.

Uses of the conditional

• Use the conditional to say, or speculate about, what you would do
  or what would happen if . . . (when the likelihood of you doing it,
  or of something happening, is improbable):

> **Co byś zrobił, gdybyś miał dużo pieniędzy?**
> What would you do if you had a lot of money?

> **Jacek pojechałby do ciepłych krajów.**
> Jacek would travel to warm countries.

> **Tomek by wolał kupić sobie samochód.**
> Tomek would prefer to buy himself a car.

These sentences refer to the future but, in a different context, they
could be used to say what you would have done or what would
have happened if . . . :

> **Gdybyśmy mieli wtedy pieniądze, kupilibyśmy dom.**
> If we'd had the money then, we'd have bought a house.

• You can also use the conditional to say what you would like to do,
  to ask politely, and to make requests and suggestions in a way
  that is polite, even charming:

> **Chciałbym z panem porozmawiać.**
> I'd like to (have a) talk with you.

> **Czy moglibyśmy się spotkać jutro?**
> Could we meet tomorrow?

> **Czy mógłbyś/mogłabyś mi pomóc dzisiaj?**
> Could you help me today?

> **Radziłbym ci (panu, pani) tego nie robić.**
> I'd advise you not to do that.

> **Miło by było, gdybyście mogli przyjść.**
> It would be nice if you could come.

Note also:

> **Nie chciałbym, żebyś się rozczarował.**
> I wouldn't want you to become disillusioned.

For constructions with **żebym, żebyś ...** (to express a wish that someone else do something/that something should happen, or not) see Unit 14.

Take care!

Do not automatically use the conditional in Polish whenever English uses 'would'; there are contexts in which English uses this verb form to refer to the future, or to say what used to happen in the past. For example:

Powiedziała, że zadzwoni jutro wieczorem.
She said (that) she'd ring tomorrow evening.

Dawniej często chodziliśmy do teatru.
In the past we would often go to the theatre.

Exercise 1

Rewrite the following sentences, as in the example – note the person speaking:

Mam pieniądze. Kupię samochód. (*male*)
Gdybym miał pieniądze, kupiłbym samochód.
Kupiłbym samochód, ale nie mam pieniędzy.

1 Mam czas. Pójdę z tobą na kawę. (*male*)
2 One mają bilety. Nie muszą czekać.
3 Znamy francuski. Pojedziemy do Paryża. (*mixed group*)
4 Napisz do mnie. Spotkam cię na lotnisku. (*male*)
5 Wiem o tym. Przyjdę. (*female*)

Exercise 2

Translate into Polish – note again the person speaking:

1 We'd (*male + female*) like to know what he said.
2 I (*male*) don't know what I'd do without you. (*friend*)
3 Could you (*female, formal*) help me?
4 What would you do, Kasia, if you won (**wygrać na**) the lottery?
5 It would be very nice if we (*mixed group*) could meet in London.

Language point

Real conditions - jeśli

To say 'if' when talking about something that you know to be the case (or is going, or is likely to be the case), Polish uses **jeśli** – often with **to** at the head of the second clause, equivalent to English 'if . . . , then . . .'. The important thing to remember with **jeśli** is that when the *if*-clause refers to the future, the future tense must be used in Polish (where English often uses the present):

> **Jeśli chcesz, (to) możemy pójść na kawę.**
> If you want, (then) we can go for a coffee.

> **Jeśli będę miał czas, (to) przyjdę jutro.**
> If I have time, (then) I'll come tomorrow.

> **Jeśli pan będzie w Warszawie, (to) proszę zadzwonić.**
> If you're in Warsaw, (then) please ring.

If-clauses can precede or follow the main clause:

> **Zadzwonię, jeśli będę miał czas.**

In colloquial Polish **jeśli** – it also appears as **jeżeli** – is often replaced by **jak**:

> **Jak będę miał czas, to zadzwonię.**

Exercise 3

The possible versus the improbable. Translate the following:

1 If we'd known, then we'd have told you (*male, formal*).
2 If he said he'd come, then he'll come.
3 If you (*friend, male*) meet her, tell her I'm waiting.
4 I'd (*female*) have rung, but the phone was out of order.
5 If the weather's nice, we'll (*mixed group*) go to the park for a walk.

Language points

Using siebie, sobie, sobą

In English, reflexive pronouns differ in person, gender and number (myself, yourself, herself, ourselves . . .). In Polish, they differ only in case and, since they always refer back to the subject, they do not have a nominative form:

acc.	**siebie, się**	*dat./loc.*	**sobie**
gen.	**siebie**	*instr.*	**sobą**

Until Unit 15, you had used only **się**, mainly as part of a reflexive verb. Now compare the following:

Monika musi kupić sobie (*dat.*) **buty.**
Monika has to buy herself some shoes.

Nie myśl tylko o sobie (*loc.*).
Don't think (keep thinking) only about yourself.

Nigdy nie mam czasu dla siebie (*gen.*).
I never have time for myself.

Często rozmawiamy ze sobą (*instr.*).
We often talk with each other.

Ona kocha tylko siebie (*acc.*).
She loves only herself.

Note also, from the first dialogue: **Przecież mogę sobie trochę pomarzyć** 'I can (allow myself to) daydream a little, can't I?'; **Pomyśl sobie tylko: wakacje na Karaibach . . .** 'Just think (to yourself): holidays in the Caribbean . . .'.
Look out for more examples in the next dialogue.

Saying 'none, no, not any one'

żaden *masc.*   **żadna** *fem.*   **żadne** *neut.*

These forms can refer to people or things; note that the verb following them is negative:

Żaden z nas nie ma pieniędzy.	None (neither) of us has any money.
Żadna z nich nie przyszła.	None of them came.
To nie ma żadnego znaczenia.	That's of no importance at all.
To żadna pociecha.	That's no consolation.

Remember: to say 'everyone, all' use **wszyscy** for men/mixed groups, **wszystkie** for other nouns; to say 'everything' use **wszystko**.

More useful words – po co? **and** w ogóle

The following are not restricted to, but are most typical of, colloquial speech:

Po co to (jest)?	What's this for?
Po co ci samochód?	Why do you need a car?
Po co to robić?	What's the point of doing this?

W ogóle means 'in general, on the whole' – for example, **W ogóle wszystko idzie dobrze** 'On the whole everything's fine' – but you'll find it most often used to say such things as '(Why) . . . at all?':

W ogóle czemu zadajesz takie pytania?
Why do you ask such questions at all?

W ogóle o tym nie pomyślałem.
I didn't think about that at all.

Dialogue 2

Och, gdybym wiedziała   Oh, if (only) I'd known
(Audio 2:33)

Janet Watson is at the British Embassy to get an Emergency Travel Document as a temporary replacement for the passport she lost when, as you remember, a street thief snatched her handbag.

JANET   Dzień dobry. Nazywam się Janet Watson. Byłam umówiona na jedenastą.

URZĘDNIK   Dzień dobry, pani. Pani w sprawie skradzionego paszportu, prawda?

JANET	Tak. Chciałabym wyrobić paszport zastępczy.
URZĘDNIK	Czy przyniosła pani ze sobą zdjęcia?
JANET	Tak, proszę.
URZĘDNIK	Tu jest tylko jedno zdjęcie, a potrzeba trzy.
JANET	Och, gdybym wiedziała przyniosłabym więcej.
URZĘDNIK	Proszę się nie przejmować. Jeśli pani chce, może pani zrobić sobie zdjęcie w pokoju obok.
JANET	Już idę. Czy mogłabym zostawić tu u pana torbę? Jest strasznie ciężka.
URZĘDNIK	Proszę bardzo.

Po 15 minutach

JANET	Proszę, tu są zdjęcia. Są straszne! Gdybym miała więcej czasu zrobiłabym lepsze.
URZĘDNIK	Może mi pani wierzyć, widziałem wiele gorszych zdjęć. Proszę wypełnić ten formularz.
JANET	Proszę bardzo.
URZĘDNIK	To wszystko. Paszport proszę odebrać o 13.00. A na razie proszę wziąć to zaświadczenie.
JANET	Dziękuję. Do widzenia.
URZĘDNIK	Do widzenia.

 Vocabulary

byłam umówiona na jedenastą	I was given an appointment for 11 o'clock
w sprawie + *gen.*	regarding, concerning
skradziony	stolen
wyrabiać/wyrobić	(*here*) to get, obtain
paszport zastępczy	replacement, substitute passport
potrzeba	you need, one needs (to have)
(z)robić zdjęcie	take a photograph
zostawiać/zostawić	leave, leave behind
torba	bag
straszny *adj.*, **strasznie** *adv.*	terrible, terribly
wypełniać/wypełnić formularz	fill in a form

odbierać/odebrać	(*here*) collect, pick up
na razie	for now
zaświadczenie	(*here*) receipt

Language points

Taking things somewhere – bringing them with you

In the last few units you have met verbs derived from **nieść** 'to carry by hand/on foot' and its partner **nosić** 'to carry regularly, habitually by hand/on foot'. For example: **zanosić/zanieść** 'carry, take something somewhere', **przynosić/przynieść** 'bring something with you':

> **Muszę zanieść marynarkę do pralni chemicznej.**
> I've got to take my jacket to the dry cleaner's.

> **Czy przyniosła pani ze sobą zdjęcia?**
> Did you bring the photographs with you?

Note that the present tense of both **nieść** and **nosić** is irregular:

nieść	*sing.*	**niosę**	**nosić**	*sing.*	**noszę**
		niesiesz			**nosisz**
		niesie			**nosi**
	pl.	**niesiemy**		*pl.*	**nosimy**
		niesiecie			**nosicie**
		niosą			**noszą**

The past tense of **nieść** is also irregular:

sing. masc.	**niosłem**	*sing. fem.*	**niosłam**
	niosłeś		**niosłaś**
	niósł		**niosła**
pl. men/mixed groups	**nieśliśmy**	*pl. other nouns*	**niosłyśmy**
	nieśliście		**niosłyście**
	nieśli		**niosły**

As you progress with the language you will meet other members of this family of verbs, often with unpredictable meanings.

Note that to say 'take' in the sense of 'take into one's hands'
or 'take one's medicine x times a day' (see the second dialogue in
Unit 13), you need **brać/wziąć**; both are irregular. To see how they
behave go to the Grammar reference section p. 318.

Word formation

In the course of the book you have come across a number of verb
families, as above, but there have also been examples of nouns related
to each other (or to other words). For example: **dzień** 'day' and
dziennikarz 'journalist', a person who writes for a daily newspaper
– for which Polish has a separate word: **dziennik**, which is also the
word for 'diary'. Now look at the following:

Gdyby...

Gdyby nie było ręki – nie byłoby ręcznika,
Gdyby nie było świecy – nie byłoby świecznika,
Gdyby nie było kury – nie byłoby kurczaka,
Gdyby nie było ryby – nie byłoby rybaka,
Gdyby nie było wiosła – nie byłoby wioślarza,
Gdyby nie było piłki – nie byłoby piłkarza,
Gdyby nie było stali – nie byłoby stalówek,
Gdyby nie było klasy – nie byłoby klasówek.
Roman Pisarski
(In: Witold Gawdzik, *Gramatyka na wesoło*, PAX, Warszawa, 1970)

Compare:

ręka	hand	**ręcznik**	(hand) towel
świeca	candle	**świecznik**	candlestick
kura	hen	**kurczak**	chicken (to eat)
ryba	fish	**rybak**	fisherman
wiosło	oar	**wioślarz**	oarsman
piłka	ball	**piłkarz**	footballer
stal	steel	**stalówka**	(steel) nib
klasa	class, form	**klasówka**	written class test

It is not always easy for a learner to spot these family relationships
and deduce the meaning of individual words but, with practice, it
does become easier.

Notes and reminders:

- When you use **gdyby** the verb in both clauses must be conditional.
- In a negated statement the direct object (accusative) is replaced by the genitive.
- As a general rule, the genitive singular of masculine nouns is -**a** (people, animals) and -**u** (objects), though names of tools, equipment – **ręcznik**, **świecznik**, for example – are exceptions to this rule.
- To remind yourself of how the genitive plural of feminine/neuter nouns is formed, see Unit 9.

Exercise 4

Can you provide a common word – a noun or verb (as indicated) – that appears in this book and is related to the following:

1 **pracownik** '*employee*' (verb)
2 **widz** '*spectator*' (verb)
3 **pocztówka** '*postcard*' (noun, place)
4 **malować** '*paint*' (noun, person)
5 **wejście** '*entrance*' (verb)
6 **przestać** '*stop*' (noun, place)
7 **ojczyzna** '*fatherland*' (noun, person)
8 **koniec** '*the end*' (verb)

Exercise 5

Continuing with the exercise above, here are three common compound words – the -**o**- in the middle (in one case already part of a word) provides the linkage. Can you work out their component parts? The clues are in brackets.

1 **listonosz** '*postman*'   (noun + verb)
2 **samochód** '*car*'   (pronoun + verb)
3 **radiosłuchacz** '*radio listener*'   (noun + verb)

Reading

Marzenia   Daydreams **(Audio 2:34)**

A popular magazine asked its readers to say what supernatural (magical) power they would like to have and why. Here are some of their answers.

Roman, 20 lat. Kiedy oglądam filmy fantastycznonaukowe zawsze fascynują mnie bohaterowie, którzy potrafią latać. Gdybym mógł wybrać moją „moc" to chciałbym właśnie umieć latać. Nie musiałbym już nigdy martwić się tym, że w zimie samochód mi nie zapali, albo, że autobus nie przyjedzie na czas. Nie musiałbym tkwić w korkach. No a jak by to działało na dziewczyny! Kto nie chciałby romantycznej randki pod gwiazdami, parę kilometrów nad ziemią?

Monika, 35 lat. Często przychodzi mi do głowy, że dobrze byłoby wiedzieć o czym myślą ludzie, z którymi rozmawiam. Gdybym miała magiczną moc to chciałabym potrafić czytać myśli innych ludzi. Ale nie bez przerwy. Ta moc musiałaby mieć wyłącznik, bo inaczej ciągle bolałaby mnie głowa. Przyznam, że czasem bałabym się dowiedzieć co dokładnie myślą o mnie moi znajomi, ale taka moc bardzo przydałaby mi się w pracy.

Joanna, 18 lat. Trudno jest mi wybrać tylko jedną magiczną moc, ale jeśli muszę, to chyba chciałabym być niewidzialna. To znaczy, nie chciałabym być niewidzialna cały czas, ale czasem dobrze by było móc zniknąć. Na przykład kiedy robię zakupy, a do sklepu wchodzi mój były chłopak ze swoją nową dziewczyną...

Marek, 40 lat. W życiu codziennym magiczne moce są mi niepotrzebne, ale gdybym miał taką moc dostać to chciałbym móc podróżować w czasie. Gdybym miał taką moc to przeniósłbym się w przeszłość, żeby spotkać wszystkie postaci historyczne, ktore podziwiam. A potem może zobaczyłbym, co nas czeka w przyszłości?

Vocabulary

fantastycznonaukowy	science fiction
fascynować	fascinate
bohater	hero
wybierać/wybrać	choose
latać	fly around, be able to fly
moc	power
że... samochód mi nie zapali	that the car won't start for me
na czas	on time
tkwić w korkach	be stuck in traffic jams
działać na	work, have an effect on
randka	a date
gwiazda	star
ziemia	earth
myśl	thought
bez przerwy	without a break
wyłącznik	(off) switch
przyznawać/przyznać	admit
bać się	be afraid
dokładnie	exactly
znajomy	acquaintance
przydawać się/przydać się	be useful, come in handy
niewidzialny	invisible
znikać/zniknąć	disappear
mój były chłopak	my former (ex-) boyfriend
dziewczyna	girl (*here*) girlfriend
życie codzienne	daily life
niepotrzebny	unnecessary
przenosić się/przenieść się	move, transport (oneself)
przeszłość	the past
postać	figure, character
podziwiać	admire
przyszłość	the future

Language point

Podoba mi się ...

An everyday way of saying you 'like' someone or something is to
use the verb **podobać się** *lit.* 'to please, be pleasing (to)'. Most commonly it will appear in the third person singular/plural. Note that what
pleases you is the subject of the sentence, and 'you' (or the person
who likes – *to whom* someone, something is pleasing) appear in the
dative case:

Czy podoba/podobała się wam Polska?
Do you/did you like Poland?

Najbardziej podobają/podobały się nam Mazury.
We like/liked the Mazurian Lakes most of all.

Monika bardzo mi się podoba.
I like Monika very much.

Exercise 6

Say/ask the following:

1 Did you (*to friends*) like this film?
2 Do you (*to a friend*) like my new dress?
3 We don't like life (*życie*) in a big town.
4 Did you (*to friends*) like Greece (**Grecja**)? Did you like Athens (**Ateny**
   – *which in Polish is treated as a plural noun*)?

Language points

Points of the compass

wsch|ód -odu	east	**na wschodzie**	in the east
zach|ód -odu	west	**na zachodzie**	in the west
północ -y	north	**na północy**	in the north
południe -a	south	**na południu**	in the south

The corresponding adjectives are: **wschodni – zachodni – północny
– południowy**. So for example:

Europa Wschodnia/Zachodnia   Eastern/Western Europe
Europa Środkowa   Central Europe
Ameryka Północna/Południowa   North(ern)/South(ern) America

Remember **Bliski/Daleki Wschód** for 'Middle/Far East'.

More ways of expressing an opinion

You have used **myślę, że** 'I think that . . .' quite frequently; here are
some alternative ways of introducing your views:

uważam, że	I think (consider) that
sądzę, że	I think (judge) that
wierzę, że	I believe that
wydaje (mi) się, że	It seems (to me) that
żałuję, że	I regret that
cieszę się, że	I'm happy that
przypuszczam, że	I assume that
moim zdaniem	In my opinion

Unit Seventeen
Wyszła za mąż za Francuza
She married a Frenchman

In this unit you will learn about:

- Saying 'as/while you were doing something'
- How to say who's marrying whom
- Friends and acquaintances
- Talking about problems
- **To się zdarza** – 'these things happen'

Dialogue 1

Zgadnij, kogo spotkałem idąc na uczelnię
Guess who I met as I was going to college
(Audio 2:35)

Wojtek and Agnieszka are talking about a friend from
their student days.

WOJTEK	Zgadnij, kogo spotkałem dzisiaj idąc na uczelnię.
AGNIESZKA	Nie mam pojęcia.
WOJTEK	Pamiętasz Agatę, która była z nami na studiach?
AGNIESZKA	Tę blondynkę trzy lata starszą od nas? Tak, co u niej?
WOJTEK	Pisząc pracę magisterską wyjechała na stypendium do Francji. Zbierając materiały załatwiła sobie pracę na uczelni i od dwóch lat tam mieszka. Wyszła za mąż za Francuza, którego poznała studiując.

AGNIESZKA   A co robi we Wrocławiu? Odwiedza rodzinę?
WOJTEK   To też. Ale przede wszystkim szuka pracy. Powiedziała
            mi, że byłaby szczęśliwsza mieszkając blisko rodziny
            i przyjaciół i wychowując dzieci w kraju.
AGNIESZKA   To dzieci też już ma?
WOJTEK   Jeszcze nie. Ja tylko powtarzam to, co mi powiedziała.
AGNIESZKA   A jakiej pracy szuka?
WOJTEK   Chciałaby znaleźć pracę w jakiejś firmie polsko-
            francuskiej. Biorąc pod uwagę jej kwalifikacje, chyba
            nie będzie to zbyt trudne.
AGNIESZKA   A co na to jej mąż?
WOJTEK   Wiesz, jaka jest Agata. Nigdy nie spotkałem jej męża,
            ale nie znam nikogo, kto potrafiłby zmusić ją do zmiany
            decyzji.

Vocabulary

zgadywać/zgadnąć	guess
nie mam pojęcia	I've no idea
uczelnia	college (**uczelnia** is a place of learning or any institute of, normally, higher education)
na studiach	at university (**studia** are undergraduate studies; **ukończyć studia** is 'to finish one's studies, to graduate')
blondynka	blonde
praca magisterska	MA dissertation (this is a normal part of first degree studies in Poland; students graduate with the title **magister**, shortened to **mgr**)
stypendium	scholarship
zbierać/zebrać	collect, gather together
załatwiła sobie pracę	she got herself a job
poznawać/poznać	meet, get to know
przede wszystkim	above all, first and foremost
wychowywać/ wychować	bring up, raise (children)
w kraju	in the country (*here:* in Poland)
powtarzać/powtórzyć	repeat

znajdować/znaleźć	find
firma	firm, business concern
biorąc pod uwagę	considering, in view of
potrafić + *inf.*	manage, be able to do something
zmuszać/zmusić	force
zmiana	a change (in the last unit you met **przemiana**, also meaning 'change', but in the sense of 'transformation, transition')
decyzja	decision

Language points

Adverbial participles (1) – 'doing, going'

Adverbial participles are forms of verbs that don't change. The **present** or **-ing form** is used to describe actions taking place at the same time as something else, and corresponds to clauses introduced in English by '*as, when, while . . . ing*'. There were a number of examples in the first dialogue:

Zgadnij, kogo spotkałem idąc na uczelnię.
Guess who I met as I was going (*on my way*) to college.

Pisząc pracę magisterską wyjechała . . . do Francji.
When writing her MA dissertation she went (away) . . . to France.

Byłaby szczęśliwsza mieszkając blisko rodziny i przyjaciół.
She'd be happier living near her family and friends.

The present -ing participle is formed simply, from the third person plural, present tense:

iść	**id-ą**	**id-ąc**
pisać	**pisz-ą**	**pisz-ąc**
mieszkać	**mieszkaj-ą**	**mieszkaj-ąc**
mówić	**mówi-ą**	**mówi-ąc**
widzieć	**widz-ą**	**widz-ąc**
studiować	**studiuj-ą**	**studiuj-ąc**
but **być**	**będ-ą** (*future*)	**będ-ąc**

Take care!

- An adverbial participle can only be used when the subject of both halves of the sentence is the same, as in the examples above. In Polish, a participle cannot be used when the subjects are different – and you would avoid doing this in English. So a sentence such as 'Returning (as I was . . . ing) home, it was raining' must be rendered by a time clause introduced by **kiedy**, *colloq.* **jak**, or by two sentences:

  Kiedy (jak) wracałem do domu, padał deszcz.
  or **Wracałem do domu. Padał deszcz.**

  The version: **Wracając do domu, padał deszcz** means in effect that it was the rain which was doing the walking and falling.
- To say what you like doing or like to do requires not an adverbial participle but **lubić** + *inf.*:

  Lubię chodzić do kina.   I like going to the cinema.

The adverbial present participle is more a feature of the written than the spoken language. Note, however, its use in these common expressions:

krótko mówiąc	briefly, in short
prawdę mówiąc	to tell the truth, in all honesty
mówiąc między nami	between ourselves/you and me
biorąc pod uwagę	considering, in view of, taking into consideration

Adverbial participles (2) – 'having done, having gone'

Adverbial past participles are formed from perfective verbs by removing the past tense (masculine) endings and adding **-wszy** (after a vowel) or **-łszy** (after a consonant):

napisać	**napisa-łem**	**napisa-*wszy***
powiedzieć	**powiedzia-łem**	**powiedzia-*wszy***
pójść	**poszed-łem**	**poszed-*łszy***
przyjść	**przyszed-łem**	**przyszed-*łszy***

For example:

Napisawszy list, poszedłem na pocztę.
Having written the letter, I went to the post office.

Wróciwszy do domu, oglądał telewizję.
Having returned home, he watched television.

While it is important to be able to recognize it, the adverbial past participle is now only really used in literary Polish; colloquial Polish prefers the simple past tense. So:

Napisałem list i poszedłem na pocztę.
or **Kiedy napisałem list, poszedłem na pocztę.**

Exercise 1

Complete the following using the present or past adverbial participle, as appropriate:

1 [Mieć] dziesięć lat, pojechałem do Włoch po raz pierwszy.
2 [Kupić] bilety, wróciłem do domu.
3 [Stać] na przystanku, czytałam gazetę.
4 Siedziała, [pisać] list i [słuchać] radia.
5 [Jechać] do biura, widziałem na ulicy wypadek.
6 [Przeczytać] gazetę, zadzwonił do kolegi.

Exercise 2

Translate the following – use the present adverbial participle, where appropriate, but avoid using the past form:

1 As I was saying this, the phone rang.
2 Having finished work, she went to the cinema.
3 Visiting the Old Town, we met our neighbours from London.
4 To tell the truth, I don't feel too well.
5 Having returned home, she made coffee and watched television.
6 We waited, not knowing what to do.

Language point

Saying who's marrying whom

How you say this depends on whether you are referring to a man, a woman or a couple:

man	**żenić/ożenić się + z** (*instr.*)
woman	**wychodzić/wyjść za mąż + za** (*acc.*)
couple	**pobierać/pobrać się**

Piotr żeni się z Anną.
Piotr is getting married to Anna.

Agata wyszła za mąż za Francuza.
Agata married a Frenchman.

Pobraliśmy się dwa miesiące temu.
We got married two months ago.

Vocabulary

Vocabulary about marriage

narzeczony/-a	fiancé/fiancée
ślub	wedding ceremony
wesele	wedding reception
małżeństwo	marriage
pan młody/panna młoda	bridegroom/bride
małżeństwo *or* **para małżeńska**	married couple
żonaty/zamężna	married man/woman
rozwiedziony/-a	divorced man/woman
teść/teściowa	father-in-law/mother-in-law
teściowie	parents-in-law
szwagier/szwagierka	brother-in-law/sister-in-law
zięć/synowa	son-in-law/daughter-in-law

Remember also: **rodzina** 'family', **rodzice** 'parents', **dziecko** 'child', **dzieci** 'children' and **krewny/-a**, *pl.* **krewni** 'relative(s)'.

Language point

Friends and acquaintances

Znajomy/-a, a word which behaves like an adjective, is a person you know, are acquainted with, and can be translated as both 'acquaintance' and 'friend': **mój znajomy** 'an acquaintance of mine', **znajomi i krewni** 'friends and relations (kith and kin)'.

A close friend is a **przyjaciel/przyjaciółka**. The plural forms of **przyjaciel** are a little quirky: *nom.* **przyjaciele**, *acc./gen.* **przyjaciół**, *dat.* **przyjaciołom**, *instr.* **przyjaciółmi**, *loc.* **przyjaciołach**.

Kolega (*pl.* **koledzy**) is a friend, mate, colleague; **koleżanka** is the female equivalent. You can say **kolega ze szkoły** 'school friend' and also **koleżanka z pracy** 'colleague at work'.

Exercise 3

Say in Polish:

1 Guess (*speaking to friends*) who we (*girls*) met today.
2 My brother's getting married in May.
3 We've (*married couple*) been living here for five years/since October (use **od** + *gen.*).
4 I've no idea.
5 I'm only repeating what I heard on (**w** + loc.) television.
6 I'd like you (*to your girlfriend*) to meet (use **poznać**) my family.

Exercise 4

1 Translate the following short extract from Dialogue 1:

A   A <u>jakiej</u> pracy szuka?
W   Chciałaby znaleźć pracę w <u>jakiejś</u> firmie polsko-francuskiej. Biorąc pod uwagę jej kwalifikacje, chyba nie bedzie to zbyt trudne.
A   A co na to jej mąż?

2 What is the case of the words underlined, and why?

Language point

Pamiętasz tę blondynkę?

To remind you: in the accusative singular, feminine adjectives take the ending -**ą**; though **tę** (the accusative form of **ta** 'this, that') is an exception to this rule. In spoken Polish you will often hear it pronounced as **tą**; in the written language this is a mistake – you must write **tę**. However, **tamta** 'that one (there)' is regular. So: **Pamiętasz tamtą blondynkę?**

But remember that the form **tą** does exist – it is the instrumental singular of **ta**: so, **Czy rozmawiałeś z tą blondynką?**

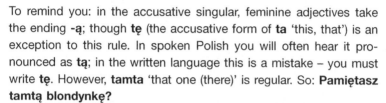

Mieliśmy w domu mały wypadek
We had a small accident at home **(Audio 2:36)**

Neil Howard is waiting for Stefan, whose day has begun with a series of accidents (but remember: no one was really hurt, and the cat survived).

STEFAN   Dzień dobry. Długo pan czeka?
NEIL   Dzień dobry. Nie dłużej niż 15 minut.
STEFAN   Przepraszam pana za spóźnienie, ale mieliśmy w domu mały wypadek.
NEIL   Mam nadzieję, że nic groźnego?
STEFAN   Żona poślizgnęła się biegnąc po schodach i zwichnęła sobie nogę. Musiałem zawieźć ją na pogotowie.
NEIL   Ale to nic poważnego?
STEFAN   Nie. Będzie tylko musiała być ostrożna . . . Ale to nie koniec porannych kłopotów. Jadąc na pogotowie niechcący przejechałem kota sąsiadki. Spiesząc się nie zdążyłem jej o tym powiedzieć, ale widział mnie jej syn, więc na pewno teraz już o tym wie. Kiedy wrócę do domu czeka mnie awantura.
NEIL   To naprawdę pechowy początek dnia.
STEFAN   To jeszcze nie wszystko. Parkując, ponieważ bardzo się spieszyłem, przypadkowo zarysowałem samochód szefa.

Nie mam pojęcia, jak mu o tym powiedzieć. I co by pan
zrobił na moim miejscu?

NEIL   Nie wiem, nie znam tak dobrze pańskiego szefa. Ale
pamiętam, że kiedyś zdarzył mi się podobny wypadek.

STEFAN   I co pan zrobił?

NEIL   Zacząłem szukać nowej pracy zaraz po tym, jak szef mnie
zwolnił.

 Vocabulary

nic groźnego/nic poważnego	nothing serious
poślizgnąć się	slip
biegnąc po schodach	running (up *or* down) the stairs
schody	stairs
zwichnąć nogę	sprain one's ankle
zawozić/zawieźć	take (by transport)
pogotowie	accident and emergency/casualty department (an ambulance is **karetka pogotowia***)*
ostrożny	careful
poranny *adj.*	morning (from the noun **poranek**)
kłopot	trouble, bother
niechcący *adj.*	unintentionally
przypadkowo *adv.*	accidentally, by chance
przejechałem kota	I ran over a cat
nie zdążyłem + *inf.*	I didn't have time (to do something)
awantura	row, scene
pechowy *colloq.*	unlucky
zarysować (*here*)	to scratch
szef	boss
zdarzać/zdarzyć się	happen, occur
podobny	similar
zaraz po tym, jak ...	straight after that, when ...
zwalniać/zwolnić (z pracy)	dismiss, sack

Language points

Talking about problems

Here are some words you can use, and which are sometimes interchangeable:

Polish **problem** corresponds to English 'problem, difficulty': **Problemy społeczne, polityczne, gospodarcze** 'Social, political, economic problems', **Mam problemy z tym tekstem** 'I've got problems with this text'.

Kłopot is also used to talk about problems and difficulties, but in the sense of 'troubles, worries': **On ma duże kłopoty rodzinne** 'He's got great family problems/worries', **Nie rób sobie kłopotów** 'Don't make trouble for yourself', in other words, 'Don't make a rod for your own back'.

Sprawa can be translated as 'matter, question, issue, case (also in the legal sense)': **To bardzo skomplikowana sprawa** 'This is a very complicated issue', **Sprawa życia i śmierci** 'A question of life and death', **Wygrać/przegrać sprawę** 'To win/lose one's case'. **Sprawa** appears also in a number of common expressions. For example: **Nie ma sprawy!** *colloq.* 'No problem!', **Zdaję sobie sprawę, że . . .** 'I realize (am aware) that . . .'.

To się zdarza – **These things happen**

Zdarzać się/zdarzyć się is 'to happen, take place, occur', often in the sense of English 'to meet with, experience', for example, an accident, problem, misfortune:

Kiedyś zdarzył mi się podobny wypadek.
I once had (met with) a similar accident.

Zdarzyło się wczoraj wielkie nieszczęście.
A great misfortune occurred yesterday.

Note also: **Tak się zdarzyło, że . . .** 'It so happened that . . .', **Zdarzają się dnie, kiedy . . .** 'There are days when . . .'.

Perfective verbs in -(n)ąć revisited

You met some of these verbs earlier. Three more appeared in this
unit: **zgadnąć** 'guess', **poślizgnąć się** 'slip', **zwichnąć (nogę)** 'sprain
(one's ankle)'.

One characteristic of this family is that in their past tense the **-ą-** is
replaced by **-ę-**, except in the masculine singular forms: **zwich|nąłem,
-nąłeś, -nął** *but* **zwich|nęłam, -nęłaś, -nęła** and so on. In the future
the pattern is: **-nę, -niesz, -nie** . . .

Perfective verbs in **-(n)ąć** are also often unpredictable or irregular.
For example, the future of **zacząć** 'begin' behaves as if its infinitive
ended in **-nąć (zacznę** 'I'll begin'); the future of **wziąć** 'take' is **wezmę,
weźmiesz, weźmie/weźmiemy, weźmiecie, wezmą**, but its past
tense follows the rules (**wziąłem** . . . **wzięłam**); the future of **zgadnąć**
follows the rules, but its past tense is irregular: **zgadłem (-am),
zgadłeś (-aś), zgadł (-a), zgadliśmy (-łyśmy)** and so on.

The imperative of **wziąć** is **weź** 'take!'. Other verbs in the family,
including **zacząć**, take the ending **-nij: zacznij** 'begin!', **zgadnij**
'guess!', but take care to check.

Exercise 5

Say in Polish:

1 I'm sorry but I (*male*) won't be able to go with you (*friends*) on the
   trip to Munich (**Monachium**). I've sprained my ankle.
2 I (*female*) realize this is a complicated matter but I'd be very grateful
   for a quick reply (**odpowiedź**).
3 I (*male*) don't know him that well but in your (*male, formal*) place
   I'd start looking for a new job.
4 We (*male + female*) didn't wait more than 10 minutes.
5 Because she was in a hurry she didn't have time to tell you (*female,
   formal*) about it.

Reading

Ludność Polski - prognoza demograficzna
The population of Poland - a demographic forecast **(Audio 2:37)**

First read the following passage, then listen carefully to the recording. This is an opportunity to revise dates and numbers – use the *grammar/topic index* at the end of the book to find the appropriate units.

Jeszcze pod koniec 1998 r. Główny Urząd Statystyczny (GUS) twierdził, że w 2010 r. ludność Polski wyniesie 40 mln osób, a w 2020 r. – 40,7 mln.* Jednak w ostatnich dniach grudnia 1999 r. GUS przyznał, że dotychczasowa prognoza demograficzna była zbyt optymistyczna. Polaków będzie coraz mniej. Według nowych przewidywań w najbliższych pięciu latach ludność Polski zmniejszy się o 30 tysięcy osób. Potem nieco wzrośnie, przekraczając w 2015 r. – 39 mln osób, ale od 2019 r. znów zacznie spadać i w połowie XXI w. prawdopodobnie będzie nas tylko 35 mln. Koniec marzeń o 40 milionowym narodzie?

Według demografów, w zeszłym roku liczba mieszkańców Polski zmniejszyła się o 13 tys. – do 38,7 mln osób. Po raz pierwszy od zakończenia drugiej wojny światowej liczba zgonów przewyższyła – o około tysiąc – liczbę urodzeń.

Marek Henzler, *Polityka* nr 3 (2228), 15 stycznia 2000 (adapted)

---

* 40,7 mln = czterdzieści przecinek *'comma'* siedem miliona; this is the continental European equivalent of the British and American 40.7 million.

Vocabulary

pod koniec	towards the end
Główny Urząd Statystyczny	Central Office of Statistics
twierdzić/stwierdzić	claim, say
wyniesie (*here*)	will amount to, be
w ostatnich dniach	in the last days
przyznawać/przyznać	admit, concede
dotychczasowy *adj.*	so far, until now
według nowych przewidywań	according to new predictions
w najbliższych pięciu latach	in the next five years
ludność ... zmniejszy się o	the population will decrease by
potem ... wzrośnie	then it will increase
nieco	slightly, somewhat
przekraczając	exceeding, going over
znów = znowu	once again
zacznie spadać	(it) will begin to fall
w połowie XXI w.	in the middle of the 21st century (*w połowie dwudziestego pierwszego wieku*)
prawdopodobnie	probably, supposedly
koniec marzeń o	end of the (day-) dreams about
naród	nation, country
w zeszłym roku	in the past year
liczba mieszkańców	the number of inhabitants (= people living in ...)

The last sentence (translated literally) reads as below. See if you can follow the vocabulary and structure:

'For the first time since the ending of the Second World War the number of deaths has surpassed – by about a thousand – the number of births.'

Unit Eighteen

Jak dobrze, że już wróciłaś!

How good to see you back!

In this unit you will learn about:

- Adjectival participles – 'a flying object', 'a cooked dinner'
- Forming nouns from verbs
- The passive
- Using the verb **zostać**
- Going places by train

Dialogue 1

Nie potrafiłem sobie bez ciebie poradzić
I haven't been able to cope without you
(Audio 2:39)

For the last week Roman's wife Anna has been away, visiting her parents in Gdańsk. Doing the housework and looking after the children on his own has not been easy, so, when he returns from work and finds she is home, he is delighted. But, after the news she has received, not everything is going to be the same as before.

ROMAN   Witaj kochanie, jak dobrze, że już wróciłaś!

ANNA   Przecież nie było mnie tylko przez tydzień.

ROMAN   Tak, ale nie potrafiłem sobie bez ciebie poradzić. Kiedy
                jesteś w domu wszystko jest inaczej: posprzątane
                mieszkanie, ugotowany obiad, wyprane i wyprasowane
                ubrania. Dorota ma zawsze odrobione lekcje, a Wojtek
                wcześniej wraca do domu. Ja sobie nie potrafię z tym
                wszystkim poradzić.
ANNA   To tylko wymówki. Zresztą nie martw się, od dzisiaj
                wszystko się zmieni.
ROMAN   Co masz na myśli?
ANNA   (*Pokazuje mu list*) Przyjęto mnie do pracy w tej nowej,
                rozwijającej się firmie farmaceutycznej. Będę więc kobietą
                pracującą i zarabiającą . . . tak jak ty . . . i będę miała
                o wiele mniej wolnego czasu. Dlatego musisz mi pomóc
                w domu.
ROMAN   To znaczy?
ANNA   Podzielimy się obowiązkami. Ja mogę nadal robić pranie
                i prasować, a ty zajmiesz się sprzątaniem. Dzieci mogą
                ci pomóc. A gotować możemy wspólnie. Następnym
                razem nawet nie zauważysz, że wyjechałam.
ROMAN   Dlaczego musiałem ożenić się z kobietą sukcesu?
ANNA   Trzeba było słuchać mamy. A teraz, przestań narzekać
                i wyciągnij odkurzacz.

Vocabulary

radzić/poradzić sobie **z** + *instr.*	manage/cope with something
inaczej *adv.*	different (in the sense of things being different from normal, or of doing or saying something in another way)
posprzątane mieszkanie	tidy flat
ugotowany obiad	cooked dinner
wyprane/wyprasowane **ubrania**	washed/ironed clothes (Roman uses the plural of **ubranie** because he's talking about all the family's sets of clothes)
odrobione lekcje	homework done
wymówka	excuse

zresztą wszystko się zmieni	in any case everything will change
przyjęto mnie do pracy	I've got a job (*lit.* I've been accepted to work)
pracujący	working
zarabiający	earning money
dzielić się/podzielić się + *instr.*	share *something*
obowiązek	duty, responsibility
nadal robić pranie	continue to do/go on doing the washing
prasować/wyprasować	iron
zajmować/zająć się + *instr.*	occupy oneself, deal with *something*
sprzątanie	cleaning, tidying up
wspólnie	jointly
następnym razem	next time
zauważać/zauważyć	notice
narzekać	complain
wyciągać/wyciągnąć	get (*lit.* pull) out
odkurzacz	vacuum cleaner

Language point

Adjectival present participles – 'a flying object'

The adjectival present participle is formed in exactly the same way as the present adverbial (Unit 17), but with the addition of adjectival endings:

czekać	**czekaj-ąc**	**czekaj-*ący* -*ąca* -*ące***
mieszkać	**mieszkaj-ąc**	**mieszkaj-*ący* -*ąca* -*ące***
dawać	**daj-ąc**	**daj-*ący* -*ąca* -*ące***
jechać	**jad-ąc**	**jad-*ący* -*ąca* -*ące***
mówić	**mówi-ąc**	**mówi-*ący* -*ąca* -*ące***
myśleć	**myśl-ąc**	**myśl-*ący* -*ąca* -*ące***
pracować	**pracuj-ąc**	**pracuj-*ący* -*ąca* -*ące***

In the plural use **-ący** (men, mixed groups of people), **-ące** (other nouns).

Adjectival participles, like all adjectives, agree in number, gender and case with the nouns to which they refer:

Będę kobietą pracującą i zarabiającą . . . tak jak ty.
I'll be a working woman and earning money . . . just like you.

Przyjęto mnie do pracy w rozwijającej się firmie farmaceutycznej.
I've got a job in a growing pharmaceutical company.

Latający cyrk Monty Pythona.
Monty Python's Flying Circus.

The present participle is frequently met in written texts and complex sentences where it serves to replace clauses introduced by **który -a -e** 'which, who'. Below are two typical examples extracted from longer texts on the 'situations vacant' pages – in the first advert we have a company enjoying dynamic growth in the field of beauty care, in the second the offer of interesting and satisfying work in a young, ambitious team of people, a company car and an attractive salary:

Laboratorium Kosmetyczne ABC jest dynamicznie rozwijającą się polską firmą specjalizującą się [*jest polską firmą, która rozwija się dynamicznie i specjalizuje się*] w produkcji kosmetyków pielęgnacyjnych.

Oferujemy:

- interesującą, dającą satysfakcję pracę [*pracę, która jest interesująca i daje satysfakcję*] w młodym i ambitnym zespole
- samochód służbowy
- atrakcyjne wynagrodzenie

A few present participles used adjectivally (**interesujący** is one) can occur alone. For example: **to jest interesujące/denerwujące/męczące** 'this is interesting/irritating/tiring', **kurs języka dla początkujących** 'a language course for beginners (those beginning)'.
In expressions such as 'I saw/heard someone doing something' it is better, in colloquial Polish, to avoid a participle, and use the following construction with **jak**:

Widziałem, jak on to robił.	I saw him doing it.
Słyszałem, jak ona to mówiła.	I heard her say(ing) this.

Exercise 1

Produce an English version of the ads above. You already know the gist of what they say. Be inventive, but accurate.

Exercise 2

In the following sentences use present adjectival participles to replace the clauses introduced by **który -a -e**:

1 Kobiety, które pracują nie mają dużo czasu na zakupy.
2 Czy widzisz tego pana, który stoi tam przy wejśiu?
3 Ta pani, która rozmawia z bratem jest naszą sąsiadką.
4 Co wy wiecie o ludziach, którzy mieszkają na prowincji?

Exercise 3

Express the difference in meaning in each of the following pairs of sentences:

1 (a) Idąc ulicą spotkałem Piotra.
　(b) Spotkałem Piotra idącego ulicą.

2 (a) Widziałem kobietę czekającą na tramwaj.
　(b) Widziałem ją, czekając na tramwaj.

Language points

Adjectival past participles – 'a cooked dinner'

Adjectival past (or, to be exact, past passive) participles correspond to the English past tense forms such as 'done', 'forgotten' and those ending, more typically, in -ed: 'finished', 'cooked', 'washed'. They are formed from perfective verbs, as follows:

Verbs ending in	*Past participles end in*	
-ać/-eć	*-any -ana -ane pl.-ani -ane*	
napis-ać	**napis-any**	written
podpis-ać	**podpis-any**	signed
ugotow-ać	**ugotow-any**	cooked
wyprasow-ać	**wyprasow-any**	ironed, pressed
zapomni-eć	**zapomni-any**	forgotten

Verbs ending in *-ić/-yć* and *-ść/-źć*	Past participles end in *-ony -ona -one* pl.*-eni -one*	
kupi-ć	**kupi-***ony*	bought
zaprosi-ć	**zaprosz-***ony*	invited
zapłac-ić	**zapłac-***ony*	paid
zgubi-ć	**zgubi-***ony*	lost
skończ-yć	**skończ-***ony*	finished
znaleźć	**znalezi-***ony*	found
skraść	**skradzi-***ony*	stolen

Some verbs – those ending in **-(n)ąć**, for example – behave differently or deviate from the above rules. For now, note the following common examples:

zaj-ąć	**zaj-***ęty -a -e*	busy, occupied
zamkn-ąć	**zamkn-***ięty*	closed
otworzyć	**otwarty**	open(ed)
umyć	**umyty**	washed
zabić	**zabity**	killed

Their plural endings are **-(ę)ci -(ę)te**.

Adjectival past (passive) participles describe completed actions, decisions taken and results achieved. Like their adjectival present (active) partners, they can be used attributively – as in the first dialogue where Roman talks about having a 'cooked dinner', the 'clothes washed and ironed' – or they can occur alone, as in: **naprawdę jestem zajęty** 'I'm really busy'. Some are used as ordinary adjectives:

> **otwarte drzwi** 'an open door'; **list otwarty** 'an open letter'; **zakazany owoc** 'forbidden fruit'; **osoba wykształcona** 'an educated person'; **kurs dla zaawansowanych** 'a course for advanced students (the advanced)'

Adjectival participles – the present passive

Adjectival participles can also be formed from imperfective verbs to produce the present passive. These are less common but you will meet them, particularly when the talk is about processes – things 'being done/being -ed' – rather than completed actions, results. We shall return to this later in the unit.

These participles in the present passive, too, look and behave like ordinary adjectives, so their endings must agree in number and gender. For example: **język mówiony/pisany** 'the spoken/written language' (the language now being spoken and written); similarly **film animowany** is a film which involves the process of animation and **parking strzeżony** is a car park which is being supervised, on which someone is keeping watch (the verb is **strzec**).

A passive participle you already know is **kochany** *lit.* 'being loved (beloved)', which is how you address family and close friends in writing: **Kochana Moniko** 'Dear Monika'.

Exercise 4

Complete the following, using the adjectival past (passive) participle of the most appropriate verb given here: **zamknąć – zająć – skończyć – kupić – zaprosić – napisać – zrobić.**

1 Czy znasz tę powieść (*novel*) _____ przez Konwickiego?
2 Jesteśmy _____ na kolację.
3 Wszystkie miejsca w restauracji były już _____.
4 Poszła szybko do sklepu, ale sklep był _____.
5 Ona nigdy nie ma czasu. Zawsze jest bardzo _____.

Language point

Nouns from verbs

In the course of this book you have met a number of neuter nouns ending in **-anie, -enie, -cie**. These nouns are derived from verbs; they are very common in Polish and can be formed from almost any verb. Typically, they denote activities (the doing of something) directly associated with the verb, as in 'reading is a great pleasure':

czytać	**czy*tanie*** reading	**mówić**	**mów*ienie*** speaking
pisać	**pis*anie*** writing	**uczyć**	**ucz*enie*** teaching
prać	**pr*anie*** (the) washing	**myśleć**	**myśl*enie*** thinking
prasować	**prasow*anie*** (the) ironing		

Many such nouns (for example, **pranie**, **prasowanie**) have, to a lesser
or greater extent, acquired their own status in the vocabulary. For
example:

mieszkać	to live, reside	*mieszkanie*	a flat
podróżować	to travel	*podróżowanie*	travel(ling)
ubrać	to clothe	*ubranie*	clothes, clothing
kochać	to love	*kochanie*	darling, dearest
zaprosić	to invite	*zaproszenie*	invitation
powiedzieć	to say	*powiedzenie*	a saying, adage
żyć	to live	*życie*	life
wejść	to enter	*wejście*	entrance, way in
wyjść	to go out	*wyjście*	exit, way out

As a simple guide, the endings **-anie -enie -cie** are typical of nouns
derived from verbs ending, respectively, in **-ać**/in **-ić -yć -eć**/in **-ść**
and most monosyllabic verbs.

Dialogue 2

Od razu przystąpię do rzeczy I'll get straight to the point **(Audio 2:40)**

Stefan and his colleagues are being briefed by the director about a new contract signed with a Dutch computer company.

DYREKTOR   Dzień dobry państwu. Nie mamy zbyt dużo czasu, więc od razu przystąpię do rzeczy. Komputer, który państwo widzicie został wyprodukowany w Holandii. Podobny typ komputera od kilku lat, jak wiadomo, produkowany jest w Niemczech, oczywiście pod inną nazwą. Jak już państwo wiecie, w zeszłym tygodniu został podpisany kontrakt z holenderską firmą komputerową.

STEFAN   Czy to znaczy, że we Wrocławiu będą montowane właśnie te komputery?

DYREKTOR   Niezupełnie. W naszej fabryce będzie wykonywana tylko część pracy. Nasze mikroprocesory będą wysyłane do Holandii, gdzie komputery będą składane i sprzedawane.

STEFAN   Kiedy zostanie rozpoczęta produkcja?

DYREKTOR   Myślę, że pierwsze mikroprocesory będą gotowe za miesiąc. Materiały zostały zakupione dwa tygodnie temu, a pracownicy zostali przeszkoleni jak radzić sobie z nową technologią. Myślę, że za trzy, cztery tygodnie możemy śmiało zaczynać. To chyba tyle w wielkim skrócie. Czy są jeszcze jakieś pytania?

STEFAN   Kto zostanie kierownikiem produkcji?

DYREKTOR   Pan.

STEFAN   Ja!?

DYREKTOR   Niech się pan tak nie dziwi. Przecież musi pan mieć z czego zapłacić za remont mojego samochodu.

Vocabulary

produkować/wyprodukować	produce, manufacture
podobny typ	a similar type
jak wiadomo	as everyone knows
pod inną nazwą	under a different (trade) name
w zeszłym tygodniu	last week
został podpisany kontrakt	a contract was signed
holenderski	Dutch *adj.* (and the language)
montować (*also* składać)	assemble, put together
niezupełnie	not quite, not altogether
wykonywać/wykonać	carry out (a task)
wysyłać/wysłać	send
sprzedawać/sprzedać	sell
produkcja zostanie rozpoczęta	production, manufacture will begin
materiały zostały zakupione	the materials were bought
pracownicy zostali przeszkoleni	the workers (workforce) have been trained
możemy śmiało zaczynać	we can safely begin (**śmiało** *lit.* boldly)
to chyba tyle w wielkim skrócie	very briefly that's it/that's all, I think
kierownik produkcji	production manager
dziwić/zdziwić się	be surprised
mieć z czego zapłacić za	have something with (*lit.* out of) which to pay for
remont	repair(s)

 Language points

The passive

Passive constructions are formed with **być** + adjectival passive participles:

> **Praca będzie skończona jutro.**   The work will be finished tomorrow.

To musi być zrobione dzisiaj.
This must be done today.

Wszystko jest zamknięte.
Everything's closed.

To talk about what 'is, was or will be being done', as in the second dialogue, Polish uses the present passive participle (formed, remember, from imperfective verbs):

Podobny typ komputera [od kilku lat] produkowany jest w Niemczech.
A similar type of computer is being produced [has been produced* for several years] in Germany.

* Remember: when talking about how long something's been going on (see Unit 11) English uses a form of the past tense while Polish uses the present.

Mikroprocesory będą wysyłane do Holandii, gdzie komputery będą składane i sprzedawane.
The microprocessors will be (being) sent to Holland where the computers will be (being) assembled and (being) sold.

As you can see, it is not always easy to convey the use of the present passive in good English; but take care to recognize it in Polish, particularly if, for example, you're in business and details matter.

Using zostać

Passive constructions can also be formed with the perfective verb **zostać**, but only in combination with participles formed from other perfective verbs:

Komputer został wyprodukowany w Holandii.
W zeszłym tygodniu został podpisany kontrakt.
Materiały zostały zakupione . . . pracownicy zostali przeszkoleni.
Kiedy zostanie rozpoczęta produkcja?
When will production begin (be begun)?

In colloquial Polish, **zostać** (note its future: **zosta-nę -niesz -nie**) is often replaced by **być**, but this is not always an option. Note, for example, how you can distinguish clearly between a state or condition, and the action leading to it:

Kiedy wracałem do domu, sklep był jeszcze otwarty.
When I was returning home the shop *was* still *open*.

Wczoraj został otwarty nowy sklep sportowy.
Yesterday a new sports shop *was opened*.

Similarly, compare the following where **zostać**, followed by a noun, appears with a different but not unrelated meaning:

Adam jest/był nauczycielem.   Adam *is/was* a teacher.
Adam został nauczycielem.   Adam *became* a teacher.

Kto zostanie kierownikiem produkcji?
Who's going to become the production manager?

Zostać has an imperfective equivalent, **zostawiać**, and both can also translate the English 'to remain, stay (behind), be left'.

Agata została w Paryżu.   Agata stayed behind in Paris.
Zostało jeszcze trochę czasu.   There's still a little time left.
Niewiele zostaje do zrobienia.   There's not much left to do.

Other forms of the passive

As early as Unit 5 you used a passive (impersonal) construction – formed with **się** + third person singular of the verb – when talking about how something 'is said/written' in Polish. Here are some examples old and new:

Jak to się mówi/(się) pisze po polsku?
How do you (does one) say/write this in Polish?

Jak to się nazywa po angielsku/po niemiecku?
What is this called (do you call this) in English/in German?

Dużo się pisze o tym, ale nic się nie robi.
A lot is (being) written about this, but nothing is (being) done.

Często się słyszy, że . . .
You often hear (it said) that . . .

Note that in the past you use the third person singular neuter form of the verb:

Często się słyszało, że . . .
W domu mówiło się tylko po polsku.

To talk about the future use **będzie** with the past forms above:

Jeśli nie pójdziemy, to będzie się mówiło, że . . .
If we don't go (then) they (people) will be saying that . . .

Remember that in this construction **się** does not have a reflexive meaning (and you will not find, for example, 'mówić się' in the dictionary).

An alternative to the '**się** passive', but only with reference to past events, is formed by removing the adjectival endings of passive participles and replacing them with **-o**. There was one example in the first dialogue: **Przyjęto mnie do pracy** 'I've got a job' (I've been accepted/they've accepted me to work); here are two more:

Dużo wtedy o tym mówiono i pisano.
A lot was said and written about it at the time.

Powiedziano mi, że wszystkie bilety już zostały sprzedane.
I was told all the tickets had already been sold.

Constructions of the **pisze się**, **mówi się** type occur in any style; the **-o** forms are more typical of formal language and written texts.

Jak już państwo wiecie – jak wiadomo

You learned at the very beginning that with **pan, pani, państwo** and so on, you use the third person sing./pl. form of the verb. However, the use of the second person plural, as in the second dialogue, is also permitted: **komputer, który państwo widzicie** 'the computer which you see', **jak już państwo wiecie** 'as you already know' – this construction is common in less formal situations, such as among colleagues at work.

Jak wiadomo expresses a wide range of largely synonymous English phrases, such as: 'obviously', 'clearly', 'as you/we (all) know', 'as everyone knows', 'as is well known'. Another way of expressing the same sense is to use **wiadomo, że . . .** 'it's obvious/clear that . . .', 'we all know that . . .' and suchlike.

The negative **nie wiadomo (kiedy)** means 'no one knows, it's not known/clear (when)', **nigdy nie wiadomo** 'you/one never know(s)'.

Exercise 5

Answer in Polish these questions referring to Dialogue 2:

1 What happened last week?
2 Will all the production work be done in Wrocław?
3 What has the company's workforce been trained to do?
4 What does the director refer to as happening (a) 2 weeks ago (b) in a month's time (c) in 3–4 weeks' time?

 Dialogue 3

 O której jest najbliższy pociąg do . . . ?
When is the next train to . . . ? **(Audio 2:41)**

W informacji: Warszawa Centralna.

PASAŻER	O której jest najbliższy pociąg do Krakowa?
URZĘDNIK	Bezpośredni InterCity „Krakus" odchodzi za 40 minut, o 12.20. Przyjazd do Krakowa o 15.54.
PASAŻER	Dziękuję bardzo.
W kasie	
KASJERKA	Proszę?
PASAŻER	Proszę bilet normalny na pociąg InterCity do Krakowa na dzisiaj; na 12.20.
KASJERKA	Która klasa?
PASAŻER	Druga.
KASJERKA	Dla palących czy niepalących?
PASAŻER	Dla niepalących poproszę.
KASJERKA	97zł.
PASAŻER	Proszę.
KASJERKA	Dziękuję. To pański bilet, a to miejscówka: wagon 3, miejsce 76.
PASAŻER	Dziękuję.

Komunikat Pociąg InterCity „Krakus" relacji [*railspeak for: from . . .*
– to . . .] Warszawa Centralna–Kraków Główny, planowy odjazd
[*scheduled departure/to depart*] o godzinie 12.20, odjedzie
wyjątkowo [*exceptionally*] z toru [*track*] 1 przy peronie [*platform*] 3.
Za zmianę peronu serdecznie [*sincerely*] przepraszamy.

Kontrola biletów

KONDUKTOR Dzień dobry. Proszę bilety do kontroli.
PASAŻER Proszę.
KONDUKTOR Dziękuję.
PASAŻERKA Proszę.
KONDUKTOR Bilet ulgowy. Proszę legitymację.
PASAŻERKA Proszę.
KONDUKTOR Dziękuję. Pani jedzie do Przemyśla. Ma pani
 przesiadkę na stacji Kraków Główny. Pociąg osobowy
 do Przemyśla odjedzie o 16.17.
PASAŻERKA Dziękuję.
KONDUKTOR Do widzenia.

Vocabulary

PKP (Polskie Koleje Państwowe)	Polish State Railways
Dworzec Główny	Main Station
Dworzec Centralny	Central Station
peron	platform
tor	track
bilet normalny	full fare
bilet ulgowy	reduced fare
miejscówka	seat reservation
przesiadka	connection
odjazd	departure
przyjazd	arrival
pociąg osobowy	slow train
pociąg pośpieszny	fast train
pociąg podmiejski	suburban train
pociąg bezpośredni	direct train

pociąg InterCity	InterCity train
ekspres	express
wagon	carriage
przedział	compartment
dla palących	smoking
dla niepalących	non-smoking
legitymacja	identity card, ID

Having worked through the book you are now ready to move ahead. Sometimes – as often happens – you will want to go back and see things again. But in every case, and in conclusion: **Szczęśliwej podróży! Bon voyage! Gute Reise!**, or as they say in Ireland 'May the road rise up to meet you.'

Revise and consolidate 3

Welcome to the final revise and consolidate section. The questions and exercises here relate mainly to the last six units but you will also find some which are based on material covered in earlier units.

As always, use this opportunity to see how much you know and remember and what you need to look at again. Don't be discouraged if you do have to go back to some areas. This is natural when learning any new language.

Well done for getting this far!

Part A

1 Complete the following using the prompts given:

1 Dzisiaj jest _____ (Monday, 20 January).
2 Wyjeżdżam _____ (30 October). Wracam _____ (6 November).
3 Będziemy w Krakowie _____ (from 14 to 18 May).
4 Było to w roku _____ (1989; 2007).
5 Mieszkałam w Paryżu _____ (from April to June).

2 Complete the following using the correct dative form of the words in brackets:

1 Czy może _____ pani pomóc?   [ja/my]
2 Jestem _____ bardzo wdzięczny.   [ty/wy]
3 Co kupiłeś _____ na urodziny?   [brat/siostra]
4 To wszystko dzięki _____.   [ty/pan]
5 Dlaczego nie powiedziałaś _____ o tym?   [on/ona]

3 Tell a Polish friend that:

    1 you don't feel too well
    2 you've caught a cold
    3 you've got the shivers
    4 first you're cold, then you're hot
    5 you've got a headache
    6 you have to go to the doctor

4 Here is a selection of imperfective verbs. What are their perfective partners?

1 przepraszać		6	czytać
2 robić		7	iść
3 mówić		8	prosić
4 kupować		9	dawać
5 pomagać		10	pisać

(Audio 2:42)

5 Saying when. Can you remember how to say?

1 in an hour's time	6	a couple of days ago
2 half an hour ago	7	first day of spring
3 every ten minutes	8	next week
4 at noon	9	last year
5 in the evening	10	never

6 Make the following requests to a friend, as in the example:

    Proszę to zrobić dzisiaj.   Zrób to dzisiaj.

    1 Proszę zadzwonić do mnie jutro.
    2 Proszę to przeczytać.
    3 Proszę pić dużo wody.
    4 Proszę iść prosto, potem skręcić w prawo.
    5 Proszę nie zapomnieć o tym.

7 Say that you (Jacek) have:

    1 studied economics
    2 lived here for two years
    3 received an offer of a good job
    4 a job interview next week
    5 to buy a suit, shirt and tie

8 Complete the following using the comparative or superlative form, as required, of the adjective or adverb in brackets.

1 Mówisz po polsku coraz _____ (dobrze).
2 Mam _____ (mało) pieniędzy, niż myślałem.
3 Proszę to zrobić jak _____ (szybko).
4 Warszawa jest _____ (duże) miastem w Polsce.
5 To jest dobra restauracja, ale tamta jest _____ (dobra).
6 Pogoda jest coraz _____ (zła).

9 Rewrite the following sentences using the <u>conditional</u>.

1 Szef <u>chce</u> z panem porozmawiać.
2 Czy <u>możesz</u> mi pomóc?
3 Nie wiem, co <u>zrobię</u> bez ciebie.
4 <u>Radzę</u> pani tego nie robić.
5 Marta <u>woli</u> mieć pracę, niż siedzieć w domu.

10 Say the following:

1 The work will be finished tomorrow.
2 The contract has been signed.
3 All the shops are closed.
4 I'm very busy.
5 A forgotten writer (**pisarz**).

11 Saying 'should, ought to, need to, have to'. Say the following using the prompts given. Take care to use the right tense:

1 There's no need to worry. **trzeba**
2 I should do this today. **powinnam**
3 We should have done this yesterday. **powinniśmy**
4 We'll have to ask someone. **musieć/trzeba**
5 I (*Agata*) had to buy myself a dress. **musieć**

12 Complete the following using the appropriate prepositions:

Magda poszła _____ mężem _____ restauracji _____ lunch. _____ lunch zjedli spaghetti _____ sosem bolognese, a _____ deser lody wanilowe. _____ lunchu poszli _____ kina _____ western amerykański.

13 To complete the following, translate the prompts given:

Nie wiem . . .

1 what the boss said
2 where she's from
3 what this is called
4 where that is
5 if it's true or not

14 Here is a short account of Neil Howard's week. You first met him at the beginning of the book. Fill in the gaps using an appropriate verb from the list below and translate the prompts in square brackets:

zwiedzać wracać dzwonić organizować analizować odwiedzać kupowác

W poniedziałek _____ konferencję. [On Tuesday] idzie do firmy komputerowej SuperNet. [At noon] idzie do sklepu. _____ kwiaty. [In the evening] idzie na długi spacer. W środę _____ raport sprzedaży (*sales report*), a potem _____ do Londynu. [On Thursday] raz jeszcze (*once more*) _____ firmę komputerową SuperNet. [On Friday morning] Peter idzie na dworzec i jedzie do Krakowa. [In the afternoon] _____ Rynek i Stare Miasto. W sobotę [before noon] jedzie do Zakopanego. [On Sunday] _____ do Wrocławia.

Part B

1 What is the missing letter? Is it (a) **u** or **ó** (b) **rz** or **ż** ?

(a) si _ dmy, p _ ł, kl _ b
(b) _ eka, te _ , mo _ e

2 Unscramble the following letters to make numbers:

(a) istycą   (c) izomisetąside
(b) eśryzatnic   (d) edisme

3 Fill in the blank: wschód, zachód, _____, południe.

4 What is the opposite of (a) nic (b) nigdy (c) nikt?
5 When would you use the verbs (a) zwiedzać/zwiedzić (b) odwiedzać/
   odwiedzić?
6 Distinguish between the following degrees of male/female friend-
   ship: (a) kolega/koleżanka (b) przyjaciel/przyjaciółka (c) znajomy/
   znajoma.
7 You have a map of a Polish town where the names of the streets
   and places of interest have been translated into English. Provide
   the Polish for the following:

   Long Street – St. John's Street – Main Market (Square) –
   The Old Theatre – Independence Square

8 **To nic poważnego** 'It's nothing serious'. Now ask if it is something
   serious.
9 Give the Polish for the following: Munich, Athens, Madrid.
10 You're at a railway station in Poland. What is the difference
   between (a) peron (b) tor?

Part C (Audio 2:43)

Say it in Polish:

1 I've got a flat (apartment) on the Vistula/on Grodzka Street.
2 Please come as quickly as possible.
3 I've got less and less time.
4 He said he'd come if he had the time.
5 I'll ring you (*formal, male*) when I get back from New York.
6 How do you say this in Polish?
7 I'm cold. I'm thirsty.
8 When is she getting married?
9 I never have time for myself.
10 I don't know if I've understood correctly.
11 It's all one and the same thing.
12 Better late than never.
13 I'm looking for a job.
14 Do you (*friend*) know that lady?
15 When is the next train to Poznań?

Translate:

1 Okradli mnie!
2 Co ja mam teraz zrobić?
3 Trudno mi w to uwierzyć.
4 Żartujesz!
5 Po co to (jest)?
6 Od razu przystąpię do rzeczy.
7 Gdybym wiedziała, to bym ci powiedziała.
8 Zgadnij kogo spotkałem.
9 Czy podobał się ci ten film?
10 To się zdarza.

Key to exercises

Unit 1

Exercise 1

Conversation 1:

1	2	3	4	5	6
f	c	i	b	k	e

Conversation 2:

1	2	3	4	5	6	7
h	l	a	j	g	d	m

Exercise 2

1 jest 2 są 3 jestem 4 jesteście 5 jesteśmy; jesteś 6 jest 7 są 8 jest; jest

Exercise 3

1 Kto 2 Co 3 Gdzie 4 Czy 5 Gdzie 6 Czy 7 Kto 8 Czy 9 Co

Exercise 4

passport – *m.*; video – *n.*; (town) centre – *n.*; taxi – *f.*; hockey – *m.*; dentist – *m.* [exception]; American (woman) – *f.*; address – *m.*; computer – *m.*

Exercise 5

1 Dzień dobry. 2 Do widzenia. 3 Dziękuję. 4 Dobranoc. 5 Cześć, co słychać? 6 Wszystko w porządku./Po staremu./Nic nowego. 7 tu – tam. 8 blisko – daleko. 9 Nazywam się.... 10 Co to (jest)?

Exercise 6

1 Dziękuję or Nie, dziękuję./Dziękuję, nie. 2 Słucham? 3 Przepraszam (bardzo). 4 Czy możemy przejść na ty?/Proszę mi mówić... (first name). 5 Czy to daleko stąd?

Unit 2

Exercise 1

Przepraszam, gdzie tu jest blisko...? 1 bankomat 2 apteka 3 postój taksówek 4 kafejka internetowa 5 restauracja

Exercise 2 (suggestions only)

A   Przepraszam, jakt to (jest) ulica? Czy to (jest) ulica Prosta?
B   Nie, to (jest) ulica Grodzka.
A   A gdzie jest ulica Prosta? Czy to daleko stąd?/Czy ona jest daleko stąd?
B   Nie to bardzo blisko. Proszę iść prosto i skręcić w prawo. Po lewej stronie jest park. Naprzeciwko jest Poczta Główna.
A   Dziękuję bardzo.

Exercise 3

małe dziecko	inteligentna studentka
woda mineralna	Morze Czerwone
duży dom	telewizja satelitarna
karta kredytowa	długa rzeka

Exercise 4

1 niska 2 mały 3 trudna 4 zielona 5 drogi 6 słaba

Exercise 5

1 Jaki 2 Czyja 3 Która 4 Jaka 5 Które

Exercise 6

1 Gdzie tu jest blisko dobra restauracja? 2 Jakie jest twoje nowe mieszkanie? 3 Przepraszam, który hotel jest dobry, ale niedrogi? 4 Nasz angielski kolega jest bardzo sympatyczny.

Exercise 7

1 Proszę mi pokazać na planie. 2 Który hotel pan(i) poleca? 3 Gdzie jest Dworzec Główny? 4 Jaka jest pogoda? 5 Jaka szkoda! 6 Czy to miejsce jest wolne? 7 To jest moja żona/mój mąż . . . , nasz syn . . . i nasza córka. . . . 8 Konsulat Amerykański jest niedaleko stąd.

Unit 3

Exercise 1

1 Kiedy się spotykacie? 2 Oglądamy film. 3 Czy państwo się znają? 4 Gdzie oni/one mieszkają? 5 Przepraszam. Nie pamiętam.

Exercise 2

1 Agnieszka czyta polską gazetę. 2 Czy znasz tego pana i tę panią? 3 Na weekend wyjeżdżamy za miasto i odpoczywamy. 4 Czy pamiętacie mojego brata i moją siostrę? 5 Oni mają bardzo miłego sąsiada.

Exercise 3

1 Jest fascynujący i bardzo zabawny. 2 (Oni) po prostu rozmawiają. 3 Opalam się, pływam i gram w tenisa. 4 Monika kocha telewizję kablową./Beata uwielbia świeże powietrze.

Exercise 4

1	2	3	4	5	6	7	8	9	10	11	12
h	b	a	k	e	i	c	d	l	g	f	j

Exercise 5

1 C, 2 D, 3 E, 4 A, 5 B.

Exercise 6

1 Przepraszam, (a) czy ten stolik jest wolny? (b) gdzie [tu] są toalety?
2 Proszę kartę. [You could also say: Proszę menu.] 3 Na co pan/pani
ma ochotę? 4 Przepraszam za spóźnienie. 5 Czy twoja siostra gra w
koszykówkę?

Unit 4

Exercise 1

1 – 5 – 7 – 3 – 8 – 2 – 6 – 4

Exercise 2

1 z Warszawy do Krakowa 2 Starego Miasta 3 pana Borowskiego 4
Piotra i Agnieszki 5 dobrego hotelu, dobrej restauracji

Exercise 3

1 Mam czas – duże mieszkanie – ochotę na spacer./Nie mam czasu
– dużego mieszkania – ochoty na spacer. 2 Znasz Marka – Nowy Jork
– Francję?/Nie znasz Marka – Nowego Jorku – Francji? 3 Pamiętam
twoją siostrę – tego pana – jej adres./Nie pamiętam twojej siostry –
tego pana – jej adresu. 4 Oglądamy telewizję – ten nowy serial./Nie
oglądamy telewizji – tego nowego serialu. 5 Mamy jogurt naturalny
– wino czerwone – rezerwację./Nie mamy jogurtu naturalnego – wina
czerwonego – rezerwacji.

Exercise 4

1 kawałek sera 2 słoik dżemu 3 bochenek chleba 4 butelkę wody
mineralnej 5 tabliczkę czekolady 6 karton mleka 7 puszkę fasoli 8
kostkę masła

Exercise 5

1 Czy pan pali? 2 Marek i Ala spieszą się do teatru. 3 Życzę miłego weekendu. 4 Bardzo lubimy Stare Miasto. 5 Kiedy dzwonicie do domu? 6 Ewa bardzo się cieszy. Dzisiaj ma dzień wolny.

Exercise 6

1 Niestety, nie ma pana dyrektora – Barbary – taksówki – soku grejp-frutowego. 2 Niestety, tu nie ma centrum handlowego – przystanku autobusowego – poczty – parkingu strzeżonego. 3 Niestety nie ma Gazety Wyborczej – Przekroju – Polityki – Tygodnika Powszechnego.

Exercise 7

1 Peter ma dużo pracy i śpieszy się do biura. 2 Co robicie? – Uczymy się angielskiego. 3 Lubię słuchać muzyki. 4 Czy pan często dzwoni do biura? 5 Kiedy pani kończy pracę? 6 Co on mówi? 7 Dzisiaj, niestety, nie mam wolnego czasu. 8 Spotykamy się od czasu do czasu.

Unit 5

Exercise 1

1 Mówimy po francusku. Uczymy się polskiego. Rozumiemy już trochę po polsku. 2 Mówię biegle po niemiecku. Rozumiem dużo po polsku. Znam też bardzo dobrze francuski i angielski. 3 Beata i jej brat mówią doskonale/świetnie po włosku. Znają dość dobrze rosyjski i rozumieją po hiszpańsku. 4 Peter zna tylko angielski. Teraz uczy się polskiego. Już rozumie gramatykę, ale jeszcze nie mówi po polsku zbyt dobrze.

Exercise 2

1 świetnie 2 dokładnie 3 blisko 4 szybko 5 miło

Exercise 3

1 Mówię lepiej. Rozumiem więcej. 2 Mamy mniej pracy. 3 Dzisiaj jest zimniej. 4 Łatwiej jest czytać po polsku – mówić jest trudniej.

Exercise 4

1 wiesz; wiem, wiedzą. 2 znają; znamy 3 znam, wiem.

Exercise 5

1 Muszę kupić plan Warszawy/Krakowa. 2 Musimy uczyć się języków obcych. 3 Czy on umie pływać/mówić po polsku? 4 Czy możemy porozmawiać? 5 Czy możesz poczekać chwileczkę? 6 Czy mogę się przedstawić?

Exercise 6

1 Can I/can one park here? 2 I can't (don't know how to)/I can't (am not allowed to) play tennis. 3 I don't know Maria yet/I already know Monika.

Exercise 7

Intensive Polish Language Course 1 for beginners 2 for intermediate (students) 3 for advanced (students)

Exercise 8

1 Czy może pan/pani mówić trochę wolniej? 2 Jak to się mówi po polsku? 3 Żartujesz! (or indeed any one of the other expressions in this unit). 4 Nie ma sprawy. 5 Skąd o tym wiesz?

Pilna sprawa

1 To (write an) email or text him.
2 **prezes**; **szef**; **samochód**; meeting; have a talk; **niedługo**; be in a hurry; **napisać**

Unit 6

Exercise 1

do muzeum na wystawę; do parku na spacer; do klubu na dyskotekę; do filharmonii na koncert; do restauracji na kolację.

Exercise 2

1 jedziecie 2 jadę, jedzie 3 idziecie 4 idą 5 jedzie.

Exercise 3

1 Nie lubię telewizji – wolę radio. 2 Bardzo lubię teatr – uwielbiam Szekspira. 3 Lubię operę, ale wolę balet. 4 Kocham lato – nienawidzę zimy.

Exercise 4

1 jeździ 2 chodzicie 3 idziemy 4 jadę

Exercise 5

1 B, 2 D, 3 E, 4 A, 5 C

Exercise 6

1 wczoraj rano 2 w piątek wieczorem 3 we wtorek po południu 4 dziś/dzisiaj w południe 5 jutro w poniedziałek o północy.

Exercise 7

zwiedzać miasto; jechać na wycieczkę; kupować bilet; studiować polski; organizować spotkanie; chodzić do kościoła.

Revise and consolidate 1

Part A

1
Czy jest tu gdzieś blisko. . . . ? 1 bank 2 apteka 3 bankomat 4 dobry hotel 5 kafejka internetowa 6 postój taksówek 7 parking 8 dobra restauracja.

2
Przepraszam, gdzie (tu) jest. . . . ? 1 dworzec 2 ulica Prosta 3 centrum handlowe 4 dentysta 5 poczta 6 rynek.

3

1 kilo jabłek 2 paczka herbaty 3 karton soku pomarańczowego
4 kostka masła 5 słoik dżemu

4

1 Kiedy się spotykamy? 2 Jak ona się nazywa? 3 Jaka jest Agnieszka?
4 Skąd ty jesteś/pan(i) jest? 5 Gdzie (tu) jest poczta? 6 Czy to prawda?
7 Który hotel polecasz/pan(i) poleca?

5

Mam. . . . 1 brata 2 siostrę 3 wodę mineralną 4 komputer 5 czas
6 bilet tramwajowy 7 nowe mieszkanie 8 odtwarzacz MP3.

Nie mam. . . . 1 brata 2 siostry 3 wody mineralnej 4 komputera 5 czasu
6 biletu tramwajowego 7 nowego mieszkania 8 odtwarzacza MP3.

6

1 uczy się 2 dzwonisz 3 szukamy 4 spotykacie się 5 planują 6 rozumiem, mówi 7 mamy 8 mogę

7

1 zna 2 wiesz 3 znam, wiem 4 znamy, znają 5 wie 6 Czy wy się zna-
cie? – Znamy się bardzo dobrze.

8

1 jeździ do Polski 2 jadę na konferencję do Warszawy 3 chodzą do
teatru 4 jeździć 5 jedziecie na wakacje do Francji 6 idziemy na koncert
7 idę na pocztę, a potem na kawę 8 chodzisz do restauracji

9

1 Oczywiście. Uwielbiam Mozarta. 2 Dziękuję. Niestety, mam bardzo
dużo pracy. 3 Z przyjemnością, ale dzisiaj nie mogę. Może innym
razem.

10

1 głośno 2 blisko 3 źle 4 dokładnie 5 szybko 6 wolniej 7 mniej,
więcej 8 lepiej

11

1 Myślę, że to dobry pomysł. 2 Wiem/pamiętam, że Maria lubi lody. 3 Słyszę, że kupujesz nowy samochód. 4 Czy to prawda, że mamy nowego dyrektora?

12

1 Wszystko po staremu. Nie ma sprawy. 2 Cieszę się, że jesteście. Na co macie ochotę? 3 Czy to jest wolne miejsce? or Czy to miejsce jest wolne? Nic nie szkodzi. 4 Paweł ma nowe mieszkanie. Dzisiaj jest zimno.

13

1 D, 2 E, 3 A, 4 B, 5 C

Part B

1 32. 2 On the second last syllable. 3 For emphasis or to avoid ambiguity (in the third person singular and plural). 4 When 'they' are men or a mixed group of people use **oni**; otherwise use **one**. 5 Proszę bardzo./Nie ma za co. 6 (a) which one? (b) what kind of, what's . . . like? 7 (a) znać (b) wiedzieć 8 Am I (supposed) to wait? – Can I (one) wait? – Do I have to wait? 9 (a) mówić: mów-ię, mów-isz; uczyć się: ucz-ę się, ucz-ysz się; widzieć: widz-ę, widz-isz; myśleć: myśl-ę, myśl-isz; kupować: kup-uję, kup-ujesz (b) mieć: mam, masz; rozumieć: rozum-iem, rozum-iesz; wiedzieć: wiem, wiesz; chcieć: chcę, chcesz; móc: mogę, możesz 10 You would expect them to pay.

Part C

1 Dobry wieczór Marek. Co słychać?/Co nowego? 2 Mam brata i siostrę. 3 Czy pani ma czas na kawę? 4 Jest herbata, ale nie ma kawy. 5 Czy to daleko stąd? – Nie, to bardzo blisko. 6 Postój taksówek jest naprzeciwko hotelu. 7 Kiedy pan wraca do Krakowa? 8 Słyszę, że uczycie się polskiego i francuskiego. 9 Czy wiesz, co to jest? 10 Przepraszam, nie rozumiem. Proszę mówić wolniej. 11 Rzadko chodzę do teatru. Może dwa/trzy razy na rok (or w roku). 12 Jedziemy na długi weekend do Berlina. 13 Czy umie pani prowadzić samochód? 14 Niestety jest długa kolejka. Musimy poczekać. 15 Mam propozycję.

Unit 7

Exercise 1

1 dwa bilety tramwajowe, trzy pocztówki, cztery znaczki. 2 trzy długopisy... dwa czerwone, jeden czarny. 3 dwa szampony do włosów, dwie pasty do zębów.

Exercise 2

A 12 B 52 C 7 D 114 E 16 F 38 G 19 H 6
1 cztery 2 trzydzieści siedem 3 sześćdziesiąt pięć 4 siedemdziesiąt sześć 5 dwadzieścia jeden.

Exercise 3

dwa złote pięćdziesiąt groszy; dziewiętnaście złotych dziewięćdziesiąt dziewięć groszy; siedemdziesiąt trzy czterdzieści; sto dwadzieścia sześć; dwieście osiemdziesiąt złotych bez VAT

Exercise 4

1 E, 2 D, 3 A, 4 B, 5 C

Exercise 5

1 Moi bracia studiują. Moje siostry pracują. 2 Czy panie czekają? 3 To są Polacy, a to Niemcy. 4 Koledzy mówią, że one są bardzo miłe. 5 Ci panowie nie mówią po polsku.

Exercise 6

A 1 dni *or* dnie 2 ostatnie tygodnie 3 trudne lata 4 moi bracia
   5 ludzie 6 turyści 7 Polacy 8 bilety tramwajowe
B 1 profejonalista 2 biznesmen 3 lekarz 4 artysta 5 ekonomista
   6 polityk 7 inżynier 8 policjant 9 zawód 10 architekt

Exercise 7

	¹F	R	A	N	C	U	Z	I		

| ²W | Ł | O | S | I |

| | | ³S | Z | W | E | D | Z | I |

| | | ⁴J | A | P | O | Ń | C | Z | Y | C | Y |

| | | ⁵A | N | G | L | I | C | Y |

| | | ⁶N | I | E | M | C | Y |

| ⁷C | H | I | Ń | C | Z | Y | C | Y |

| ⁸A | M | E | R | Y | K | A | N | I | E |

Rynek pracy

1 przedstawiciel handlowy – menedżer projektów – wykwalifikowany pracownik fizyczny – profesor wyższej uczelni
2 (Strażacy)... cieszą się dużym poważaniem – (Jednak) zawody te nie zawsze są doceniane pod względem finansowym.

Unit 8

Exercise 1

Mieszkam 1 w małym mieszkaniu w centrum (miasta) 2 na wsi we Francji 3 w dużym bloku na drugim piętrze 4 w małym hotelu w Berlinie niedaleko dworca (kolejowego) 5 w domu akademickim w Warszawie.

Exercise 2

Pracuję 1 w biurze podróży 2 w sklepie 3 w księgarni 4 w recepcji 5 w dużej firmie 6 w fabryce 7 w reklamie 8 w pensjonacie

Exercise 3

1 Idziemy na przystanek autobusowy – jesteśmy na przystanku autobusowym. 2 Maria jedzie do Madrytu – ona jest w Madrycie. 3 Idę na pocztę – jestem na poczcie. 4 Peter jedzie do Włoch – on już jest we Włoszech.

Exercise 4

1 B, 2 D, 3 E, 4 A, 5 C

Exercise 5

1 Wstaję o siódmej czterdzieści pięć [= za piętnaście ósma]. 2 Wychodzę z domu o ósmej trzydzieści [= wpół do dziewiątej]. 3 Zaczynam pracę o dziewiątej. 4 Idę na lunch o trzynastej [= o pierwszej]. 5 Kończę pracę o siedemnastej [= o piątej]. 6 Wracam do domu o osiemnastej piętnaście [= piętnaście po szóstej].

Exercise 6

na uniwersytecie; w małej prywatnej firmie; w lutym; w tym roku; na egzaminie; w czerwcu; w lipcu; w sierpniu

Exercise 7

1 Idziemy do restauracji na kolację o ósmej wieczorem. 2 Jadę na trzy dni na konferencję na Węgry. 3 Jesteśmy na wakacjach w Niemczech. 4 O której (godzinie) jest pociąg do . . . ? 5 Pierwszy dzień wiosny. 6 Czy może mi pan/pani powiedzieć, która (jest) godzina? 7 Nowe centrum handlowe jest na przedmieściu. 8 Boże Narodzenie. 9 Nowy Rok. 10 Walentynki. 11 Wielkanoc. 12 Wigilia. 13 Sylwester. 14 Dzień Matki. 15 Wszystkich Świetych.

Unit 9

Exercise 1

Agnieszka nie kupiła: marchewek, lodów, bułek, ogórków, ziemniaków, bananów, ryb, jajek i pomidorów.

Exercise 2

1 czystych skarpetek 2 słodkich ciastek 3 tego pana 4 długich nocy

Exercise 3

dwie młode dziewczyny; trzech żołnierzy; dwóch małych chłopców; trzech żołnierzy; trzech Japończyków

Exercise 4

1 dwa dni(e)/tygodnie/miesiące/lata 2 parę dni/tygodni/miesięcy
3 kilkaset lat 4 kilogram jabłek/pomidorów/ziemniaków *or* kartofli
5 pięćdziesiąt złotych/dolarów/funtów 6 dwóch braci i dwie siostry
7 trzech Anglików/paru Niemców/cztery studentki 8 kilkuset turystów

Exercise 5

1 ma 2 chodzi 3 lubi 4 mieszka 5 kupuje 6 uczy się 7 mówi

Exercise 6

1 Spotykaliśmy (-łyśmy) się, kiedy pracowałem (-am) w Londynie.
2 Kiedy Maria była mała, nie lubiła chodzić do szkoły. 3 Co robicie
dla relaksu? 4 Miałyśmy dzisiaj dużo pracy. 5 Czy pan/pani często
jeździ do Polski?

Exercise 7

1 O co ci chodzi? 2 Jest pan/pani w samą porę. 3 Nie znoszę lodów
kawowych. 4 Przepraszam za spóźnienie. 5 To dobry pomysł.

Unit 10

Exercise 1

4 teaches at school	9 catches criminals
7 designs houses	6 writes for a newspaper
11 works in a shop	2 takes care of ill people
5 treats ill people	10 paints pictures or walls
1 preaches in a church	8 drives a car
3 does your hair	

Exercise 2

1 Jestem Anglikiem – mam dwadzieścia cztery lata – jestem dzien-
nikarzem i pracuję w Londynie. 2 On jest Niemcem – ma pięćdziesiąt
lat – mówi po angielsku – zna polski – jest doktorem i pracuje w
szpitalu w Berlinie. 3 Teresa jest Hiszpanką – ma dziewiętnaście lat
– jest niska – ma czarne włosy – jest studentką w Madrycie. 4 Jestem

Francuzką – mam trzydzieści jeden lat – (mój) mąż jest prawnikiem – (mój) syn ma pięć lat – (moja) córka ma dopiero trzy lata – mieszkam/mieszkamy w Lille. 5 Oni są Szwedami – są architektami – nie mają dzieci – mieszkają w Sztokholmie.

Exercise 3

[open]

Exercise 4

1 przed dworcem 2 za miastem 3 jeździ rowerem nad rzekę 4 między Warszawą a Lublinem 5 można lecieć samolotem albo jechać pociągiem.

Exercise 5

1 Kiedy będziesz w Polsce? 2 Będziemy czekali (czekały) na pana/panią na lotnisku. 3 Teresa będzie studiowała w Niemczech. 4 Gdzie będziecie mieszkali (mieszkały)? 5 Jutro będziemy zwiedzali (zwiedzały) Stare Miasto i rynek.

Exercise 6

1 której 2 którym 3 którymi 4 której 5 której

Exercise 7

1 Czym się zajmujesz? 2 Jak długo jest pan już w Polsce? 3 Będę tutaj jeszcze miesiąc. 4 Nie o to chodzi. 5 Pogoda będzie fantastyczna! 6 Wrocław jest czwartym co do wielkości miastem w Polsce.

Unit 11

Exercise 1

1 (a) I saw Peter this morning [**widziałem** – impf.: process, no action].
(b) (Please) look/take a look at what's happened [**zobaczyć, stało się** – both pf.: emphasis on single action, end result].
2 (a) We talked a long time on the telephone [**rozmawialiśmy** – impf.: process, duration]. (b) I met my friend and had to have a talk with

him [**spotkałem, porozmawiać** – pf.: saying what happened and what you had to do].
3 (a) What did you do/were you doing yesterday? [**robiłaś** – impf.: no single action]. (b) When did you do this? [**zrobiłaś** – pf.: completed action with result].

Exercise 2

1 Nie zrozumiałem (-am), co on powiedział. 2 Wieczorem spotkaliśmy (-łyśmy) się w klubie. 3 Kiedy wróciłeś (-aś) do domu? 4 Spędziliśmy (-łyśmy) wakacje nad morzem. 5 Marek nie poszedł dziś do pracy.

Exercise 3

Here are examples of the questions you might ask:

A_1 Przepraszam pana, ale gdzie jest Teatr Powszechny? [you could add: Czy on jest tu gdzieś blisko?] A_2 Czy mogę/można dojechać stąd autobusem? A_3 A gdzie jest (tu) przystanek tramwajowy? A_4 Którym tramwajem mogę/można tam dojechać? A_5 Dziękuję panu/pani bardzo.

Exercise 4

– Przepraszam *panią*, ale chyba się *zgubiłem* . . .
– Wiem. *Byłem* tam pół godziny temu. Potem *poszedłem* prosto, *skręciłem* w lewo, *przeszedłem* przez park, *minąłem* kościół i *się zgubiłem*.

Exercise 5

1 Na przeciwnym końcu miasta. 2 Proszę jechać za tym autobusem. 3 (No i) co miałam zrobić? 4 Przy przystanku zatrzymał się samochód. 5 Czy może nas pan podwieźć? 6 Popatrzyłam na nią zdziwiona.

Exercise 6

1 Czekam już dwadzieścia minut. 2 Uciekł mi autobus/tramwaj. 3 O której (godzinie) zaczyna się film? 4 Mieszkamy tu od pięciu lat. 5 Musimy kogoś zapytać o drogę.

Unit 12

Exercise 1

1 Co on powie? 2 (Ona) kupi bilet i wróci do domu. 3 Pójdziemy wieczorem do kina. 4 Kiedy on przyjedzie? 5 Czy napiszesz do Moniki? 6 Spotkamy się o siódmej. 7 Zrobimy to razem. 8 Porozmawiam z nim jutro.

Exercise 2

1 będzie wiedziała 2 będzie czekał 3 zrobią 4 skończymy 5 będę mógł/mogła

Exercise 3

1 Spotykamy się, idziemy do kawiarni i długo rozmawiamy przy kawie. 2 Zadzwonię do pana/pani jutro. 3 Wszedł, powiedział dzień dobry i wyszedł. 4 Zaprosiłem (-am) Annę i Marka na kolację. 5 Kiedy/o której (godzinie) pan/pani zwykle kończy pracę? 6 Czekaliśmy (-łyśmy). Dlaczego nie zadzwoniłeś (-aś) i nie powiedziałeś (-aś), że nie przyjdziesz?

Exercise 4

1 go/ją 2 niego/niej 3 ciebie/was 4 nich/nie 5 mnie/nas

Exercise 5

1 Adam kocha morze. Kiedyś jeździł na wakacje nad Bałtyk. Teraz często jeździ/wyjeżdża do Hiszpanii albo do Włoch. 2 Co roku Dorota wyjeżdża za granicę w poszukiwaniu przygód. Robi setki zdjęć. 3 Barbara i Zygmunt uwielbiają Mazury. Mogą tam żeglować, opalać się i odpoczywać/wypoczywać. 4 Zuzanna jedzie na wycieczkę szkolną do Berlina. Bedzie tam dwa tygodnie. 5 W tym roku Pan Kowalski nie jedzie na wakacje. Będzie w domu i będzie oglądał telewizję.

Exercise 6

1 To wspaniale! 2 Mam pomysł. 3 Przyjdę/przyjadę po pana/panią o ósmej. 4 Czy to prawda, czy nie? 5 Mamy tego samego dentystę. 6 (Czy) masz coś do pisania?

Revise and consolidate 2

Part A

1

1 bilety 2 są Anglicy, Niemcy 3 koleżanki studiują 4 moi bracia, moje siostry 5 polskie gazety

2

1 za krótkie 2 za drogie 3 za małe 4 za trudne 5 za młodzi

3

Jest. ... 1 ósma trzydzieści/wpół do dziewiątej (rano) 2 dziesiąta czterdzieści pięć/za piętnaście minut (za kwadrans) jedenasta (rano) 3 szósta dwadzieścia/dwadzieścia po szóstej (wieczorem) 4 dwunasta dziesięć/dziesięć po dwunastej (po południu) 5 jedenastej czterdzieści 6 trzynastej dwadzieścia pięć 7 między szesnastą a osiemnastą 8 od dziewiątej do dwudziestej drugiej

4

1 na/przy ulicy Długiej 2 w kinie 3 w biurze, na konferencji 4 na poczcie 5 w Niemczech, we Włoszech

5

1 (moja) córka ma dziesięć lat i chce być aktorką 2 (mój) syn ma siedem lat i nie lubi chodzić do szkoły 3 (mój) mąż/(moja) żona ma trzydzieści pięć lat 4 (on/ona) ma trzydzieści pięć lat od pięciu lat 5 (moja) babcia ma dziewięćdziesiąt lat i uwielbia futbol amerykański

6

A 1 Jeździłem (-am) do szkoły rowerem. 2 Często jeździliśmy (-łyśmy) nad morze. 3 Mieszkałem (-am) tam dwa lata. 4 Teresa zawsze lubiła gotować. 5 Miałem (-am) dzisiaj dużo pracy i nie miałem (-am) czasu na lunch. 6 Pisała do mnie co tydzień. 7 Znamy się od dawna.

B Dawniej (kiedyś). ... 1 grałem (-am) w tenisa 2 chodziłem (-am) na basen 3 miałem (-am) dużo pracy 4 wszystko było tanie 5 chodziłem (-am) do kina

Teraz. . . . 1 wolę słuchać muzyki 2 wolę czytać albo oglądać telewizję 3 spędzam dużo czasu z rodziną 4 wszystko jest drogie 5 oglądam filmy na DVD

7
Chciałem (-am) pojechać na dwa tygodnie do Włoch. Samolotem *poleciałem (-am)* do Rzymu. W Rzymie *spędziłem (-am)* cztery dni. *Zwiedziłem (-am)* to sławne miasto. Potem *pojechałem (-am)* do Florencji. *Spotkałem (-am) się* tam z moim przyjacielem Gino. Razem *pojechaliśmy* do Pizy, a potem do Wenecji. *Była* to prawdziwa przygoda. Do Polski *wróciłem (-am)* pociągiem.

8
1 Będziemy czekać/czekali (-ały) na pana na lotnisku. 2 Będę mieszkać/mieszkał(a) i pracować/pracował(a) w Berlinie. 3 Będziemy spotykać się/spotykali (-ły) się często. 4 Niestety, nie będę mógł (mogła) przyjść jutro. 5 Kiedy będziecie mieli (miały) czas?

9
1 Pojedziemy na wakacje nad morze. 2 Kiedy zrobisz zakupy? 3 Skończymy pracę i pójdziemy do domu. 4 Nauczę się polskiego. 5 Kupię gazetę i wrócę do domu.

10
1 go/ją 2 ciebie/was 3 do mnie/do niego 4 ich/je 5 do nich/do niej

Part B

1 There are special forms for nouns and adjectives referring to men, or mixed groups of men and women (see Unit 7). 2 profesorowie, panowie, biznesmeni. 3 They decline like feminine nouns in the singular but like other masculine nouns in the plural. 4 **ktoś** 'someone', **coś** 'something', **gdzieś** 'somewhere'. 5 (a) gazety (b) banki (c) kotów (d) bilety (e) studentek. 6 In the singular, past tense endings also indicate gender; in the plural they distinguish between men/mixed company and all other nouns. 7 You would normally use **go**; **jego** is for emphasis; after a preposition you need **niego** (see Unit 12). 8 I was writing (used to write) to her./I wrote (have written) to her. 9 kantor (wymiany). 10 (a) święto państwowe (b) święto kościelne.

11 (a) urodziny (b) imieniny. 12 lekarz 13 przylatuje. 14 lato. 15 puszka (but it might contain food).

Part C

1 Czy wszyscy mówią po angielsku? 2 Kiedy idziesz na zakupy? 3 Przepraszam za spóźnienie. 4 Mam nadzieję, że państwo nie czekali na mnie. 5 Jeszcze nie przeczytałem (-am) gazety. Nie miałem (-am) czasu. 6 Zwiedziliśmy (-łyśmy) Paryż, Londyn i Rzym i spędzilismy (-łyśmy) tydzień w Hiszpanii. 7 Jest zimno. Pojedziemy do domu taksówką. 8 Gdzie będziesz czekał/czekać? 9 Czy pani będzie mogła zrobić to dzisiaj? 10 Czym ona się zajmuje? 11 On ma prawie dwadzieścia lat. 12 Nie trzeba się martwić. 13 Przepraszam, chyba się zgubiłem (-am). 14 Nie znam tu nikogo/nikogo tu nie znam. 15 Zaczynam rozumieć po polsku.

Unit 13

Exercise 1

mojemu bratu/moim braciom – twojemu koledze/twoim kolegom – naszemu sąsiadowi/naszym sąsiadom – temu panu/tym panom – młodszej córce/młodszym córkom

Exercise 2

1	2	3	4	5	6	7	8	9	10
e	b	j	g	a	d	h	f	c	i

Exercise 3

1 Rano pomogłem (-am) siostrze napisać list do ciotki w Polsce. 2 Piotr pokazał grupie angielskich turystów, gdzie jest Muzeum Narodowe. Podziękowali mu i dali mu plan Londynu. 3 Chcieliśmy (chciałyśmy) pójść do kina, ale uciekł nam autobus i spóźniliśmy (-łyśmy) się. 4 Mój brat ma nową dziewczynę. Chciał kupić jej or jej kupić kwiaty na (jej) imieniny, ale nie miał pieniędzy więc pożyczyłem (-am) mu dwadzieścia złotych. 5 Wieczorem zadzwonił do mnie dyrektor. Powiedział mi, że bardzo mu (jest) przykro, ale często takie sprawy trwają bardzo długo.

Exercise 4

1 Chce mi się spać. 2 Jestem wam bardzo wdzięczny/-a. 3 Bardzo mi przykro. 4 Mam temperaturę. Nie czuję się zbyt dobrze. 5 Dlaczego nie napisałaś do mnie? 6 Masz grypę. To nic poważnego.

Exercise 5

[open]

Exercise 6

1 czterysta pięćdziesiąt kilometrów – dwustu studentów – trzysta dwanaście dolarów 2 od tysiąc dziewięćset osiemdziesiątego roku 3 od tysiąc dziewięćset dziewięćdziesiątego siódmego do dwutysięcznego roku/roku dwa tysiące 4 w tysiąc czterysta dziewięćdziesiątym drugim roku 5 między piętnastym a dwudziestym piątym grudnia

Exercise 7

1 (a) tego pana ktoś okradł na ulicy (b) szedłem do sklepu 2 Pani doktorze

Unit 14

Exercise 1

1 To nie oglądaj go. 2 Jedźmy na wycieczkę nad morze. 3 zadzwońcie do nas 4 Chodźmy do domu. 5 Weź taksówkę.

Exercise 2

1 Pomyśl o tym. 2 Powiedz mu o tym. 3 Kup bilety. 4 Zapytaj Dorotę.

Exercise 3

1 Nie myśl o tym. 2 Nie mów mu o tym. 3 Nie kupuj biletów. 4 Nie pytaj Doroty.

Exercise 4

1 żebyśmy przyszli (-ły) o siódmej 2 żeby pożyczyła mu pieniądze 3 żeby poszedł do kiosku i kupił *Newsweek* 4 żebyśmy skończyli (-ły) to dzisiaj 5 żeby zadzwonił do mnie, jak tylko wróci do domu

Exercise 5

1 Niech pani zadzwoni do mnie jutro po południu. 2 Niech się państwo nie przejmują. 3 Niech pan/pani pójdzie do dentysty. 4 Niech pan/pani zapyta się dyrektora.

Exercise 6

Dialogue 1: przynieś mi go z powrotem – mówiłem, żebyś mi nie przeszkadzała – daj mi pieniądze – pożycz mi pieniądze – oddam ci w przyszłym tygodniu
Dialogue 2: nie udało mi się go skończyć – powiem pańskiej żonie – właśnie tej kartki mi brakuje – zrobię panu kopię – niech pani . . . powie dyrektorowi – jeszcze raz pani dziękuję.

Unit 15

Exercise 1

1 Warszawa jest duża. Paryż jest większy. 2 Wisła jest długa. Dunaj jest dłuższy. 3 Telewizor jest drogi. Komputer jest droższy. 4 Tatry są wysokie. Pireneje są wyższe. 5 Moi młodzi bracia. Moje młodsze siostry.

Exercise 2

1 bardzo dobrze; lepiej; więcej 2 zimno; cieplej 3 najlepiej/najładniej 4 daleko; dalej; najdalej

Exercise 3

1 Im więcej pracuje tym mniej czasu spędza w domu. 2 W lecie dni są coraz dłuższe. 3 Ania jest o wiele młodsza od Kasi. 4 Ten telewizor jest najdroższy ze wszystkich. 5 To jest jeden z najlepszych filmów polskich. 6 Adam jest o wiele gorszym graczem od Filipa.

Exercise 4

1 Nie lubię chodzić do dentysty. 2 Wolimy chodzić do teatru, niż do kina. 3 Kiedy byłem (-am) mały (mała), zawsze chodziliśmy na zakupy w sobotę. 4 Chodźcie, idziemy na kawę. 5 O co panu chodzi? 6 Czy (ty) zawsze chodzisz w garniturze?

Exercise 5

1 Nie mam na to pieniędzy. 2 świetnie, że cię widzę! 3 Naprawdę muszę kupić nowe buty. 4 Po prostu najlepszy/najlepsza. 5 Dostałem (-am) propozycję dobrej pracy.

Exercise 6

1 Powinienem był/powinnam była zadzwonić do niej wczoraj. 2 Powinna pójść do lekarza. 3 Powinien był powiedzieć nam wcześniej. 4 Co powinniśmy byli zrobić?

Exercise 7

In the context of the advert **winiarnia** is a 'wine bar'; **piwiarnia** could be 'a beer cellar, a beer hall, a beerhouse'.

Unit 16

Exercise 1

1 Gdybym miał czas, poszedłbym z tobą na kawę./Poszedłbym z tobą na kawę, ale nie mam czasu. 2 Gdyby one miały bilety, nie musiałyby czekać./Nie musiałyby czekać, ale nie mają biletów. 3 Gdybyśmy znali francuski, pojechalibyśmy do Paryża./Pojechalibyśmy do Paryża, ale nie znamy francuskiego. 4 Gdybyś napisał do mnie, spotkałbym cię na lotnisku./Spotkałbym cię na lotnisku, ale nie napisałeś do mnie. 5 Gdybym wiedziała o tym, to bym przyszła./Przyszłabym, ale nie wiedziałam o tym.

Exercise 2

1 Chcielibyśmy wiedzieć, co on powiedział. 2 Nie wiem, co bym zrobił bez ciebie. 3 Czy pani mogłaby mi pomóc? 4 Co byś zrobiła Kasia,

gdybyś wygrała na loterii? 5 Byłoby bardzo miło, gdybyśmy mogli się spotkać w Londynie.

Exercise 3

1 Gdybyśmy wiedzieli, to byśmy panu powiedzieli. 2 Jeśli powiedział, że przyjdzie to przyjdzie. 3 Jeśli ją spotkasz, to powiedz jej, że czekam. 4 Zadzwoniłabym, ale telefon/automat (telefoniczny) był nieczynny. 5 Jeśli będzie ładna pogoda, to pójdziemy na spacer do parku.

Exercise 4

1 Pracownik – pracować 'to work' 2 widz – widzieć 'to see' 3 pocztówka – poczta 'post office' 4 malować – malarz 'painter' 5 wejście – wejść *pf.* 'enter' 6 przestać – przestanek autobusowy/tramwajowy 'bus/tram stop' 7 ojczyzna – ojciec 'father' 8 koniec – kończyć *impf.* 'to end, finish'

Exercise 5

1 list 'letter' + nosić 'to carry' – in other words, **listonosz**, like his German colleague (**Briefträger**) is a 'letter carrier' 2 sam 'self, alone' + chodzić 'go (about)' 3 radio + słuchać 'listen'

Exercise 6

1 Czy podobał się wam ten film? 2 Czy podoba się ci moja nowa sukienka? 3 Nie podoba się nam życie w dużym mieście. 4 Czy podobała się wam Grecja? Czy podobały się wam Ateny?

Unit 17

Exercise 1

1 mając 2 kupiwszy 3 stojąc 4 pisząc; słuchając 5 jadąc 6 przeczytawszy

Exercise 2

1 Kiedy to mówiłem, telefon zadzwonił. 2 Skończyła pracę i poszła do kina/Kiedy skończyła pracę, poszła do kina. 3 Zwiedzając Stare

Miasto, spotkaliśmy (-łyśmy) naszych sąsiadów z Londynu. 4 Prawdę mówiąc, nie czuję się zbyt dobrze. 5 Kiedy wróciła do domu, zrobiła kawę, i oglądała telewizję. 6 Czekaliśmy (-łyśmy) nie wiedząc co zrobić.

Exercise 3

1 Zgadnijcie, kogo spotkałyśmy dzisiaj. 2 Mój brat żeni się w maju. 3 Mieszkamy tutaj od pięciu lat/od października. 4 Nie mam pojęcia. 5 Tylko powtarzam, co słyszałem (-am) w telewizji. 6 Chciałbym, żebyś [see Unit 14] poznała moją rodzinę.

Exercise 4

A: What kind of work/job is she looking for?

W: She'd like to find a job in some Polish–French firm/company. Considering her qualifications I shouldn't think that's going to be too difficult.

A: And what does her husband say to that?

Here: **jakiej** and **pracy** are genitive – this is the case required by the verb **szukać**; **jakaś** 'some kind of' appears in the locative because of the preposition **w**.

Exercise 5

1 Przepraszam, ale nie będę mógł pojechać z wami na wycieczkę do Monachium. Zwichnęłem (sobie) nogę. 2 Zdaję sobie sprawę, że to (jest) bardzo skomplikowna sprawa, ale byłabym bardzo wdzięczna za szybką odpowiedź. 3 Nie znam go tak dobrze, ale na pana miejscu zacząłbym szukać nowej pracy. 4 Nie musieliśmy czekać dłużej niż [lit. longer than] dziesięć minut. 5 Ponieważ spieszyła się, nie miała czasu powiedzieć pani o tym.

Unit 18

Exercise 1

[open]

Exercise 2

1 Kobiety pracujące nie mają dużo czasu na zakupy. 2 Czy widzisz tego pana stojącego tam przy wejściu? 3 Ta pani rozmawiająca z bratem jest naszą sąsiadką. 4 Co wy wiecie o ludziach mieszkających na prowincji?

Exercise 3

1 (a) As I was walking along the street I met Peter. (b) I met Peter as he was walking along the street. 2 (a) I saw a woman (who was) waiting for a tram. (b) I saw her as I was waiting for the tram.

Exercise 4

1 **napisaną** 'written' 2 **zaproszeni** (*men, mixed group*), **zaproszone** (*women*) 'invited' 3 **zajęte** 'occupied, taken' 4 **zamknięty** 'closed' 5 **zajęta** 'busy'

Exercise 5

1 W zeszłym tygodniu został podpisany kontrakt z holenderską firmą komputerową. 2 Niezupełnie. (W fabryce) we Wrocławiu będzie wykonywana tylko część pracy. 3 Pracownicy zostali przeszkoleni jak radzić sobie z nową technologią. 4 (a) materiały zostały zakupione (b) pierwsze mikroprocesory będą gotowe (c) możemy śmiało zaczynać produkcję.

Revise and consolidate 3

Part A

1

1 poniedziałek dwudziestego stycznia 2 trzydziestego października, szóstego listopada 3 od czternastego do osiemnastego maja 4 tysiąc dziewięćset osiemdziesiątym dziewiątym; dwutysięcznym siódmym 5 od kwietnia do czerwca

2

1 mi/nam 2 ci/wam 3 bratu/siostrze 4 tobie/panu 5 mu/jej

3
1 Nie czuję się zbyt dobrze. 2 Przeziębiłem (-am) się. 3 Mam dreszcze.
4 Raz mi zimno, raz gorąco. 5 Boli mnie głowa. 6 Muszę pójść do
lekarza.

4
1 przeprosić 2 zrobić 3 powiedzieć 4 kupić 5 pomóc 6 przeczytać
7 pójść 8 poprosić 9 dać 10 napisać

5
1 za godzinę 2 pół godziny temu 3 co dziesięć minut 4 w południe
5 wieczorem 6 parę dni temu 7 pierwszy dzień wiosny 8 w przyszłym
tygodniu 9 w ostatnim roku 10 nigdy

6
1 Zadzwoń do mnie jutro. 2 Przeczytaj to. 3 Pij dużo wody. 4 Idź
prosto, potem skręć w prawo. 5 Nie zapomnij o tym.

7
1 Studiowałem ekonomię. 2 Mieszkam tu dwa lata (or od dwóch lat).
3 Dostałem propozycję dobrej pracy. 4 Za tydzień mam rozmowę
kwalifikacyjną. 5 Muszę kupić garnitur, koszulę i krawat.

8
1 lepiej 2 mniej 3 najszybciej 4 największym 5 lepsza 6 gorsza

9
1 chciałby 2 mógłbyś/mogłabyś 3 zrobiłbym/zrobiłabym 4 radziłbym/
radziłabym 5 wolałaby

10
1 Praca będzie (zostanie) skończona jutro. 2 Kontrakt został podpisany.
3 Wszystkie sklepy były zamknięte. 4 Jestem bardzo zajęty/zajęta.
5 zapomniany pisarz

11
1 Nie trzeba się martwić. 2 Powinnam to zrobić dzisiaj. 3 Powinniśmy
byli zrobić to wczoraj. 4 Będziemy musieli (musiały) kogoś się zapytać/
Trzeba będzie kogoś się zapytać. 5 Musiałam kupić sobie sukienkę.

12

Magda poszła z mężem do restauracji na lunch. Na lunch zjedli spaghetti z sosem bolognese, a na deser lody wanilowe. Po lunchu poszli do kina na western amerykański.

13

Nie wiem. . . . 1 co szef powiedział 2 skąd ona jest 3 jak to się nazywa 4 gdzie to jest 5 czy to prawda, czy nie

14

W poniedziałek organizuje konferencję. We wtorek idzie do firmy komputerowej SuperNet. W południe idzie do sklepu. Kupuje kwiaty. Wieczorem idzie na długi spacer. W środę analizuje raport sprzedaży, a potem dzwoni do Londynu. W czwartek raz jeszcze odwiedza firmę komputerową SuperNet. W piątek rano Peter idzie na dworzec i jedzie do Krakowa. Po południu zwiedza Rynek i Stare Miasto. W sobotę przed południem jedzie do Zakopanego. W niedzielę wraca do Wrocławia.

Part B

1 (a) siódmy, pół, klub (b) rzeka, też, może or morze 2 (a) tysiąc (b) trzynaście (c) osiemdziesiąt (d) siedem 3 północ 4 (a) wszystko (b) zawsze (c) wszyscy (wszystkie) 5 (a) to visit places, to tour (b) to visit people 6 (a) friend, colleague (b) close friend (c) acquaintance 7 (ulica) Długa – (ulica) św. Jana – Rynek Główny – Teatr Stary – Plac Niepodległości 8 Czy to coś poważnego? 9 Monachium – Ateny – Madryt 10 Each platform (**peron**) has a track (**tor**) on either side, so listen carefully to the announcements and keep an eye on any available digital displays.

Part C

Say it in Polish

1 Mam mieszkanie nad Wisłą/na (przy) ulicy Grodzkiej. 2 Proszę przyjść jak najszybciej. 3 Mam coraz mniej czasu. 4 Powiedział, że przyjdzie, jeśli będzie miał czas. 5 Zadzwonię do pana, kiedy wrócę z Nowego Jorku. 6 Jak to się mówi po polsku? 7 Zimno mi. Chce mi się pić. 8 Kiedy ona wychodzi za mąż? 9 Nigdy nie mam czasu dla siebie. 10 Nie wiem, czy dobrze zrozumiałem (-am). 11 To wszystko jedno i

to samo. 12 Lepiej późno, niż wcale. 13 Szukam (poszukuję) pracy.
14 Czy znasz tę panią? 15 Kiedy jest najbliższy pociąg do Poznania?

Translate
1 I've been robbed! 2 What am I (supposed) to do now? 3 I find that
difficult to believe. 4 You're joking! 5 What's this for? 6 I'll get straight
to the point. 7 If I knew, I'd tell you *or*, depending on context: Had I
known I would have told you. 8 Guess who I met. 9 Did you like this
film? 10 These things happen.

Grammar reference

This is a summary of some of the main points of grammar. Use it as a quick reference guide. For more detailed explanations always return to the appropriate units.

Nouns

Gender

There are three genders: masculine, feminine, neuter. Gender is in most cases not related to meaning, and is determined by the ending of the noun in its basic, dictionary (nominative singular) form.

Case

Nouns change their ending (in the singular and plural) according to the role (e.g. subject, object) they play in the sentence.

Case may also be determined by other factors, for example, by a preposition, a verb or a combination of a verb and preposition.

Cases and their main uses

■ Nominative (N)

The subject (the person, thing doing the action)
After **to** (this is . . .) and in introductions (I'm Jane Brown)

■ Accusative (A)

The direct object (he's reading *a book*)
With verbs of motion indicating movement to a place and when going
   to functions (to a concert)
With verbs and prepositions (e.g. 'to look *at*, to wait *for*, to ask *for*)

■ Genitive (G)

To show possession (my *sister's* hat)
After a negative verb replaces the accusative
After numbers over 4
After adverbs of quantity (a lot of, a few of)
After most prepositions

■ Dative (D)

The indirect object (always the person to whom something happens
   or is given: she gave *me* her address)
After four prepositions: **dzięki**, **wbrew**, **ku**, **przeciwko**

■ Instrumental (I)

Denotes the instrument with which, or means by which something is
   done (write in pencil, go by bus, by train, on foot)
Denotes nationality, profession (He's a Pole/a teacher)
After prepositions denoting location (**między**, **nad**, **pod**, **przed**, **za**)
   and **z** 'with'

■ Locative (L)

Only used after the prepositions **na** 'on, at', **w** 'in', **po** 'about, along',
   przy 'near, by', **o** 'concerning'; 'at' (time)

■ Vocative

Only used when addressing people, as in letters (Unit 13).

Declensions of nouns

These are model, regular nouns. Exceptions and deviations are identified in the units and in the notes below.

■ Masculine

Singular

N.	student	Polak	pies	hotel	pociąg
A.	studenta	Polaka	psa	hotel	pociąg
G.	studenta	Polaka	psa	hotelu	pociągu
D.	studentowi	Polakowi	psu	hotelowi	pociągowi
I.	studentem	Polakiem	psem	hotelem	pociągiem
L.	studencie	Polaku	psie	hotelu	pociągu

Plural

N.	studenci	Polacy	psy	hotele	pociągi
A.	studentów	Polaków	psy	hotele	pociągi
G.	studentów	Polaków	psów	hotelów	pociągów
D.	studentom	Polakom	psom	hotelom	pociągom
I.	studentami	Polakami	psami	hotelami	pociągami
L.	studentach	Polakach	psach	hotelach	pociągach

Notes

1 In the singular A. = G. for people, animals; N. = A. for objects, things. In the plural A. = G. for men (mixed group); N. = A. for animals, things.

2 Nouns like **pies, ojciec, chłopiec, cudzoziemiec, zegarek, wtorek, palec, styczeń** drop the (final) **-(i)e-** in all cases other than the nominative singular.
Remember also: **ó-o: Bóg-Boga, stół-stołu, pokój-pokoju.**

3 Remember the nom. pl. ending in **-owie** for titles, professions, kinship (**profesorowie, panowie, synowie**).

4 Masculine nouns ending in **-a** (**kolega, artysta, turysta**) decline like feminine nouns in the singular, like masculine nouns in the plural.

5 Take care with masc. nouns ending in soft consonants: **gość, gościa** pl. **goście, gości** and with the irregular **dzień, dnia,** pl. **dni(e), dni; tydzień, tygodnia** pl. **tygodnie, tygodni.**

■ Feminine

	stem k, g	hard cons.	soft cons.	stem c	ending c

Singular

	stem k, g	hard cons.	soft cons.	stem c	ending c
N.	matka	kobieta	pani	praca	noc
A.	matkę	kobietę	panią	pracę	noc
G.	matki	kobiety	pani	pracy	nocy
D.	matce	kobiecie	pani	pracy	nocy
I.	matką	kobietą	panią	pracą	nocą
L.	matce	kobiecie	pani	pracy	nocy

Plural

	stem k, g	hard cons.	soft cons.	stem c	ending c
N.	matki	kobiety	panie	prace	noce
A.	matki	kobiety	panie	prace	noce
G.	matek	kobiet	pań	prac	nocy
D.	matkom	kobietom	paniom	pracom	nocom
I.	matkami	kobietami	paniami	pracami	nocami
L.	matkach	kobietach	paniach	pracach	nocach

Notes

1 Notice the spelling changes before **e** in the D./L.: **k-c, t-ci**. Similarly **ręka-ręce,
   noga-nodze (g-dz)**.
2 The acc. sing. **panią** is an exception.
3 Take care with the gen. pl. endings of feminine nouns. See Unit 9.
4 Feminine nouns ending in **-ś, -ść** deviate from the rules: N./A. **wieś**; G./D./L. **wsi**;
   I. **wsią**; pl. N./A. **wsi(e)**; G. **wsi**; D. **wsiom**; I. **wsiami**; L. **wsiach**. Their nom. pl.
   endings (here either **wsi** or **wsie**) are not always predictable.

■ Neuter

	stem k, g	hard cons.	soft cons. or c, rz	ending ę

Singular

	stem k, g	hard cons.	soft cons. or c, rz	ending ę
N.	nazwisko	słowo	morze	imię
A.	nazwisko	słowo	morze	imię
G.	nazwiska	słowa	morza	imienia
D.	nazwisku	słowu	morzu	imieniu
I.	nazwiskiem	słowem	morzem	imieniem
L.	nazwisku	słowie	morzu	imieniu

Plural

N.	nazwiska	słowa	morza	imiona
A.	nazwiska	słowa	morza	imiona
G.	nazwisk	słów	mórz	imion
D.	nazwiskom	słowom	morzom	imionom
I.	nazwiskami	słowami	morzami	imionami
L.	nazwiskach	słowach	morzach	imionach

Notes

1 Neuter nouns in **-um** do not decline in the singular (e.g. **muzeum, centrum**). Their plural endings are: N./A. **muzea**; G. **muzeów**; D. **muzeom**; I. **muzeami**; L. **muzeach**.
2 As with feminine nouns take care with the gen. pl. endings. See Unit 9.

Adjectives

Singular

Masculine

N.	**mój** 'my'	**ten** 'this'	**nowy** 'new'	**polski** 'Polish'
A.	= N. (*inanimate*); = G. (*animate*)			
G.	mojego	tego	nowego	polskiego
D.	mojemu	temu	nowemu	polskiemu
I.	moim	tym	nowym	polskim
L.	moim	tym	nowym	polskim

Feminine

N.	moja	ta	nowa	polska
A.	moją	tę	nową	polską
G.	mojej	tej	nowej	polskiej
D.	mojej	tej	nowej	polskiej
I.	moją	tą	nową	polską
L.	mojej	tej	nowej	polskiej

Neuter

N.	moje	to	nowe	polskie
A.	moje	to	nowe	polskie

(All other cases as for masculine)

Plural

Men only (or mixed group)

N.	moi	ci	nowi	polscy
A.	moich	tych	nowych	polskich

Women, objects, animals

N.	moje	te	nowe	polskie
A.	moje	te	nowe	polskie

All genders

G.	moich	tych	nowych	polskich
D.	moim	tym	nowym	polskim
I.	moimi	tymi	nowymi	polskimi
L.	moich	tych	nowych	polskich

Notes

1 Adjectives distinguish between people/animals (animates) and objects/things (inanimates) in the acc. sing. masculine and between men and all other things in the nom./acc. pl.

2 The nom. pl. form referring to men characteristically ends in **-i**, *but* note some of the spelling changes: **mój-moi; te-ci; nasz-nasi; nowy-nowi; duży-duzi; mały-mali; dorosły-dorośli; bogaty-bogaci.**
   Exception: adjectives in **-ki, -gi, -ry** change their ending to **-cy, -dzy, -rzy: polski-polscy; jaki-jacy; drogi-drodzy; dobry-dobrzy; stary-starzy.**

3 The acc. of **ta** (f.) is, exceptionally, **tę**, but **tamta** (f.) 'that one there' = acc. **tamtą.**

The following are adjectival or treated like adjectives

Possessives: **mój, twój, nasz, wasz; swój** (but remember that **jego, jej, ich** do not decline).
Demonstrative: **ten, ta, to/tamten, tamta, tamto.**
Interrogatives: **który? jaki? czyj?**
Adjectival participles: **czytający, myślący,** etc.
Ordinal numbers: **pierwszy, drugi,** etc.
Surnames in **-ski, -cki, -dzki: Sobieski, Potocki, Zawadzki.**
Interrogative and indefinite pronouns: **kto?** 'who?', **co?** 'what?'; **nikt** 'no one', **nic** 'nothing'. See below.

Pronouns

Interrogative and indefinite pronouns

N.	kto	nikt		N.	co	nic
A.	} kogo	nikogo		A.		
G.				G.	czego	niczego
D.	komu	nikomu		D.	czemu	niczemu
I.	} kim	nikim		I.	} czym	niczym
L.				L.		

With **ktoś** 'someone', **coś** 'something' simply add **-ś** to each form above: **kogoś, czegoś**, etc.

Personal pronouns

Notes

1 In Polish personal pronouns are not used before verbs, except for emphasis or to avoid confusion between persons: **Gdzie on jest?** 'Where is he?' **Gdzie ona jest?** 'Where is she?

2 **On** 'he', **ona** 'she', **ono** 'it' all mean _it_ when referring to things: **Ten nowy hotel. Jaki on jest?** 'That new hotel. What's it like?'

Singular

N.	ja 'I'	ty 'you'	on 'he'	ona 'she'	ono 'it'
A.	mnie	ciebie, cię	jego, go (niego)	ją (nią)	je (nie)
G.	= A.	= A.	= A.	jej (niej)	All other cases
D.	mnie, mi	tobie, ci	jemu, mu (niemu)	jej (niej)	as for **on** 'he'
I.	mną	tobą	nim	nią	
L.	mnie	tobie	nim	niej	

Plural

N.	my 'we'	wy 'you'	oni 'they'[1]	one 'they'[2]
A.	nas	was	ich (nich)	je (nie)
G.	nas	was	ich (nich)	ich (nich)
D.	nam	wam	im (nim)	im (nim)
I.	nami	wami	nimi	nimi
L.	nas	was	nich	nich

[1]men/men and women   [2]all other things

Verbs

Regular verbs

czytać 'to read'

	Present	Past	Future	
ja	czyt-am	czytał-em (-am)	będę	czytał (-a)
ty	czyt-asz	czytał-eś (-aś)	będziesz	czytał (-a)
on		czytał		czytał
ona	czyt-a	czytała	będzie	czytała
ono		czytało		czytało
my	czyt-amy	czyta-li (-ły) śmy	będziemy	czyta-li (-ły)
wy	czyt-acie	czyta-li (-ły) ście	będziecie	czyta-li (-ły)
oni	czyt-ają	czytali	będą	czytali
one		czytały		czytały

pisać 'to write'

	Present	Past	Future	
ja	pisz-ę	pisał-em (-am)	będę	pisał (-a)
ty	pisz-esz	pisał-eś (-aś)	będziesz	pisał (-a)
on		pisał		pisał
ona	pisz-e	pisała	będzie	pisała
ono		pisało		pisało
my	pisz-emy	pisa-li (-ły) śmy	będziemy	pisa-li (-ły)
wy	pisz-ecie	pisa-li (-ły) ście	będziecie	pisa-li (-ły)
oni	pisz-ą	pisali	będą	pisali
one		pisały		pisały

mówić 'to say, speak'

	Present	Past	Future	
ja	mów-ię	mówił-em (-am)	będę	mówił (-a)
ty	mów-isz	mówił-eś (-aś)	będziesz	mówił (-a)
on	⎫	mówił	⎫	mówił
ona	⎬ mów-i	mówiła	⎬ będzie	mówiła
ono	⎭	mówiło	⎭	mówiło
my	mów-imy	mówi-li (-ły) śmy	będziemy	mówi-li (-ły)
wy	mów-icie	mówi-li (-ły) ście	będziecie	mówi-li (-ły)
oni	⎫ mów-ią	mówili	⎫ będą	mówili
one	⎭	mówiły	⎭	mówiły

uczyć (się) 'to teach (learn)'

	Present	Past	Future	
ja	ucz-ę	uczył-em (-am)	będę	uczył (-a)
ty	ucz-ysz	uczył-eś (-aś)	będziesz	uczył (-a)
on	⎫	uczył	⎫	uczył
ona	⎬ ucz-y	uczyła	⎬ będzie	uczyła
ono	⎭	uczyło	⎭	uczyło
my	ucz-ymy	uczy-li (-ły) śmy	będziemy	uczy-li (-ły)
wy	ucz-ycie	uczy-li (-ły) ście	będziecie	uczy-li (-ły)
oni	⎫ ucz-ą	uczyli	⎫ będą	uczyli
one	⎭	uczyły	⎭	uczyły

Notes

1 Remember that almost every Polish verb has two forms (aspects): the *imperfective* and *perfective*. **Czytać/przeczytać, pisać/napisać, mówić/powiedzieć, uczyć (się)/ nauczyć (się)**.

2 Take care to distinguish between the genders in the past, future and conditional: **pisałem list** 'I (male) was writing a letter'; **mówiłam ci wczoraj** 'I (female) was telling you yesterday'.

Irregular verbs

Verbs are imperfective unless otherwise indicated. Present (imperf.)/
future (perf.) and past forms are given:

brać	to take	biorę, bierzesz; brałem (-am), bra-li (-ły)
być	to be	jestem, jesteś, są; byłem (-am), by-li (-ły)
		(*future:* będę, będziesz)
chcieć	to want	chcę, chcesz; chciałem (-am), chcieli (chciały)
dać (*perf.*)	to give	dam, dasz *but* dadzą; dałem (-am), dali (dały)
dawać	to give	daję, dajesz; dawałem (-am), dawa-li (-ły)
iść	to go (on foot)	idę, idziesz; szedłem (szłam), szli (szły)
jechać	to go (by transport)	jadę, jedziesz; jechałem (-am), jecha-li (-ły)
jeść	to eat	jem, jesz, jedzą; jadłem (-am), jedli (jadły)
kraść	to steal	kradnę, kradniesz; kradłem (-am), krad-li (-ły)
lać	to pour	leję, lejesz; lałem (-am), lali (lały)
mieć	to have	mam, masz; miałem (-am), mieli (miały)
móc	to be able to	mogę, możesz; mogłem-eś (-am, -aś) *but* mógł (mogła), mogli (mogły)
musieć	to have to	muszę, musisz; musiałem (-am), musieli (musiały)
nieść	to carry	niosę, niesiesz; niosłem-eś (-am, -aś) *but* niósł (niosła), nieśli (niosły)
paść (*perf.*)	to fall	padnę, padniesz; padłem (-am), pad-li (-ły)
stać	to stand	stoję, stoisz; stałem (-am), sta-li (-ły)
umieć	to know (how to)	umiem, umiesz; umiałem (-am), umieli (umiały)
wiedzieć	to know (a fact)	wiem, wiesz; wiedziałem (-am), wiedzieli (wiedziały)
wieźć	to carry (by vehicle)	wiozę, wieziesz; wiozłem -eś (-am, -aś) *but* wiózł (wiozła), wieźli (wiozły)
wstać (*perf.*)	to get up	wstanę, wstaniesz; wstałem (-am), wsta-li (-ły)
wysłać (*perf.*)	to send	wyślę, wyślesz; wysłałem (-am), wysła-li (-ły)
wziąć (*perf.*)	to take	wezmę, weźmiesz; wziąłem (wzięłam), wzię-li (-ły)
zapomnieć (*perf.*)	to forget	zapomnę, zapomnisz; zapomniałem (-am), zapomnieli (zapomniały)
znaleźć (*perf.*)	to find	znajdę, znajdziesz; znalazłem (-am), znaleźli (znalazły)

Prepositions

A selection of the most common prepositions follows.

Prepositions used with more than one case are indicated by an asterisk (*)

Followed by the genitive case

od	from; than (in comparisons)
do	to, up to, until
z*	from (a place), out of
bez	without
dla	for
koło	near, about (approximately)
obok	beside, next to
blisko	near by, close to
niedaleko	not far from
w pobliżu	in the vicinity of
naprzeciw(ko)	opposite
wśród	among, in the midst of
oprócz	besides, apart from
według	according to
zamiast	instead (of)
podczas	during
w ciągu	in the course of
u	at (somebody's house)
mimo	in spite of

Followed by the dative case

dzięki	thanks to
wbrew	contrary to
ku	towards, to
przeciwko	against (opposition)

Followed by the accusative case

przez	through, across, for (time), during
na*	on, onto (motion), for (time)
w*	on (with days of week)
po*	for (in order to bring)
nad*	above, on (motion)
pod*	under (motion)
przed*	in front of (motion)
za*	behind (motion)

Followed by the instrumental case

między*	between (location and/or time)
nad*	above, on (location)
pod*	under (location)
przed*	in front of (location)
za*	behind, beyond (location)
z*	(together) with

Followed by the locative case

na*	on, at (location)
o*	about (concerning); at (clock time)
w*	in (location), in (time: units larger than days)
po*	after (time); about, along (location)
przy	(near) by

Note

Certain prepositions may take one of two cases: the locative or instrumental to denote location *or* the accusative to express motion to a place:

Location = instrumental: **między, nad, pod, przed, za**
Location = locative: **na, w, po**
Motion = accusative: **między, nad, pod, przed, na, w, za**

Simple sentences

Statements

Czytam gazetę. Brat jest lekarzem. Antek urodził się w Londynie. Jutro jadę do Warszawy. Wrócę za miesiąc.

Questions

Co robisz dzisiaj? **Kto** to jest? **Czy** to jest twoja siostra? **Jak** się pan czuje? **Kiedy** będziesz w domu? **Gdzie** jest hotel? **Dlaczego** czekasz? **Po co** to robisz? **Dokąd** idziecie? **Skąd** ona jest? **Jaka** jest dzisiaj pogoda? **Jakie** masz mieszkanie? **Czyj** jest ten sweter? **Czyja** to gazeta? **Która** jest godzina? **Które** miejsce jest wolne? **Z kim** rozmawiasz? **Do kogo** dzwonisz? **Komu** kupiłaś prezent? **Kogo** nie ma?

Commands, requests

Przyjdź jutro!   Napisz do mnie z Londynu!
Proszę nie palić!   Niech pan siada!
Dałbyś mi spokój!   Nie dotykać!

Wish, condition

Chciałbym z panią porozmawiać.

(hypothesis)   **Gdybym** miał pieniądze, kupiłbym samochód.
(real condition)   **Jeśli (jeżeli)** macie czas, pójdziemy na spacer.

Simple sentences linked by conjunction

i	Byłem w Paryżu **i** w Londynie.
a	Wczoraj padał deszcz, **a** dzisiaj pada śnieg.
ale (lecz)	Byłem tam, **ale** nikogo nie było.
albo (lub)	Przyjdź dzisiaj **albo** jutro.
więc	Byliśmy w Warszawie, **więc** wiemy gdzie to jest.
jednak	Nie chciał, ale **jednak** przyszedł.

Compound sentences

który (-a, -e)	Czy pamiętasz, **o której** godzinie mamy się spotkać?
że	Wiem, **że** on jest w domu. Myślałem, **że** nie zdążę na pociąg.
co	Nie wiedziałem, **co** się stało. Czy słyszałaś, **co** on powiedział?
kto	Czy wiesz, **kto** to jest?
czy	Zapytam się, **czy** można tu zaparkować. Pytał się, **czy** jesteś chory.
kiedy/gdy	Pamiętam czasy, **kiedy** byłem mały. **Gdy** wrócę, zadzwonię do ciebie.
gdzie	Nie pamiętam, **gdzie** on mieszka.
jak	**Jak** kupisz bilety, to pójdziemy do kina. (cond. = if) Powiem ci, **jak** skończę. (time = when) Mówi po polsku **jak** Polak. (manner = like, as)
jaki (-a, -e)	Nie wiem, **jaka** pogoda będzie jutro.
żeby	Poprosiłem kolegę, **żeby** mi pomógł. (request, demand = in order that, to) Pracujemy, **żeby** zarobić pieniądze. (purpose = in order to)
dlatego że, (bo)	Nie kupiłem biletów, **bo** nie miałem pieniędzy.

Complex sentences

Chciałem iść na spacer, ale zaczął padać deszcz, więc zostałem w domu.
I wanted to go for a walk, but it started to rain so I stayed at home.

Powiedzieli mi, żebym ich odwiedził, gdy będę w Polsce.
They told me to visit them when I am [*lit.* will be] in Poland.

Zadzwonił do mnie wczoraj i powiedział, że nie będzie mógł się z nami spotkać dzisiaj, ale że na pewno nas odwiedzi jutro.
He rang me yesterday and said that he would not be able to meet us today, but that he would definitely visit us tomorrow.

Polish–English glossary

A note on the Polish–English glossary

The translations given here and in the English–Polish glossary which follows are those applicable in this book. Learners requiring a fuller range of meanings for more advanced work should use a good bilingual dictionary.

Nouns are normally given in the nominative singular, adjectives in the nominative singular masculine form. Where gender is not clear, for example in the case of feminine nouns ending in a consonant or masculine nouns ending in -a, this is indicated. Similarly, parts of speech (noun, verb, adjective, adverb) are indicated where there might be confusion.

Verbs are identified as being imperfective or perfective; in the English–Polish glossary you are normally given their imperfective form, then their perfective form.

A			
a	and; but	amerykański *adj.*	American
adres	address	Angielka	Englishwoman
aktor	actor	angielski *adj.*	English
aktorka	actress	Anglia	England
albo	or	Anglik	Englishman
albo . . . albo	either . . . or	ani	nor
ale	but	ani . . . ani	neither . . . nor
aleja	avenue	anioł	angel
alkohol	alcohol	ankieta	survey
ambasada	embassy	apteka	chemist, drugstore
Ameryka	America		
Amerykanin	American (man)	architekt	architect
Amerykanka	American (woman)	architektura	architecture
		artysta *masc.*	artist
		atrakcja	attraction

autobus	bus, coach
automat	vending machine
awantura	row, disturbance

B

babcia	grandmother
bać się *imperf.*	to be afraid
badminton	badminton
balet	ballet
Bałtyk	Baltic
banan	banana
bank	bank
banknot	banknote
bankomat	cashpoint, ATM
bardzo	very (much)
barek	canteen
barokowy	baroque
baseball	baseball
basen	swimming pool
bez	without
biały	white
biegle *adv.*	fluently
biegły *adj.*	fluent
Bieszczady	the Bieszczady Mountains
bilet	ticket *n.*
biologia	biology
bitwa	battle
biuro	office
biuro podróży	travel agency
biznes	business
biznesmen	businessman
bliski *adj.*	near
blisko *adv.*	near, close to
blok	block (of flats)
blond	blond, blonde
bluzka	blouse
bochenek	loaf
boleć *imperf.*	to ache
botaniczny	botanical
Boże Narodzenie	Christmas

brać *imperf.*	to take
brak	lack *n.*
brakować *imperf.*	to lack
brat	brother
brydż	bridge (game)
budynek	building
budzik	alarm clock
bułka	bread roll
burak	beetroot
butelka	bottle
buty *pl.*	shoes
być	to be

C

całować *imperf.*	to kiss
cały	all, whole
cebula	onion
centrum	centre
centrum handlowe	shopping centre, shopping mall
chcieć *imperf.*	to want
chętnie	gladly/I'd love to
Chiny *pl.*	China
chleb	bread
chłopiec	boy
chociaż *or* choć	although
chodzić *imperf.*	to go (on foot); to wear *colloq.*
chusteczka	handkerchief
chusteczka higieniczna	paper tissue
chwila	moment
chwileczka	moment, second
chyba	probably, most likely
ciastko	cake
ciągle	constantly

ciekawy	curious, interesting		**Ć**	
ciepły	warm		ćwiczenie	exercise *n.*
cieszyć się *imperf.*	to be glad/happy		**D**	
ciężki	heavy		dać *perf.*	to give
ciotka	aunt		daleki *adj.*	distant, remote
co	what		daleko *adv.*	far away
codziennie *or* co dzień	every day		dane *pl.*	data
			darmowy *adj.*	free (of charge)
			data	date
coś	something		dawać *imperf.*	to give
córka	daughter		decyzja	decision
cudzoziemiec	foreigner		dentysta *masc.*	dentist
cukier	sugar		deser	dessert, sweet course, afters
cytryna	lemon			
czarna porzeczka	blackcurrant		deszcz	rain *n.*
czarny	black		dieta	diet *n.*
czas	time		dla	for
czasami	at times; sometimes		dlaczego	why
			dlatego, że	because
czasem	sometimes		długi *adj.*	long
czek	cheque [US check] *n.*		długo *adv.*	long (time)
			długopis	ballpoint pen
czekać *imperf.*	to wait		dłuższy	longer
czekoladowy	chocolate-flavoured		do	to; until, till
			dobra *colloq.*	OK, all right
czemu *colloq.*	why		dobranoc	good night
czereśnia	cherry		dobry	good
czerwiec	June		dobrze *adv.*	well; OK, all right
czerwony	red			
cześć *colloq.*	hello, hi; bye		dochodzić *imperf.*	to get to, reach (on foot)
często	often			
człowiek	person		dodatkowy *adj.*	additional, extra
czuć się *imperf.*	to feel		dojechać *perf.*	to get to a place (by transport)
czwartek	Thursday			
czy	whether, if		dojeżdżać *imperf.*	to get to a place (by transport)
czyj	whose			
czyli	in other words		dojść *perf.*	to get to, reach (on foot)
czysty	clean			
czyszczenie	cleaning *n.*		dokąd	where to
czyścić *imperf.*	to clean		dokładnie *adv.*	exactly, precisely
czytać *imperf.*	to read		dokładny *adj.*	exact, precise

doktor	doctor, physician (title)	**E**	
dokument	document	**egzamin**	examination
dom	house; home	**ekonomista**	economist
dopiero	just, only	**elegancki**	elegant, smart
doskonale *adv.*	perfectly	**elektryk**	electrician
doskonały *adj.*	perfect, excellent	**elokwentny**	eloquent
dostać *perf.*	to receive		
dostawać *imperf.*	to receive	**F**	
dość	quite, enough	**fabryka**	factory
dowiadywać się *imperf.*	to find out	**faks**	fax *n.*
		fantastyczny *adj.*	fantastic
dowiedzieć się *perf.*	to find out	**fascynujący** *adj.*	fascinating
		fasola *sing.*	beans
dreszcze *pl.*	shivers	**fatalnie** *adv.*	terrible
drobne *pl.*	change (coins)	**ferie** *pl.*	holidays, vacations (school, university)
drogi *adj.*	dear, expensive		
drugi	second (2nd)		
drzwi *pl.*	door		
dużo *adv.*	a lot, much	**festiwal**	festival
duży	big; large	**filharmonia**	concert hall
dwa razy	twice	**film**	film, movie
dworzec	station	**firma**	firm, company
dyrektor	director; head	**flirtować** *imperf.*	to flirt
dyskoteka	disco(theque)	**formularz**	form *n.*
dziadek	grandfather	**fotokopia**	photocopy *n.*
działać *imperf.*	to work, function	**Francja**	France
dziecko	child	**francuski** *adj.*	French
dzielić się *imperf. + instr.*	to share	**futbol**	football, soccer
		G	
dziennie *adv.*	every day	**galeria**	gallery
dziennikarz	journalist	**garnitur**	suit
dzień	day	**gazeta**	newspaper
dziewczyna	girl(friend)	**gazowany** *adj.*	sparkling, fizzy
dziękować *imperf.* **za +** *acc.*	to thank for	**gdzie**	where
		gdzieś	somewhere
		giełda	stock exchange
dzisiaj	today, nowadays	**gigantyczny**	gigantic
dzisiejszy *adj.*	today's	**ginąć** *imperf.*	to disappear, get lost
dziś	today		
dzwonić *imperf.* **do +** *gen.*	to ring, to call, to phone	**głośny** *adj.*	loud
		główny	main, central

głupi	stupid, silly	**I**	
godzina	hour	ich	their(s)
golf	golf	ile	how much, how
gorąco *adv.*	hot		many
gorący *adj.*	hot	imieniny	name day
gorzej	worse	imię	first name,
gość	guest		Christian
gotować *imperf.*	to cook		name
gotowy *adj.*	ready, prepared	inaczej *adv.*	different(ly)
gotycki	gothic	Indoeuropejski	Indo-European
górnik	miner	informacja	information
góry *pl.*	mountains	informatyk	computer
grać *imperf.*	to play		scientist
gramatyka	grammar,	informatyka	computer
	grammar book		science
granica	frontier, border	informować	to inform
grejpfrutowy	grapefruit *adj.*	*imperf.*	
grosz	grosz (unit of	inny	another, different
	currency)	inteligentny	intelligent
groszek	pea	interesujący	interesting
groźny *adj.*	dangerous,	inżynier	engineer
	threatening	ironiczny *adj.*	ironic
grób	tomb, grave	iść *imperf.*	to go (on foot)
grudzień	December		
gruszka	pear	**J**	
grzyb	mushroom	jabłko	apple
gubić *imperf.*	to lose	jajko	egg
		jak	how; if, when
H		jaki	what . . . like
handel	trade *n.*	jechać *imperf.*	to go (by
handlowy	trade *adj.*		transport)
herbata	tea	jeden	one
higieniczny	hygienic	jednak	however
historia	history; story	jego	his
Hiszpania	Spain	jej	her
hiszpański *adj.*	Spanish	jesienny	autumnal [US
hokej	hockey		fall] *adj.*
Holandia	Holland	jesień	autumn [US fall]
horror	horror film	jeszcze	still
hotel	hotel	jeszcze nie	not yet
hotelowy	hotel *adj.*	jeść *imperf.*	to eat
hydraulik	plumber	jeśli	if

jeździć *imperf.*	to go (by transport)	**kiosk**	kiosk
jeżeli	if	**klasa**	class
język	language, tongue	**klub**	club
jutro	tomorrow	**klucz**	key
już	already	**kłopot**	problem, bother
już nie	not any more	**kłótnia**	quarrel
		kobieta	woman
		kochać *imperf.*	to love, adore
K		**kochanie**	darling, sweet-
kablowy	cable *adj.* (television)		heart
		kod	code
kalendarz	calendar	**kolacja**	supper
kamienica	tenement house	**kolega**	friend, colleague
kandydat	candidate		*masc.*
kantor wymiany	bureau de change	**kolej**	railway [US railroad]
kapusta	cabbage	**koleżanka**	friend, colleague
Karaiby *pl.*	Caribbean		*fem.*
karp	carp (fish)	**kolorowy**	colourful
Karpaty	Carpathians	**koło** *adv.*	by, in vicinity of
karta	card; menu	**komedia**	comedy
kartka	page (of book), postcard *colloq.*	**komisariat policji**	police station
		komórka *colloq.*	mobile phone
kartofel	potato	**komputer**	computer
karty *pl.*	cards	**komputerowy**	computer *adj.*
kaseta	tape, cassette	**koncern**	company, firm,
kawa	coffee		concern
kawałek	piece	**koncert**	concert
kawiarnia	café	**konduktor**	ticket inspector
kawowy *adj.*	coffee-flavoured	**konferencja**	conference
każdy *adj.*	each/every one	**koniec**	ending, the end
kiedy	when	**kontaktować**	to contact
kiedyś	in the past, at one time; once	**się** *imperf.* **z +** *instr.*	someone
kiełbasa	sausage (Polish)	**konto**	account (bank)
kierowca	driver	**kontynent**	continent
kieszeń *fem.*	pocket	**kończyć** *imperf.*	to finish
kilka	a few; some	**koperta**	envelope
kilo	kilogram	**korki** *pl.*	(traffic) jams
kilometr	kilometre	**kosztować** *imperf.*	to cost
kino	cinema [US movie theater]	**koszula**	shirt

koszykówka	basketball	**lewy**	left (side)
kościelny	church *adj.*	**leżeć** *imperf.*	to lie
kościół	church *n.*	**lipiec**	July
kot	cat	**lista**	list
kraj	country	**listopad**	November
kraść *imperf.*	to steal	**litr**	litre
krawat	tie, necktie	**lodówka**	refrigerator,
kredytowy	credit *adj.*		fridge
kremówka	cream cake	**lody** *pl.*	ice-cream
krople *pl.*	drops	**Londyn**	London
krótki *adj.*	short	**loteria**	lottery
krótko *adv.*	briefly	**lotnisko**	airport
krykiet	cricket (game)	**lub**	or
krzyk	scream	**lubić** *imperf.*	to like
ksiądz	priest	**ludzie**	people
książka	book *n.*	**lunch**	lunch
księgarnia	bookshop	**luty**	February
kto	who	**Luwr**	Louvre Museum,
ktoś	someone,		Paris
	somebody	**Ł**	
który	which (one),	**ładny** *adj.*	nice, pretty
	who	**łapać** *imperf.*	to catch
kucharz	cook, chef	**łatwo** *adv.*	easily, easy
kultura	culture	**łatwy** *adj.*	easy, simple
kupić *perf.*	to buy	**łazienka**	bathroom
kupować *imperf.*	to buy		
kurs	course; rate	**M**	
	(of exchange)	**maj**	May
kuzyn	cousin *masc.*	**majonez**	mayonnaise
kuzynka	cousin *fem.*	**makaron**	pasta
kwalifikacje *pl.*	qualifications	**malina**	raspberry
kwiat	flower	**malować** *imperf.*	to paint
kwiecień	April	**mało** *adv.*	a little
		mały *adj.*	small
L		**mapa**	map
lato	summer	**marchewka**	carrot
lecieć *imperf.*	to fly	**martwić się**	to worry, to be
lekarz	doctor, physician	*imperf.*	concerned
lekcja	lesson	**marynarka**	jacket
lekcje *pl.*	homework	**marzec**	March
lepiej *adv.*	better	**marzyć** *imperf.*	to (day)dream
letni *adj.*	summer	**matka**	mother

Mazury	the Mazurian Lakes	**mówić** *imperf.*	to talk; speak
mąż	husband	**murarz**	bricklayer
menedżer	manager	**musieć** *imperf.*	must, to have to
metro	underground, tube, metro [US subway]	**muzeum**	museum
		muzyczny	musical *adj.*
		muzyka	music *n.*
mężczyzna	man	**mydło**	soap
miasto	town	**myśleć** *imperf.*	to think
mieć	to have		
miejsce	place; seat; room *n.*	**N**	
		na	on
miesiąc	month	**na pewno**	definitely, for certain/sure
mieszkać *imperf.*	to live		
mieszkanie	flat, apartment	**nad**	above, over
między	between	**nadzieja**	hope *n.*
międzynarodowy	international	**nagle**	suddenly
mięso	meat	**najlepiej** *adv.*	the best
mijać *imperf.*	to pass by	**najpierw**	first (of all)
million	million	**najstarszy**	oldest, eldest
miłość *fem.*	love	**nakręcony** *adj.*	made, shot (about a film or movie)
miły *adj.*	pleasant, nice, kind		
		namalować *perf.*	to paint
minąć *perf.*	to pass by	**napisać** *perf.*	to write
mineralny *adj.*	mineral	**naprawa**	repair *n.*
minister	minister (in government)	**naprawiać** *imperf.*	to repair
		naprawić *perf.*	to repair
minuta	minute	**naprzeciwko**	opposite
mleko	milk	**naród**	nation
młody *adj.*	young	**narodowy**	national
mniej *adv.*	less	**narzekać** *imperf.*	to complain, nag
mniej więcej	more or less		
moda	fashion	**następnie** *adv.*	next
moneta	coin	**następny** *adj.*	next, following
morze	sea	**nasz**	our(s)
Morze Bałtyckie	the Baltic Sea	**nauczyciel**	teacher *masc.*
może	maybe, perhaps	**nauczycielka**	teacher *fem.*
można	it is allowed/ permitted	**nauczyć** *perf.*	to teach
		nauczyć się *perf.*	to learn
móc *imperf.*	can, may, be able to	**nawet**	even
		nazwisko	surname, family name
mój	my; mine		

nazywać się	to be called	**O**	
imperf.		**o**	at (time); about,
nic	nothing		concerning
nie	no, not	**obchodzić**	to celebrate,
niebieski	blue	*imperf.*	commemorate
niechcący	unintentionally,	**obcy**	foreign
	by accident	**obecnie**	at present,
nieciekawy	uninteresting		currently
niecierpliwie *adv.*	eagerly	**obejrzeć** *perf.*	to watch, to look
niecierpliwy *adj.*	impatient		at
niedaleko *adv.*	close, not far	**obiad**	main meal,
niedawny *adj.*	recent		lunch, dinner
niedziela	Sunday	**obok**	next to, beside
niektórzy	some people	**obowiązek**	duty, obligation
Niemcy *pl.*	Germany	**obóz**	camp
	(country and	**obraz**	painting, picture
	the people)	**ochota**	desire, inclination
niemiecki *adj.*	German	**oczywiście**	certainly, of
niemożliwy *adj.*	impossible		course
nienawidzić	to hate	**od**	from; since (time)
imperf.		**odbierać** *imperf.*	to collect
nieobecność	absence	**odbyć się** *perf.*	to take place,
niepodległość	independence		occur
fem.		**odbywać się**	to take place,
niesamowity	incredible,	*imperf.*	occur
	amazing	**odchodzić**	to depart, leave
niestety	unfortunately	*imperf.*	(on foot)
nieświeży	bad; stale	**odcinek**	part, episode
niewiele	few; little	**oddać** *perf.*	to give back,
niewysoki	short, not tall		return
niezupełnie	not quite	**oddawać** *imperf.*	to give back,
nigdy	never		return
nikt	nobody, no one	**odebrać** *perf.*	to collect
niski *adj.*	short, low	**odejść** *perf.*	to depart, leave
nisko *adv.*	low (down)		(on foot)
noc *fem.*	night	**odjechać** *perf.*	to depart (by
normalny	normal		transport)
nosić	to carry; to wear	**odjeżdżać**	to depart (by
notes z adresami	address book	*imperf.*	transport)
nowy	new	**odkurzacz**	vacuum cleaner
nudzić się *imperf.*	to be bored	**odlatywać**	to depart (by
numer	number	*imperf.*	plane)

odlecieć *perf.*	to depart (by plane)
odpisać *perf.*	to write back, reply
odpisywać *imperf.*	to write back, reply
odpocząć *perf.*	to rest, relax
odpoczywać *imperf.*	to rest, relax
odpowiadać *imperf.*	to reply, answer; to suit, be convenient
odpowiedzieć *perf.*	to reply, answer
odpowiedź *fem.*	reply, answer *n.*
odwiedzać *imperf.*	to visit (people)
odwiedzić *perf.*	to visit (people)
odwiedziny *pl.*	visit *n.*
oglądać *imperf.*	to watch, look at
ogórek	cucumber
ogród	garden
ojciec	father
okazja	occasion, chance; opportunity
okno	window
oko	eye
okraść *perf.*	to rob
okropny	terrible, appalling
ołówek	pencil
opalać się *imperf.*	to sunbathe
opalić się *perf.*	to get a tan
opera	opera, opera house
opisać *perf.*	to describe
opisywać *imperf.*	to describe
opłata	fee, charge
oprócz	besides, apart from
opuszczać *imperf.*	to leave

opuścić *perf.*	to leave
oraz	as well as
organizować *imperf.*	to organize
osiedle	housing estate, housing development
osoba	person
ostatni	last
ostrożny	careful
oszczędzać *imperf.*	to save
oszczędzić *perf.*	to save
otwarty	open
otwierać *imperf.*	to open
otworzyć *perf.*	to open
owoc	fruit
ożenić się *perf.*	to get married (of a man)

P

pa	ta-ta, 'bye
paczka	packet, parcel
padać *imperf.*	to fall
palić *imperf.*	to smoke
pamięć *fem.*	memory
pamiętać *imperf.*	to remember
pan	man; sir
pani	woman; lady
panoramiczny	panoramic
pański	your(s) *sing. formal masc.*
państwo	you *pl. formal*; state
państwowy *adj.*	state, national
papier	paper
papierosy *pl.*	cigarettes
para	a couple, pair
park	park *n.*
parking	car park
parking strzeżony	supervised car park

parkować *imperf.*	to park	pobyt	stay *n.*
parter	ground floor [US first floor]	pocałować *perf.*	to kiss
		pociąg	train *n.*
Paryż	Paris	pociąg pośpieszny	fast train
paszport	passport		
pasztet	pâté	początek	beginning
październik	October	początkujący	beginner
pech	bad luck	poczekać *perf.*	to wait
pechowy *adj.*	unlucky	poczta	post office
pensjonat	guest-house, B&B	pocztówka	postcard
		poczuć się *perf.*	to feel
perfumy *pl.*	perfume	pod	below, under
peron	platform	podać *perf.*	to pass, hand, serve
pesymista	pessimist		
pewnie *colloq.*	sure thing, you bet	podawać *imperf.*	to pass, hand, serve
piątek	Friday	podbiec *perf.* do	to run up to
pić *imperf.*	to drink	podbiegać *imperf.* do	to run up to
pielęgniarka	nurse		
pielęgniarz	male nurse	podobać się *imperf.*	to like
pieniądze *pl.*	money		
pierwszy	first	podobny do	similar to
pies	dog	podpisać *perf.*	to sign
piękny	beautiful	podpisywać *imperf.*	to sign
piętro	floor, storey		
piłka nożna	football, soccer	podręcznik	handbook
pisać *imperf.*	to write	podróż	journey, trip
piwnica	basement; cellar	podróżować *imperf.*	to travel
piwo	beer		
plac	square	podzielić się *perf.*	to share
plakat	poster [US bill]	podziękować *perf.*	to thank
plan	map, plan		
plan miasta	town (city) map	pogoda	weather
planować *imperf.*	to plan	pogotowie	emergency service
plany *pl.*	plans		
plaża	beach	poinformować *perf.*	to inform
plecak	rucksack, backpack		
		pojawiać się *imperf.*	to appear
plotkować *imperf.*	to gossip	pojawić się *perf.*	to appear
płacić *imperf.*	to pay	pojechać *perf.*	to go (by transport)
pływać *imperf.*	to swim		
po	after		

pojutrze	day after tomorrow	**posprzątany** *adj.*	cleaned, tidied
pokazać *perf.*	to show	**postój taksówek**	taxi rank
pokój	room *n.*	**poszukać** *perf.*	to look for
Polak	Pole (Polish man)	**poszukiwać** *imperf.*	to look for
polecać *imperf.*	to recommend	**poszukiwanie**	search, hunt, quest *n.*
polecić *perf.*	to recommend		
polecieć *perf.*	to fly	**poślizgnąć się** *perf.*	to slip
poleżeć *perf.*	to lie		
policja	police	**pośpieszyć się** *perf.*	to hurry up
policjant	policeman		
polityk	politician	**potem**	then
Polka	Pole (Polish woman)	**potrafić** *imperf.*	can, be able to
		potrawa	dish
Polska	Poland	**potrzebować** *imperf.*	to need
polski	Polish *adj.*		
południe	midday, noon; south	**poważnie** *adv.*	seriously
		poważny *adj.*	serious
pomagać *imperf.*	to help	**powiedzieć** *perf.*	to speak, say
pomalować *perf.*	to paint	**powietrze**	air
pomarańcza	orange *n.*	**powtarzać** *imperf.*	to repeat
pomarańczowy	orange *adj.*	**powtórzyć** *perf.*	to repeat
pomarzyć *perf.*	to (day)dream	**poznać** *perf.*	to meet, get to know
pomidor	tomato *n.*		
pomidorowy	tomato *adj.*	**poznawać** *imperf.*	to meet, get to know
pomóc *perf.*	to help		
pomysł	idea	**pozwalać** *imperf.*	to permit, allow
pomyśleć *perf.*	to think	**pozwolić** *perf.*	to permit, allow
poniedziałek	Monday	**pożyczać** *imperf.*	to lend, borrow
popływać *perf.*	to swim	**pożyczyć** *perf.*	to lend, borrow
popołudnie	afternoon	**pożyteczny**	useful
poprosić *perf.*	to ask, request	**pójść** *perf.*	to go (on foot)
popularny	popular	**pół** + *gen. sing.*	half (of)
pora roku	season of the year	**północ** *fem.*	midnight; north
		później *adv.*	later
poradzić sobie *perf.* **z** + *instr.*	to manage, cope with something	**praca**	job; work *n.*
		pracodawca	employer
poranny *adj.*	morning	**pracować** *imperf.*	to work
porozmawiać *perf.*	to talk, converse	**pracowity**	hard-working
		pracownik	worker, employee
porządek	order *n.*	**prać** *imperf.*	to wash, launder
posłuchać *perf.*	to listen to	**pralnia chemiczna**	dry cleaner's

prasować *imperf.* to iron
prawda truth
prawdziwy true, real
prawie almost, nearly
prawnik lawyer
prawo jazdy driving licence
prezent present, gift
prezes chairman, president (of a company)
problem problem
profesja profession
profesjonalista professional
masc.
profesor professor, teacher
program programme
projekt design, project
projektant designer *masc.*
projektantka designer *fem.*
proponować to make a suggestion, suggest
imperf.
propozycja proposition; suggestion
prosić *imperf.* to ask for;
o + acc. request something
prosto straight
prośba request *n.*
prowadzić *imperf.* to lead
próbować *imperf.* to try, to attempt
prywatny private
przechodzić to go through,
imperf. across
przechodzień passer-by
przecież after all, but, yet
przeciwko against
przeczytać *perf.* to read
przed in front of, before
przede wszystkim first of all
przedmieście suburb

przedstawiać to present,
imperf. depict; introduce
przedstawiciel representative
przedstawić to present,
perf. depict; introduce
przedwczoraj day before yesterday
przedział compartment
przejąć się *perf.* to worry, be concerned about
przejechać *perf.* to pass by (by transport), cross
przejeżdżać to pass by (by
imperf. transport), cross
przejmować się to worry, be
imperf. concerned about
przejść *perf.* to go through (by foot), cross
przejść się *perf.* to take a walk
przepis recipe
przepisać *perf.* to rewrite; prescribe
przepisywać to rewrite;
imperf. prescribe
przepraszać to apologize
imperf.
przeprosić *perf.* to apologize
przerwa break *n.*
przesadzać to exaggerate
imperf.
przestać *perf.* to stop doing something, cease
przestawać to stop doing
imperf. something, cease

przeszkadzać *imperf.* to disturb, interrupt

przeszłość *fem.* the past

przetłumaczyć *perf.* to translate

przez for (time); through

przeziębiać się *imperf.* to get a cold

przeziębić się *perf.* to get a cold

przy by, at

przychodzić *imperf.* to come (on foot)

przygoda adventure

przyjaciel friend *masc.*

przyjaciółka friend *fem.*

przyjąć *perf.* to accept

przyjechać *perf.* to come, arrive (by transport)

przyjemność *fem.* pleasure

przyjeżdżać *imperf.* to come, arrive (by transport)

przyjmować *imperf.* to accept

przyjść *perf.* to come, arrive (on foot)

przykład example

przylatywać *imperf.* to arrive (by plane)

przylecieć *perf.* to arrive (by plane)

przymierzać *imperf.* to try on

przymierzyć *perf.* to try on

przynieść *perf.* to fetch, bring

przynosić *imperf.* to fetch, bring

przypadek chance *n.*

przystanek stop (bus, tram) *n.*

przystojny handsome

przyszłość *fem.* the future *n.*

przyszły *adj.* next, future

przywitać *perf.* to welcome, greet

pub pub, bar, tavern

punkt point *n.*

punktualny punctual, on time

puszka tin; can

pytać się *imperf.* to ask, inquire

pytanie question *n.*

R

rachunek account, bill (to be paid)

radio radio

radzić sobie *imperf.* **z** + *instr.* manage, cope with something

rano morning

rano *adv.* in the morning

raport report *n.*

raz once

razem together

recepcja reception desk

redaktor editor

reklama advertising; advertisement

relaks relaxation

restauracja restaurant

rezerwacja reservation, booking

rezerwować *imperf.* to book

ręka hand

robić *imperf.* to do

robota work *n.*

rocznica anniversary

rodak compatriot

rodzice *pl.* parents

rodzina family

rok year

romantyczny romantic

Rosja Russia

rosyjski *adj.*	Russian	**sąsiadka**	neighbour *fem.*
rotunda	rotunda	**schody** *pl.*	stairs, steps
rower	bicycle, cycle	**seans**	showing,
rozczarować się *perf.*	to become disillusioned		screening (of film)
rozczarowywać się *imperf.*	to become disillusioned	**ser**	cheese
		serial	serial (TV)
rozmawiać *imperf.*	to talk, converse	**sernik**	cheesecake
		setka	hundred
rozmiar	size		(banknote)
rozmieniać *imperf.*	to change (money)	**siadać** *imperf.*	to sit down
		siatkówka	volleyball
rozmienić *perf.*	to change (money)	**siedzieć** *imperf.*	to be sitting
		sierpień	August
rozmowa	conversation, talk	**siostra**	sister
		skarpetki *pl.*	socks
rozmowa kwalifikacyjna	job interview	**skąd**	where from
		sklep	shop [US store]
rozrywka	pastime, hobby	**sklep obuwniczy**	shoe shop
rozumieć *imperf.*	understand	**skomplikowany** *adj.*	complicated, confusing
róg	corner		
różny	various; different	**skontaktować się** *perf.* **z** + *instr.*	to contact someone
rugby	rugby football		
ryba	fish	**skończyć** *perf.*	to finish
rynek	market (square)	**skoro**	since, as
ryż	rice	**skręcić (w lewo)** *perf.*	to turn (left)
rzadko	rarely, seldom		
rzecz	thing	**słabo** *adv.*	poorly
rzeczywistość	reality	**słaby** *adj.*	weak
rzeczywiście *adv.*	indeed	**sławny**	famous
rzeka	river	**słodki**	sweet *adj.*
rzeźbiarz	sculptor	**słoik**	jar
		słowiański *adj.*	Slavonic
S		**słownik**	dictionary
sałata	lettuce	**słowo**	word
sałatka	salad	**słuchać** *imperf.*	to listen to
sam	alone, oneself	**słyszeć** *imperf.*	to hear
samochód	car [US auto]	**sobota**	Saturday
samolot	aeroplane	**sok**	juice
satelitarny	satellite *adj.* (television)	**spacer**	walk *n.*
		spaść *perf.*	to fall
sąsiad	neighbour *masc.*	**spawacz**	welder

spędzać *imperf.*	to spend (time)	**strażak**	firefighter
spędzić *perf.*	to spend (time)	**strona**	side
sport	sport	**student**	student *masc.*
sposób	way, manner	**studentka**	student *fem.*
spotkać (się)	to meet (one	**studia** *pl.*	studies
perf.	another)	**studiować** *imperf.*	to study
spotkanie	meeting	**styczeń**	January
spotykać (się)	to meet (one	**stypendium**	scholarship
imperf.	another)	**sukces**	success
spóźniać się	to be late	**suma**	total, sum
imperf.		**sympatyczny**	nice, pleasant
spóźnić się *perf.*	to be late	**syn**	son
spóźnienie	delay, being late	**szachy** *pl.*	chess
sprawa	matter, affair	**szampon**	shampoo
sprawdzać *imperf.*	to check	**szanować**	to respect
sprawdzić *perf.*	to check	*imperf.*	
sprawozdanie	report, account	**szanowny**	respectable,
spróbować *perf.*	to try, to attempt		honourable
sprzedawca	salesperson	**szarlotka**	apple tart
	masc.	**szczęście**	happiness
sprzedaż	sale	**szczęśliwy** *adj.*	happy
squash	squash (game)	**szef**	boss
stać się *perf.*	to happen; to	**szewc**	shoemaker
	become	**szkoda**	pity, shame
Stany	United States	**szkoła**	school
Zjednoczone		**szpital**	hospital
Stare Miasto	Old Town	**sztuka**	piece, item; art
stary	old	**szukać** *imperf.*	to look for
stawać się	to happen, to	**szybki** *adj.*	quick, fast
imperf.	become	**szybko** *adv.*	quickly, fast
stąd	from here		
sto	hundred	**Ś**	
stolarz	carpenter	**śliwka**	plum
stolica	capital city	**śmierć** *fem.*	death
stolik	table (at a café,	**śniadanie**	breakfast
	restaurant)	**śnieg**	snow *n.*
stół	table	**śpieszyć się**	to be in a hurry
stołówka	canteen,	*imperf.*	
	refectory	**średniowieczny**	medieval
strasznie *adv.*	terribly, horribly	**średniozaawan-**	intermediate
straszny *adj.*	terrible, horrible	**sowany**	
strata + *gen.*	waste of	**środa**	Wednesday

św.	St (Saint)	**tłumacz**	translator, interpreter
świetnie *adv.*	great	**tłumaczenie**	translation, interpreting
świeży *adj.*	fresh		
święto	feast day, holiday	**tłumaczyć** *imperf.*	to translate, interpret
świętować *imperf.*	to celebrate		
święty	saint	**tor**	track
		torba	bag
T		**torebka**	handbag
tabletki *pl.*	tablets	**tort**	cake, gateau
tabliczka	bar (of chocolate)	**trafiać** *imperf.*	to find one's way
tak	yes	**trafić** *perf.*	to find one's way
taksówka	taxi, cab	**tramwaj**	tramcar [US streetcar]
także	too, as well		
talerz	plate	**trochę**	a bit, a little
tam	there	**trudny**	difficult
Tamiza	Thames	**truskawka**	strawberry
tamten	that (one over there)	**trwać** *imperf.*	to last
		trzeci	third (3rd)
tani *adj.*	cheap	**tu** *or* **tutaj**	here
tanio *adv.*	cheap(ly)	**turysta**	tourist *masc.*
targi *pl.*	fair	**turystka**	tourist *fem.*
targi pracy	job fair	**turystyczny**	tourist *adj.*
Tatry	the Tatra Mountains	**tutaj**	here
		twarz	face
teatr	theatre	**twój** *sing*	your(s)
teatralny *adj.*	theatrical	**tydzień**	week
telefon	telephone; telephone call	**tylko**	only
		tytuł	title
telefon komórkowy	mobile, cell phone	**U**	
telewizja	television	**u**	at (somebody's house)
telewizja kablowa	cable television		
		ubranie *sing.*	clothes
telewizor	television set	**uciec** *perf.*	to escape, run away
temperatura	temperature		
temu	ago	**uciekać** *imperf.*	to escape, run away
ten	this (one here)		
tenis	tennis	**ucieszyć się** *perf.*	to be glad
teraz	now	**uczelnia**	college, university
też	too, also		
tłok	crowd	**uczennica**	pupil *fem.*

uczeń	pupil *masc.*	**wczoraj**	yesterday
uczyć *imperf.*	to teach	**według**	according to
uczyć się *imperf.*	to learn	**weekend**	weekend
ugotować *perf.*	to cook	**wejście**	entrance, way in
ulgowy *adj.*	reduced, cheap rate ticket	**wejść** *perf.*	to come in, enter
ulica	street	**wersja**	version
ulubiony	favourite	**Węgry** *pl.*	Hungary
umieć	can, be able to	**wideo**	video
unieważniać *imperf.*	to cancel, invalidate	**widokówka**	picture postcard
unieważnić *perf.*	to cancel, invalidate	**widzieć** *imperf.*	to see
		wieczorem	in the evening
		wieczór	evening
uniwersytet	university	**wiedzieć**	to know
uprzejmy	polite, kind		something
urodzenie	birth	**wiek**	century; age
urodziny *pl.*	birthday	**wiele**	many
usiąść *perf.*	to sit down	**Wielkanoc**	Easter
usłyszeć *perf.*	to hear	**wielkość**	size, greatness
uważać *imperf.*	to take care, look out	**wierzyć** *imperf.*	to believe
		wieszać *imperf.*	to hang
uwielbiać *imperf.*	to adore, just love	**wieś**	village
		więc	so, then
uwierzyć *perf.*	to believe	**więcej**	more
		większy	larger
V		**wina**	fault
VAT	VAT [US sales tax]	**winda**	lift [US elevator]
		wino	wine
		winogrona *pl.*	grapes
W		**wiosenny**	spring *adj.*
w	in	**wiosna**	spring
wakacje *pl.*	vacation	**Wisła**	Vistula (river)
waniliowy *adj.*	vanilla-flavoured	**witać** *imperf.*	to welcome, greet
Warszawa	Warsaw		
warszawski *adj.*	Warsaw, Varsovian	**wizyta**	visit *n.*
		wjechać *perf.*	to enter (by transport)
warzywa	vegetables		
wasz *pl.*	your(s)	**wjeżdżać** *imperf.*	to enter (by transport)
ważny	important		
wchodzić *imperf.*	to enter, come in	**właśnie**	right now; precisely, exactly
wcześnie *adv.*	early		
wcześniej	earlier		

włączony	(switched) on, running, working *adj.*	**wychodzić za mąż** *imperf.*	to get married (of a woman)
Włochy *pl.*	Italy	**wychować** *perf.*	to bring up [US to raise] (children)
włoski *adj.*	Italian		
włosy *pl.*	hair	**wychowywać** *imperf.*	to bring up [US to raise] (children)
woda	water		
woleć *imperf.*	to prefer		
wolno	it is allowed/ permitted	**wyciągać** *imperf.*	to take out, pull out
wolno *adv.*	slowly	**wyciągnąć** *perf.*	to take out, pull out
wolny *adj.*	slow; free		
wolny czas	leisure time	**wycieczka**	outing, trip
wracać *imperf.*	to return, come back	**wycieczka szkolna**	school trip
wrócić *perf.*	to return, come back	**wyczyścić** *perf.*	to clean
		wyglądać *imperf.*	to look; appear
wrzesień	September	**wygodny**	comfortable
wschód	east; sunrise	**wyjechać** *perf.*	to go away (by transport)
wspaniale *adv.*	great, splendid, wonderful		
		wyjeżdżać *imperf.*	to go away (by transport)
wspaniały *adj.*	great, splendid, wonderful		
		wyjście	exit, way out; solution
wspominać *imperf.*	to remember, recall		
		wyjść *perf.*	to leave (on foot)
wspomnieć *perf.*	to remember, recall	**wyjść za mąż** *perf.*	to get married (of a woman)
wspomnienie	memory, recollection	**wyłączony**	(switched) off, not running *adj.*
wspólnie *adv.*	together, jointly		
współczesny *adj.*	contemporary	**wymarzony** *adj.*	dream (as in 'dream home')
wstać *perf.*	to get up, to rise		
wstawać *imperf.*	to get up, to rise	**wymieniać** *imperf.*	to exchange
wstąpić *perf.*	to visit briefly [US to stop by]	**wymienić** *perf.*	to exchange
		wymówka	excuse *n.*
wstępować *imperf.*	to visit briefly [US to stop by]	**wypadek**	car-crash, accident
wszystko	everything	**wypełniać** *imperf.*	to fill in (a form, a gap)
wtorek	Tuesday		
wujek	uncle	**wypełnić** *perf.*	to fill in (a form, a gap)
wychodzić *imperf.*	to leave (on foot)		
		wypić *perf.*	to drink

wypocząć *perf.*	to rest	**załatwiać** *imperf.*	to take care of, deal with
wypoczywać *imperf.*	to rest	**załatwić** *perf.*	to take care of, deal with
wyprać *perf.*	to wash, launder	**zamiast**	instead
wyprasować *perf.*	to iron	**zamknięty**	closed
wyraz	word	**zanieść**	to take, carry
wyrazić *perf.*	to express	**zapalniczka**	lighter
wyrażać *imperf.*	to express	**zapałki** *pl.*	matches
wyrzucać *imperf.*	to throw away	**zapamiętać** *perf.*	to remember
wyrzucić *perf.*	to throw away	**zaparkować** *perf.*	to park
wysoki *adj.*	high, tall	**zapisać** *perf.*	to write down, record
wysoko *adv.*	high up		
wyspa	island	**zapisywać** *perf.*	to write down, record
wystawa	exhibition		
wziąć *perf.*	to take	**zaplanować** *perf.*	to plan
		zapłacić *perf.*	to pay
Z		**zapominać** *imperf.*	to forget
z	from; with		
za	behind, beyond	**zapomnieć** *perf.*	to forget
za granicą	abroad	**zapraszać** *imperf.*	to invite
zaawansowany	advanced	**zaproponować** *perf.*	to make a suggestion
zabawny	entertaining		
zabić *perf.*	to kill	**zaprosić** *perf.*	to invite
zabijać *imperf.*	to kill	**zaproszenie**	invitation
zabrać *perf.*	to take (away)	**zapytać się** *perf.*	to ask, inquire
zachód	west; sunset	**zarabiać** *imperf.*	to earn (money)
zacząć *perf.*	to begin, start	**zaraz**	at once, immediately
zaczynać *imperf.*	to begin, start		
zadać *perf.*	to ask, put (a question)	**zarezerwować** *perf.*	to book
zadanie	task	**zarezerwowany** *adj.*	booked, reserved
zadawać *imperf.*	to ask (a question)		
		zarobić *perf.*	to earn (money)
zadzwonić *perf.*	to call, ring, telephone	**zarysować** *perf.*	to scratch, scrape
zagrać *perf.*	to play	**zastanawiać się** *imperf.*	to think over
zająć *perf.*	to take (time)		
zajęty	busy, occupied	**zastanowić się** *perf.*	to think over
zajmować *imperf.*	to take (time)		
zakochani	people in love	**zaświadczenie**	certificate
zakupy *pl.*	shopping, purchases	**zauważać** *imperf.*	to notice

zauważyć *perf.*	to notice	**złoty**	zloty (currency);
zawód	occupation;		golden
	profession	**zły** *adj.*	bad
zawsze	always	**zmęczony**	tired
zażartować *perf.*	to joke	**zmiana**	a change
zbierać *imperf.*	to collect	**zmieniać** *imperf.*	to change
zbyt	too		something
zdarzać się	to happen, occur	**zmienić** *perf.*	to change
imperf.			something
zdarzyć się *perf.*	to happen, occur	**znaczek**	postage stamp
zdążyć *perf.*	to manage to,	**znaczyć** *imperf.*	to mean
	make	**znać** *imperf.*	to know, be
	something in		acquainted
	time		with
zdjęcie	photograph,	**znać się** *imperf.*	to know one
	picture		another
zdrowy	healthy	**znajdować**	to find
zegar	clock	*imperf.*	
zegarek	(wrist- or	**znajoma**	acquaintance
	pocket-) watch		*fem.*
zepsuć *perf.*	to break	**znajomy**	acquaintance
zeszły *adj.*	past, previous		*masc.*
zgadnąć *perf.*	to guess	**znak**	sign, mark *n.*
zgadywać *imperf.*	to guess	**znaleźć** *perf.*	to find
zgadzać się	to agree	**znany** *adj.*	known
imperf.		**znienawidzić** *perf.*	to hate
zginąć *perf.*	to disappear, get	**znieść** *perf.*	to stand, bear
	lost	**znosić** *imperf.*	to stand, bear
zgoda	consent	**znowu**	again
zgodzić się *perf.*	to agree	**zobaczyć** *perf.*	to see
zgubić się *perf.*	to lose one's	**zorganizować**	to organize
	way, get lost	*perf.*	
zielony	green	**zorganizowany**	organized
ziemia	earth	*adj.*	
ziemniak	potato	**zrobić** *perf.*	to do
zima	winter *n.*	**zrozumieć** *perf.*	understand
zimno *adv.*	cold	**zwalniać** *imperf.*	to dismiss,
zimny *adj.*	cold		fire
zimowy	winter *adj.*	**zwichnąć** *perf.*	to twist,
zjeść *perf.*	to eat		dislocate
złapać *perf.*	to catch	**zwiedzać** *imperf.*	to visit (places)
złodziej	thief	**zwiedzanie**	sightseeing

zwiedzić *perf.*	to visit (places)	**żeby**	in order to, so as
zwłaszcza	especially		to
zwolnić *perf.*	to dismiss, fire	**żenić się** *imperf.*	to get married
zwracać się	to turn to		(of a man)
imperf. **do**	somebody	**żeton**	token
		żołądek	stomach
Ź		**żołnierz**	soldier
źle *adv.*	badly	**żona**	wife
		żółty	yellow
Ż		**życie**	life
żaden	none, not any of	**życzyć** *imperf.*	to wish
żartować *imperf.*	to joke	**żyć** *imperf.*	to live

English–Polish glossary

A

a lot	**dużo** *adv.*
(be) able to	**móc; potrafić** *imperf.*
about, concerning	**o**
above	**nad**
abroad	**za granicą**
absence	**nieobecność** *fem.*
accept *v.*	**przyjmować** *imperf.*; **przyjąć** *perf.*
accident	**wypadek**
account (bank)	**konto**
ache *v.*	**boleć** *imperf.*
acquaintance	**znajomy; znajoma**
actor	**aktor**
actress	**aktorka**
address	**adres**
address book	**notes z adresami**
adore *v.*	**uwielbiać** *imperf.*
advanced	**zaawansowany**
adventure	**przygoda**
advertising	**reklama**
aeroplane	**samolot**
afraid (to be afraid) *v.*	**bać się**
after	**po**
afternoon	**popołudnie**
again	**znowu**
against	**przeciwko**
age	**wiek**
ago	**temu**
agree *v.*	**zgadzać się** *imperf.*; **zgodzić się** *perf.*
air *n.*	**powietrze**
airport	**lotnisko**
alarm clock	**budzik**
alcohol	**alkohol**
all right, OK	**dobrze** *adv.*; **dobra** *colloq.*
almost	**prawie**
alone	**sam**
already	**już**
although	**chociaż, choć**
always	**zawsze**
America	**Ameryka**
American man	**Amerykanin**
American woman	**Amerykanka**
American *adj.*	**amerykański**
and	**i, a**
angel	**anioł**
anniversary	**rocznica**
answer *n.*	**odpowiedź** *fem.*
answer *v.*	**odpowiadać** *imperf.*; **odpowiedzieć** *perf.*
apartment	**mieszkanie**
apologize	**przepraszać** *imperf.*; **przeprosić** *perf.*

appalling	okropny *adj.*	autumn	jesień;
appear, turn	pojawiać się		jesienny *adj.*
up	*imperf.*; pojawić	avenue	aleja
	się *perf.*		
apple	jabłko	**B**	
apple tart	szarlotka	B&B (bed and	pensjonat
April	kwiecień	breakfast)	
architect	architekt	backpack	plecak
architecture	architektura	bad	zły *adj*; źle *adv.*
arrive	(on foot)	(be) bad for	szkodzić *imperf.*
	przychodzić	bad luck	pech
	imperf., przyjść.	badminton	badminton
	perf.; (by train,	bag	torba
	coach, etc.)	ballet	balet
	przyjeżdżać	ballpoint pen	długopis
	imperf.,	Baltic	Bałtyk
	przyjechać	Baltic Sea	Morze Bałtyckie
	perf.; (by plane)	banana	banan
	przylatywać	bank	bank
	imperf.,	banknote	banknot
	przylecieć *perf.*	baseball	baseball
art	sztuka	basement	piwnica
artist	artysta *masc.*	basketball	koszykówka
as well	także	bathroom	łazienka
as, since,	ponieważ,	battle *n.*	bitwa
because	dlatego że, bo	be	być
ask (a	zadawać *imperf.*;	beach	plaża
question)	zadać *perf.*	beans	fasola *sing.*
ask (for)	prosić *imperf.* o +	bear *v.*	znosić *imperf.*;
	acc.; poprosić		znieść *perf.*
	perf.	beautiful	piękny
ask, inquire	pytać się *imperf.*;	because	ponieważ,
	zapytać się *perf.*		dlatego że, bo
at	o (time); u (place)	become *v.*	stawać się *imperf.*;
at one time	kiedyś		stać się *perf.*
at present	obecnie	beer	piwo
attempt *v.*	próbować *imperf.*;	beetroot	burak
	spróbować *perf.*	before	przed
attraction	atrakcja	begin *v.*	zaczynać *imperf.*;
August	sierpień		zacząć *perf.*
aunt	ciotka	beginner	początkujący
auto (car)	samochód	beginning	początek

behind	**za**	break *n.*	**przerwa**
believe	**wierzyć** *imperf.*;	breakfast	**śniadanie**
	uwierzyć *perf.*	bricklayer	**murarz**
below	**pod**	bridge	**most**
better	**lepszy** *adj.*;	(crossing)	
	lepiej *adv.*	bridge (game)	**brydż**
between	**między**	briefly	**krótko**
beyond	**za**	bring	**przynosić** *imperf.*;
bicycle	**rower**		**przynieść** *perf.*
Bieszczady	**Bieszczady**	bring up	**wychowywać**
	Mountains	(children)	*imperf.*;
big	**duży**		**wychować** *perf.*
bill (to be paid)	**rachunek**	brother	**brat**
biology	**biologia**	building	**budynek**
biro	**długopis**	bureau de	**kantor wymiany**
birth	**urodzenie**	change	
birthday	**urodziny** *pl.*	bus	**autobus**
bit, little bit	**trochę**	business	**biznes**
black	**czarny**	businessman	**biznesmen**
blackcurrant	**czarna porzeczka**	busy	**zajęty**
block (of flats)	**blok**	but	**ale, przecież; ależ**
blond	**blond**	buy *v.*	**kupować** *imperf.*;
blouse	**bluzka**		**kupić** *perf.*
blue	**niebieski**	by	**koło** *adv.*
book *n.*	**książka**	by accident	**niechcący**
book *v.*	**rezerwować**	'bye	**cześć** *colloq.*
	imperf.;		
	zarezerwować	**C**	
	perf.	cab (taxi)	**taksówka**
booked	**zarezerwowany**	cabbage	**kapusta**
	adj.	café	**kawiarnia**
bookshop	**księgarnia**	cake	**ciastko; tort**
border, frontier	**granica**	calendar	**kalendarz**
(be) bored	**nudzić się** *imperf.*	call, ring *v.*	**dzwonić** *imperf.*
borrow	**pożyczać** *imperf.*;		**do** + *gen*;
	pożyczyć *perf.*		**zadzwonić** *perf.*
boss	**szef**	call in, drop by	**wstępować** *imperf.*;
botanical	**botaniczny**		**wstąpić** *perf.*
bother	**kłopot**	(be) called	**nazywać się**
bottle	**butelka**		*imperf.*
boy(friend)	**chłopiec**	camp	**obóz**
bread	**chleb; pieczywo**	can *n.*	**puszka**

can v.	móc imperf.; (know how to) umieć imperf.	change v.	zmieniać imperf.; zmienić perf.
cancel, annul	unieważniać imperf.; unieważnić perf.	change (money) v.	rozmieniać imperf.; rozmienić perf.
		charge, fee	opłata
candidate	kandydat	chat v.	rozmawiać imperf.; porozmawiać perf.
canteen	barek; stołówka		
capital city	stolica	cheap	tani; tanio adv.
car	samochód	check v.	sprawdzać imperf.; sprawdzić perf.
car park	parking		
Caribbean	Karaiby pl.	check (bank) n.	czek
cards	karty pl.		
careful	ostrożny	cheese	ser
carp (fish)	karp	cheesecake	sernik
Carpathians	Karpaty	chemist	apteka
carpenter	stolarz	cheque	czek
carrot	marchewka	cherry	czereśnia
carry	nosić imperf.	chess	szachy pl.
case, matter, affair	sprawa	child	dziecko
		China	Chiny pl.
cashpoint, ATM	bankomat	chocolate-flavoured	czekoladowy adj.
cassette	kaseta	Christmas	Boże Narodzenie
cat	kot	chunk	kawał
catch v.	łapać imperf.; złapać perf.	church	kościół; kościelny adj.
celebrate v.	świętować imperf.	cigarette	papieros
cell phone	telefon komórkowy; komórka (colloq.)	cinema	kino
		class	klasa
		clean v.	czyścić imperf.; wyczyścić perf.
cellar	piwnica	clean adj.	czysty
central, main	główny	clock	zegar
centre	centrum	close	blisko adv.; niedaleko adv.
century	wiek		
certainly	na pewno; oczywiście	closed	zamknięty
		clothes	ubranie sing.
certificate	zaświadczenie	club	klub
chance	okazja; przypadek	coach, bus	autobus
change, a change n.	zmiana	code	kod
		coffee	kawa

coffee-flavoured	**kawowy** *adj.*	concert	**koncert**
coin	**moneta**	concert hall	**filharmonia**
cold	**zimmy** *adj.*; **zimno** *adv.*	conference	**konferencja**
		confusing	**skomplikowany** *adj.*
cold, to get or catch	**przeziębiać się** *imperf.*; **przeziębić się** *perf.*	consent	**zgoda**
		constantly	**ciągle**
		contact (sb.)	**kontaktować** *imperf.* **się**
collect *v.*	**odbierać** *imperf.*; **odebrać** *perf.*		**z +** *instr.*; **skontaktować**
college	**uczelnia**		**się** *perf.* **z +** *instr.*
colourful	**kolorowy**		
come *v.*	(on foot) **przychodzić** *imperf.*; **przyjść** *perf.*; (by transport) **przyjeżdżać** *imperf.*; **przyjechać** *perf.*	contemporary	**współczesny**
		continent	**kontynent**
		conversation	**konwersacja, rozmowa**
		converse, chat *v.*	**rozmawiać** *imperf.*; **porozmawiać** *perf.*
come back *v.*	**wracać** *imperf.*; **wrócić** *perf.*	cook *n.*	**kucharz**
		cook *v.*	**gotować** *imperf.*; **ugotować** *perf.*
come in, enter	(on foot) **wchodzić** *imperf.*; **wejść** *perf.*	cope with sth.	**radzić sobie** *imperf.*, **poradzić sobie** *perf.* **z +** *instr.*
comedy	**komedia**		
comfortable	**wygodny**	corner	**róg**
compartment (train)	**przedział**	cost *v.*	**kosztować** *imperf.*
complain	**narzekać** *imperf.*	country, nation-state	**kraj; państwo**
complicated	**skomplikowany** *adj.*	couple, pair	**para**
computer	**komputer; komputerowy** *adj.*	course	**kurs**
		cousin	**kuzyn; kuzynka**
		cream cake	**kremówka**
computer science	**informatyka**	cricket (game)	**krykiet**
		crowd	**tłok**
computer scientist	**informatyk**	cucumber	**ogórek**
		culture	**kultura**
concern (firm, company)	**koncern**	curious	**ciekawy**
		currently	**obecnie**

D

dangerous	**groźny**
darling	**kochanie**
data	**dane** *pl.*
date	**data**
daughter	**córka**
day	**dzień**
day after tomorrow	**pojutrze**
day before yesterday	**przedwczoraj**
dear, expensive	**drogi**
death	**śmierć** *fem.*
December	**grudzień**
decision	**decyzja**
definitely	**na pewno**
delay	**spóźnienie**
dentist	**dentysta** *masc.*
depart	(on foot) **odchodzić** *imperf.*, **odejść** *perf.*; (by train, coach, etc.) **odjeżdżać** *imperf.*, **odjechać** *perf.*; (by plane) **odlatywać** *imperf.*, **odlecieć** *perf.*
depict	**przedstawiać** *imperf.*; **przedstawić** *perf.*
describe	**opisywać** *imperf.*; **opisać** *perf.*
design *n.*	**projekt**
designer	**projektant; projektantka**
dessert	**deser**
dictionary	**słownik**
diet	**dieta**

different	**inny** *adj.*; **inaczej** *adv.*
difficult	**trudny**
dinner, main meal	**obiad**
director	**dyrektor**
disappear	**ginąć** *imperf.*; **zginąć** *perf.*
disco(theque)	**dyskoteka**
dish	**potrawa**
dismiss (from work)	**zwalniać** *imperf.*; **zwolnić** *perf.*
distant	**daleki** *adj.*
do *v.*	**robić** *imperf.*; **zrobić** *perf.*
doctor	**doktor** (title), **lekarz** (profession)
document	**dokument**
dog	**pies**
door	**drzwi** *pl.*
drink *v.*	**pić** *imperf.*; **wypić** *perf.*
driver (car)	**kierowca**
driving licence	**prawo jazdy**
drugstore	**apteka**
dry cleaner's	**pralnia chemiczna**
duty	**obowiązek**

E

each	**każdy** *adj.*
earlier	**wcześniej**
early *adj.*	**wcześnie**
earn (money)	**zarabiać** *imperf.*; **zarobić** *perf.*
earth	**ziemia**
easily	**łatwo** *adv.*
east	**wschód**
Easter	**Wielkanoc**
easy	**łatwy** *adj.*
eat *v.*	**jeść** *imperf.*; **zjeść** *perf.*
economist	**ekonomista**

editor	**redaktor**	exchange *v.*	**wymieniać** *imperf.*;
egg	**jajko**		**wymienić** *perf.*
either . . . or	**albo . . . albo**	excellent	**doskonały** *adj.*;
electrician	**elektryk**		**świetny** *adj.*
elegant	**elegancki**	excellently	**doskonale,**
eloquent	**elokwentny**		**świetnie**
embassy	**ambasada**	excuse *n.*	**wymówka**
employee	**pracownik**	exercise	**ćwiczenie**
employer	**pracodawca**	exhibition	**wystawa**
end *n.*	**koniec**	exit *n.*	**wyjście**
engineer	**inżynier**	expensive	**drogi** *adj.*
England	**Anglia**	express *v.*	**wyrażać** *imperf.*;
English	**angielski** *adj.*		**wyrazić** *perf.*
Englishman	**Anglik**	extra	**dodatkowy**
Englishwoman	**Angielka**	eye	**oko**
(be) enough	**wystarczać** *imperf.*;		
	wystarczyć *perf.*	**F**	
enquire	**pytać (się)** *imperf.*	face	**twarz**
(about sth.)	**o** + *acc*;	factory	**fabryka**
	zapytać (się)	fall *n.* (season)	**jesień; jesienny**
	perf.		*adj.*
enter (on foot)	**wchodzić** *imperf.*;	fall *v.*	**padać** *imperf.*;
	wejść *perf.*		**spaść** *perf.*
entertaining	**zabawny**	family	**rodzina**
entrance,	**wejście**	famous	**sławny**
way in		fantastic	**fantastyczny**
envelope	**koperta**	far away	**daleko** *adv.*
escape *v.*	**uciekać** *imperf.*;	fascinating	**fascynujący**
	uciec *perf.*	fashion	**moda**
especially	**zwłaszcza**	fast, quick	**szybki** *adj.*;
even	**nawet**		**szybko** *adv.*
evening	**wieczór**	father	**ojciec**
every day	**co dzień,**	fault	**wina**
	codziennie;	favourite	**ulubiony**
	dziennie	feast day	**święto**
everyone	**wszyscy**	February	**luty**
everything	**wszystko**	fee	**opłata**
exact	**dokładny** *adj.*	feel *v.*	**czuć (się)** *imperf.*;
exaggerate	**przesadzać**		**poczuć (się)**
	imperf.		*perf.*
examination	**egzamin**	festival	**festiwal**
example	**przykład**	few	**kilka, parę**

fill in sth	**wypełniać** *imperf.*; **wypełnić** *perf.*	fresh	**świeży** *adj.*
film	**film**	Friday	**piątek**
find *v.*	**znajdować** *imperf.*; **znaleźć** *perf.*	fridge	**lodówka**
find out	**dowiadywać się** *imperf.*; **dowiedzieć się** *perf.*	friend	**kolega; koleżanka; przyjaciel; przyjaciółka**
		from	**z, od**
		from here	**stąd**
		frontier	**granica**
finish *v.*	**kończyć** *imperf.*; **skończyć** *perf.*	fruit	**owoc**
firefighter	**strażak**	future *n.*	**przyszłość** *fem.*
firm, company	**firma**		
first	**pierwszy**	**G**	
first (of all)	**najpierw; przede wszystkim**	gallery	**galeria**
		garden	**ogród**
first floor (US), ground floor (UK)	**parter**	German	**niemiecki** *adj.*
		Germany	**Niemcy** *pl.*
		get up, rise	**wstawać** *imperf.*; **wstać** *perf.*
fish	**ryba**	gift, present	**prezent**
flat *n.*	**mieszkanie**	girl(friend)	**dziewczyna**
flirt *v.*	**flirtować** *imperf.*	give	**dawać** *imperf.*; **dać** *perf.*
floor, storey	**piętro**		
flower	**kwiat**	give back	**oddawać** *imperf.*; **oddać** *perf.*
fluent	**biegły** *adj.*		
fluently	**biegle** *adv.*	(be) glad	**cieszyć się** *imperf.*; **ucieszyć się** *perf.*
fly *v.*	**lecieć** *imperf.*; **polecieć** *perf.*		
following, next	**następny**	gladly	**chętnie**
football	**futbol; piłka nożna**	go *v.*	(on foot) **iść** *imperf.*, **pójść** *perf.*; (by transport) **jechać** *imperf.*, **pojechać** *perf.*
for	**dla;** (length of time) **na**		
for that reason	**dlatego**		
foreign	**obcy**		
foreigner	**cudzoziemiec**	go (regularly, habitually)	(on foot) **chodzić** *imperf.*; (by transport) **jeździć** *imperf.*
forget	**zapominać** *imperf.*; **zapomnieć** *perf.*		
form *n.*	**formularz**		
France	**Francja**	go across (on foot)	**przechodzić** *imperf.*; **przejść** *perf.*
free	**wolny**		
French	**francuski** *adj.*		

go away, leave (by transport)	wyjeżdżać *imperf.*; wyjechać *perf.*	happen *v.*		stawać się *imperf.*, stać się *perf.*; zdarzać się *imperf.*, **zdarzyć się** *perf.*
golf	golf			
goodbye	do widzenia			
good	dobry	happiness	szczęście	
good night	dobranoc	happy	szczęśliwy *adj.*	
gossip *v.*	plotkować *imperf.*	hard-working	pracowity	
		hate *v.*	nienawidzić *imperf.*; znienawidzić *perf.*	
grammar	gramatyka			
grandfather	dziadek			
grandmother	babcia	have	mieć	
grapefruit	grejpfrutowy *adj.*	have to, must	musieć	
grapes	winogrona *pl.*	head	głowa	
grave, tomb	grób	healthy	zdrowy	
great (excellent)	doskonały *adj.*; świetny *adj.*	hear	słyszeć *imperf.*	
		heavy	ciężki	
green	zielony	hello, hi	cześć *colloq.*	
greet	witać *imperf.*; przywitać *perf.*	help *v.*	pomagać *imperf.*; pomóc *perf.*	
		here	tu; tutaj	
grosz (currency)	grosz	high	wysoki	
		high up	wysoko	
ground floor, first floor (US)	parter	history	historia	
		hockey	hokej	
		holidays	wakacje *pl.*	
guess *v.*	zgadywać *imperf.*; zgadnąć *perf.*	home	dom	
		hope *n.*	nadzieja	
guest	gość	hope *v.*	mieć nadzieję	
guest-house	pensjonat	horrible	straszny *adj.*; strasznie *adv.*	
H		horror film	horror	
hair	włosy *pl.*	hospital	szpital	
half (of)	pół + *gen*	hot	gorący *adj.*	
hamburger	hamburger	hotel	hotel; hotelowy *adj.*	
hand *n.*	ręka			
hand, give *v.*	podawać *imperf.*; podać *perf.*	hour	godzina	
		house	dom	
handbag	torebka	housing estate, development	osiedle	
handbook	podręcznik			
handkerchief	chusteczka	how many/ much	ile	
handsome	przystojny			

however	**jednak**	introduce	**przedstawiać**
hundred	**sto**		*imperf.*;
Hungary	**Węgry** *pl.*		**przedstawić**
(be in a) hurry	**śpieszyć się**		*perf.*
	imperf.	invitation	**zaproszenie**
hurry up *v.*	**pośpieszyć się**	invite *v.*	**zapraszać** *imperf.*;
	perf.		**zaprosić** *perf.*
husband	**mąż**	iron, press *v.*	**prasować** *imperf.*;
			wyprasować
I			*perf.*
ice-cream	**lody** *pl.*	ironic	**ironiczny** *adj.*
idea	**pomysł**	island	**wyspa**
if	**czy; jeśli; jeżeli**	Italian	**włoski** *adj.*
impatient	**niecierpliwy** *adj.*	Italy	**Włochy** *pl.*
important	**ważny**		
impossible	**niemożliwy** *adj.*	**J**	
in	(place) **w**	jacket	**marynarka**
in front of	**przed**	January	**styczeń**
in order to	**żeby**	jar	**słoik**
in other words	**czyli**	job	**praca**
in the	**po południu**	job fair	**targi pracy**
afternoon		job interview	**rozmowa**
in the morning	**rano** *adv.*		**kwalifikacyjna**
in the past	**kiedyś**	joke *v.*	**żartować** *imperf.*;
indeed	**rzeczywiście** *adv.*		**zażartować** *perf.*
independence	**niepodległość** *fem.*	journalist	**dziennikarz**
inform	**informować**	journey	**podróż**
	imperf.;	juice	**sok**
	poinformować	July	**lipiec**
	perf.	June	**czerwiec**
information	**informacja**		
inquire	(for sth.) **pytać**	**K**	
	imperf. **o** + *acc*;	key	**klucz**
	zapytać się *perf.*	kilogram	**kilo**
instead (of)	**zamiast**	kilometre	**kilometr**
intelligent	**inteligentny**	kind	**miły; uprzejmy**
interesting	**ciekawy,**	kiss *v.*	**całować** *imperf.*;
	interesujący		**pocałować** *perf.*
international	**międzynarodowy**	know how to	**umieć** *imperf.*
interpreter	**tłumacz**	know one	**znać się** *imperf.*
interrupt,	**przeszkadzać**	another	
disturb *v.*	*imperf.*	know sb.	**znać** *imperf.*

know sth.	**wiedzieć** *imperf.*	like *v.*	**lubić** *imperf.*
known	**znany** *adj.*	list *n.*	**lista**
		listen to	**słuchać** *imperf.*;
L			**posłuchać** *perf.*
lack *v.*	**brakować** *imperf.*	litre	**litr**
lack (of) *n.*	**brak**	little	**mało, niewiele;**
language	**język**		**trochę**
large	**duży**	live *v.*	(reside) **mieszkać**
last *adj.*	**ostatni**		*imperf.*; (be alive)
last *v.*	**trwać** *imperf.*		**żyć** *imperf.*
(be) late	**spóźniać się**	London	**Londyn**
	imperf.; **spóźnić**	long	**długi** *adj.*; **długo**
	się *perf.*		*adv.*
later	**później** *adv.*	look, appear,	**wyglądać** *imperf.*
lawyer	**prawnik**	seem *v.*	
lead *v.*	**prowadzić** *imperf.*	look for	**szukać** *imperf.*;
learn *v.*	**uczyć się** *imperf.*;		**poszukiwać**
	nauczyć się *perf.*		*imperf.*
leave *v.*	(on foot)	look out,	**uważać** *imperf.*
	odchodzić	beware	
	imperf., **odejść**	lose *v.*	**gubić** *imperf.*;
	perf.; (by train,		**zgubić** *perf.*
	coach, etc.)	lose one's	**gubić się** *imperf.*;
	odjeżdżać	way, get lost	**zgubić się** *perf.*
	imperf.,	*v.*	
	odjechać *perf.*;	lottery	**loteria**
	(by plane)	loud	**głośny** *adj.*
	odlatywać	Louvre	**Luwr**
	imperf.,	Museum,	
	odlecieć *perf.*	Paris	
left (side)	**lewy**	love *n.*	**miłość** *fem.*
lemon	**cytryna**	love *v.*	**kochać** *imperf.*;
lend *v.*	**pożyczać** *imperf*;		**pokochać** *perf.*
	pożyczyć *perf.*	low	**niski** *adj.*; **nisko**
less	**mniej** *adv.*		*adv.*
lesson	**lekcja**	lunch	**lunch**
lettuce	**sałata**		
lie (be lying	**leżeć** *imperf.*;	**M**	
down)	**poleżeć** *perf.*	made (about	**nakręcony** *adj.*
life	**życie**	a film or	
lift, elevator *n.*	**winda**	movie)	
lighter	**zapalniczka**	main	**główny** *adj.*

make a suggestion	proponować *imperf.*; zaproponować *perf.*
man	mężczyzna
manager	menedżer
manner	sposób
many	wiele
map	mapa, plan
March	marzec
market square	rynek
marry, get married	ożenić się (of a man); wyjść za mąż (of a woman)
matches	zapałki *pl.*
May	maj
maybe	może
mayonnaise	majonez
Mazurian Lakes	Mazury
mean *v.*	znaczyć *imperf.*
meat	mięso
meet (one another)	spotykać (się) *imperf.*; spotkać (się) *perf.*
meeting	spotkanie
memory	pamięć *fem.*
menu	karta, menu
metro	metro
midnight	północ
milk	mleko
million	milion
miner	górnik
mineral	mineralny *adj.*
minister (government)	minister
minute *n.*	minuta
mobile phone	komórka *colloq.*; telefon komórkowy
moment	chwila; chwileczka

Monday	poniedziałek
money	pieniądze *pl.*
month	miesiąc
more	więcej
more or less	mniej więcej
morning	rano; poranny *adj.*
mother	matka
mountains	góry *pl.*
movie	film
movie theater	kino
much	dużo *adv.*
museum	muzeum
mushroom	grzyb
music	muzyka; muzyczny *adj.*
must *v.*	musieć

N

name *n.* (Christian name)	imię
name day	imieniny
national	narodowy
near	bliski *adj.*; blisko *adv.*
nearly	prawie
necktie	krawat
need *v.*	potrzebować *imperf.*
neighbour	sąsiad; sąsiadka
neither . . . nor	ani . . . ani
never	nigdy
new	nowy
newspaper	gazeta
next	następny *adj.*; następnie *adv.*
next to	obok
nice, pleasant	ładny; sympatyczny; miły
night	noc *fem.*
no	nie

no one	**nikt**
nobody	**nikt**
none	**żaden**
noon	**południe**
nor	**ani**
normal	**normalny**
north	**północ**
not	**nie**
not any more	**już nie**
not quite	**niezupełnie**
not yet	**jeszcze nie**
nothing	**nic**
notice *v.*	**zauważać** *imperf.*; **zauważyć** *perf.*
November	**listopad**
now	**teraz**
nowadays	**dzisiaj**
number	**numer**
nurse *f.*	**pielęgniarka**
nurse *m.*	**pielęgniarz**

O

occasion	**okazja**
occupation	**zawód**
occupied	**zajęty**
(be) occupied	**zajmować się** *imperf.*; **zająć się** *perf.*
occur	**zdarzać się** *imperf.*; **zdarzyć się** *perf.*
October	**październik**
of course	**oczywiście**
office	**biuro**
often	**często**
OK	**dobra** *colloq.*; **dobrze** *adv.*
old	**stary**
Old Town	**Stare Miasto**
on	**na**
once	**kiedyś; raz**
one	**jeden**

onion	**cebula**
only	**tylko**
open *adj.*	**otwarty**
open *v.*	**otwierać** *imperf.*; **otworzyć** *perf.*
opera, opera house	**opera**
opportunity	**okazja**
opposite	**naprzeciwko**
or	**lub; albo; czy**
orange	**pomarańcza; pomarańczowy** *adj.*
order	**porządek**
organize *v.*	**organizować** *imperf.*; **zorganizować** *perf.*
organized	**zorganizowany** *adj.*
outing	**wycieczka**
over, above	**nad, ponad**

P

paint *v.*	**malować** *imperf.*
painting	**obraz**
pair	**para**
paper	**papier**
paper tissue	**chusteczka higieniczna**
parents	**rodzice**
Paris	**Paryż**
park *n.*	**park**
park *v.*	**parkować** *imperf.*; **zaparkować** *perf.*
part	**odcinek, część**
(to) pass (by)	**mijać** *imperf.*; **minąć** *perf.*
passer-by	**przechodzień**
passport	**paszport**
past *n.*	**przeszłość** *fem.*
pasta	**makaron**
pastime	**rozrywka**

pâté	**pasztet**	polite	**uprzejmy**
pay *v.*	**płacić** *imperf.*;	politician	**polityk**
	zapłacić *perf.*	poorly	**słabo** *adv.*
pea	**groszek**	popular	**popularny**
pear	**gruszka**	post office	**poczta**
pencil	**ołówek**	postcard	**pocztówka**
people	**ludzie**	poster	**plakat**
perfume	**perfumy** *pl.*	potato	**ziemniak; kartofel**
perhaps	**może**	precise	**dokładny** *adj.*
permit *v.*	**pozwalać** *imperf.*;	precisely	**dokładnie** *adv.*
	pozwolić *perf.*	prefer *v.*	**woleć** *imperf.*
permitted	**można; wolno**	prepared	**gotowy** *adj.*
person	**człowiek; osoba**	present *n.*	**prezent**
pessimist	**pesymista**	present,	**przedstawiać**
photocopy	**fotokopia**	introduce	*imperf.*;
photograph	**zdjęcie**		**przedstawić** *perf.*
physician	**doktor, lekarz**	pretty	**ładny**
picture	**obraz; zdjęcie**	priest	**ksiądz**
picture	**widokówka**	private	**prywatny**
postcard		probably	**chyba**
piece	**kawałek**	problem	**kłopot; problem**
place	**miejsce**	profession	**zawód, profesja**
plan *n.*	**plan**	professional	**profesjonalista**
plan *v.*	**planować** *imperf.*;		*masc.*
	zaplanować *perf.*	professor	**profesor**
plate	**talerz**	programme	**program**
platform	**peron**	project	**projekt**
play *v.*	**grać** *imperf.*;	proposition	**propozycja**
	zagrać *perf.*	punctual	**punktualny**
pleasant	**miły**	pupil	**uczeń; uczennica**
pleasure	**przyjemność**		
plum	**śliwka**	**Q**	
plumber	**hydraulik**	qualifications	**kwalifikacje**
pocket	**kieszeń**	quarrel *n.*	**kłótnia**
point	**punkt**	question *n.*	**pytanie**
Poland	**Polska**	quick	**szybki** *adj.*;
Pole	**Polak** *masc.*;		**szybko** *adv.*
	Polka *fem.*		
police	**policja**	**R**	
police station	**komisariat policji**	radio	**radio**
policeman	**policjant**	railway [US	**kolej**
Polish	**polski** *adj.*	railroad]	

rain *n.*	deszcz	representative	przedstawiciel
raise (children)	wychowywać	*n.*	
	imperf.;	request *n.*	prośba
	wychować *perf.*	request *v.*	prosić *imperf.*;
rarely	rzadko		poprosić *perf.*
raspberry	malina	reservation	rezerwacja
reach (on foot)	dochodzić *imperf.*;	reserved	zarezerwowany
v.	dojść *perf.*		*adj.*
read *v.*	czytać *imperf.*;	respect *v.*	szanować
	przeczytać *perf.*		*imperf.*
ready	gotowy *adj.*	rest *v.*	odpoczywać
reality	rzeczywistość		*imperf.*,
recall *v.*	wspominać		odpocząć *perf.*;
	imperf.;		wypoczywać
	wspomnieć *perf.*		*imperf.*,
receive *v.*	dostawać *imperf.*;		wypocząć
	dostać *perf.*		*perf.*
recent	niedawny *adj.*	restaurant	restauracja
reception desk	recepcja	return *v.*	(give back)
recipe	przepis		oddawać
recommend	polecać *imperf.*;		*imperf.*, oddać
	polecić *perf.*		*perf.*; (e.g.
red	czerwony		home) wracać
refrigerator	lodówka		*imperf.*, wrócić
relax *v.*	odpoczywać		*perf.*
	imperf.;	rewrite *v.*	przepisywać
	odpocząć *perf.*		*imperf.*;
remember	pamiętać *imperf.*		przepisać *perf.*
repair *n.*	naprawa	right	prawy
repair *v.*	naprawiać *imperf.*;	ring *v.*	dzwonić *imperf.*;
	naprawić *perf.*		zadzwonić *perf.*
repeat *v.*	powtarzać *imperf.*;	river	rzeka
	powtórzyć *perf.*	rolls	bułki
reply *n.*	odpowiedź *fem.*	romantic	romantyczny
reply *v.*	odpowiadać	room *n.*	miejsce; pokój
	imperf.;	row, argument	awantura
	odpowiedzieć	*n.*	
	perf.	rugby football	rugby
reply (by letter)	odpisywać *imperf.*;	run away *v.*	uciekać *imperf.*;
v.	odpisać *perf.*		uciec *perf.*
report *n.*	sprawozdanie;	Russia	Rosja
	raport	Russian	rosyjski *adj.*

S

saint	**święty**
salad	**sałatka**
sale	**sprzedaż**
salesperson	**sprzedawca** *masc.*;
	sprzedawczyni
	fem.
satellite	**telewizja**
television	**satelitarna**
Saturday	**sobota**
save	**oszczędzać**
	imperf.
say	**mówić** *imperf.*;
	powiedzieć *perf.*
scholarship	**stypendium**
school	**szkoła**
scream	**krzyk**
screening (of	**seans**
film)	
sculptor	**rzeźbiarz**
sea	**morze**
search *n.*	**poszukiwanie**
season (of the	**pora roku**
year)	
seat *n.*	**miejsce**
second (2nd)	**drugi**
see *v.*	**widzieć** *imperf.*;
	zobaczyć *perf.*
seldom	**rzadko**
September	**wrzesień**
serial	**serial** (TV)
serious	**poważny** *adj.*
seriously	**poważnie** *adv.*
shampoo	**szampon**
shirt	**koszula**
shoe shop	**sklep obuwniczy**
shoes	**buty**
shop	**sklep**
shopping	**zakupy** *pl.*
(purchases)	
shopping	**centrum**
centre, mall	**handlowe**

short	**krótki, niski,**
	niewysoki
should	**powinien**
show *v.*	**pokazywać**
	imperf.;
	pokazać *perf.*
side	**strona**
sightseeing	**zwiedzanie**
sign *n.*	**znak**
sign *v.*	**podpisywać**
	imperf.;
	podpisać *perf.*
silly	**głupi**
similar to	**podobny**
	do + *gen.*
simple	**łatwy** *adj.*
since	(time) **od**
sister	**siostra**
sit down *v.*	**siadać** *imperf.*;
	usiąść *perf.*
(be) sitting	**siedzieć** *imperf.*
size	**rozmiar, wielkość**
slip *v.*	**poślizgnąć się**
	perf.
slow	**wolno** *adv.*;
	wolny *adj.*
small	**mały**
smart	**elegancki**
smoke *v.*	**palić** *imperf.*
snow *n.*	**śnieg**
so, then	**więc**
so as to, so	**żeby**
that	
soap	**mydło**
socks	**skarpetki** *pl.*
soda water	**woda sodowa**
soldier	**żołnierz**
someone	**ktoś**
something	**coś**
sometimes	**czasem, czasami**
somewhere	**gdzieś**
son	**syn**

south	południe	study *v.*	studiować *imperf.*
Spain	Hiszpania	stupid	głupi
Spanish	hiszpański *adj.*	suburb	przedmieście
speak *v.*	mówić *imperf.*;	subway (tube	metro
	powiedzieć *perf.*	train)	
spend (time) *v.*	spędzać *imperf.*;	success	sukces
	spędzić *perf.*	suddenly	nagle
sport	sport	sugar	cukier
spring	wiosna; wiosenny	suggest	proponować
	adj.		*imperf.*;
square	plac		zaproponować
stairs	schody *pl.*		*perf.*
stale	nieświeży	suggestion	propozycja
stamp	znaczek	suit *n.*	garnitur
(postage)		summer	lato; letni *adj.*
stand *v.*	znosić *imperf.*;	sunbathe	opalać się
	znieść *perf.*		*imperf.*; opalić
start *v.*	zaczynać *imperf.*;		się *perf.*
	zacząć *perf.*	Sunday	niedziela
station	dworzec	sunset	zachód (słońca)
stay *n.*	pobyt	supervised car	parking strzeżony
steal *v.*	kraść *imperf.*	park	
still	jeszcze *adv.*,	supper	kolacja
	ciągle *adv.*	surname	nazwisko
stock	giełda	survey	ankieta
exchange		sweet *adj.*	słodki
stomach	żołądek	swim *v.*	pływać *imperf.*;
stop *n.*	przystanek		popływać *perf.*
stop *v.*	przestawać	swimming pool	basen
	imperf.;		
	przestać *perf.*	**T**	
stop by, visit	wstępować	table	stół
briefly *v.*	*imperf.*; wstąpić	table (at a	stolik
	perf.	restaurant)	
straight	prosto	tablets	tabletki *pl.*
(ahead)		take *v.*	brać *imperf.*;
strawberry	truskawka		wziąć *perf.*
street	ulica	take, occupy	zajmować *imperf.*;
streetcar	tramwaj		zająć *perf.*
student	student;	take a walk	przejść się
	studentka	take care, be	uważać *imperf.*
studies	studia *pl.*	careful	

take place	**odbywać się** *imperf.*; **odbyć się** *perf.*	through, across	**przez**
talk *n.*	**rozmowa**	throw away	**wyrzucać** *imperf.*; **wyrzucić** *perf.*
talk, converse	**rozmawiać** *imperf.*; **porozmawiać** *perf.*	Thursday	**czwartek**
		ticket	**bilet**
		ticket inspector	**konduktor**
tall	**wysoki**		
tape (cassette)	**kaseta**	tie, necktie	**krawat**
task	**zadanie**	till, until	**do**
Tatra Mountains	**Tatry**	time	**czas; raz**
		tired	**zmęczony**
taxi	**taksówka**	title	**tytuł**
taxi rank	**postój taksówek**	today	**dziś; dzisiaj**
tea	**herbata**	today's	**dzisiejszy** *adj.*
teach *v.*	**uczyć** *imperf.*; **nauczyć** *perf.*	together	**razem; wspólnie** *adv.*
teacher	**nauczyciel; nauczycielka**	tomato	**pomidor; pomidorowy** *adj.*
telephone *n.*	**telefon**	tomorrow	**jutro**
telephone *v.*	**dzwonić** *imperf.*; **zadzwonić** *perf.*	tongue	**język**
		too, also	**też; także**
		total	**suma**
television	**telewizja;** (set) **telewizor**	tourist	**turysta** *masc.*; **turystka** *fem.*;
temperature	**temperatura**		**turystyczny** *adj.*
tennis	**tenis**	town	**miasto**
terrible	**okropny; straszny**	trade	**handel** *n*;
Thames	**Tamiza**		**handlowy** *adj.*
thank (for) *v.*	**dziękować** *imperf.* **za** + *acc*; **podziękować** *perf.*	train	**pociąg**
		tram, tramcar	**tramwaj**
		translate *v.*	**tłumaczyć** *imperf.*; **przetłumaczyć** *perf.*
theatre	**teatr**		
then	**potem, następnie**	translation	**tłumaczenie**
there	**tam**	translator	**tłumacz**
thief	**złodziej**	travel *v.*	**podróżować** *imperf.*
thing	**rzecz**		
think	**myśleć** *imperf.*; **pomyśleć** *perf.*	travel agency	**biuro podróży**
		trip	**podróż; wycieczka**
third (3rd)	**trzeci**		
threatening	**groźny**	truth	**prawda**

try *v.*	próbować *imperf.*; spróbować *perf.*	visit (people) *v.*	odwiedzać *imperf.*; odwiedzić *perf.*
try on (clothing)	przymierzać *imperf.*; przymierzyć *perf.*	visit (places) *v.* Vistula	zwiedzać *imperf.*; zwiedzić *perf.* Wisła
tube, subway	metro	volleyball	siatkówka
Tuesday	wtorek	**W**	
turn *v.* (left)	skręcić (w lewo) *perf.*	wait *v.*	czekać *imperf.*; poczekać *perf.*
twice	dwa razy	walk *n.*	spacer
U		want *v.*	chcieć *imperf.*
uncle	wujek	warm	ciepły *adj.*
under	pod	Warsaw	Warszawa
underground, subway	metro	wash, launder *v.*	prać *imperf.*; wyprać *perf.*
understand	rozumieć *imperf.*; zrozumieć *perf.*	waste of watch (wrist-	strata + *gen.* zegarek
unfortunately	niestety	or pocket-)	
unintentionally	niechcący	watch, observe	oglądać *imperf.*; obejrzeć *perf.*
uninteresting	nieciekawy		
United States	Stany Zjednoczone	water *n.* way out, exit	woda wyjście
university	uniwersytet	weak	słaby *adj.*
until	do	wear *v.*	nosić *imperf.*
useful	pożyteczny	weather	pogoda
		Wednesday	środa
V		week	tydzień
vacation	wakacje *pl.*	weekend	weekend
vacuum cleaner	odkurzacz	welcome *v.*	witać *imperf.*; przywitać *perf.*
various	różne		
VAT (Value-Added-Tax)	VAT	well, then west	więc zachód
vegetables	warzywa	what	co
version	wersja	what . . . like,	jaki
very	bardzo	what sort of	
video	wideo	when	kiedy
village	wieś	where	gdzie
visit *n.*	wizyta, odwiedziny *pl.*	where from where to	skąd dokąd

whether	czy	worry *v.*	**przejmować się**
which one	**który**		*imperf.*; **martwić**
white	**biały**		**się** *imperf.*
who	**kto**	worse	**gorzej** *adv.*;
whole	**cały**		**gorszy** *adj.*
whose	**czyj**	write *v.*	**pisać** *imperf.*;
why	**dlaczego;**		**napisać** *perf.*
	czemu *colloq.*	write back *v.*	**odpisywać** *imperf.*;
wife	**żona**		**odpisać** *perf.*
window	**okno**	write down *v.*	**zapisywać** *imperf.*;
wine	**wino**		**zapisać** *perf.*
winter	**zima; zimowy**		
	adj.	**Y**	
wish	**życzyć** *imperf.*;	year	**rok**
	pożyczyć *perf.*	yellow	**żółty**
with	**z**	yes	**tak**
without	**bez**	yesterday	**wczoraj**
woman	**kobieta, pani**	young	**młody** *adj.*
wonderful	**wspaniały** *adj.*	younger	**młodszy**
word	**słowo**		
work *n.*	**praca, robota**	**Z**	
work *v.*	**pracować** *imperf.*	zloty (currency)	**złoty**

Grammar index

This index and the one that follows will help you to locate topics, grammar points, and so on.

Topics and functions index

Made in the USA
Monee, IL
25 November 2024